国家社科基金重大项目『中国近代日记文献叙录、整理与研究』
（项目编号：18ZDA259）阶段性成果

晚清日记書信考釋

宗漢題

马忠文 著

凤凰出版社

图书在版编目（CIP）数据

晚清日记书信考释 / 马忠文著. -- 南京 : 凤凰出版社，2021.9（2022.5重印）
ISBN 978-7-5506-3437-4

Ⅰ. ①晚… Ⅱ. ①马… Ⅲ. ①中国历史－史料－研究－清后期 Ⅳ. ①K252.06

中国版本图书馆CIP数据核字(2021)第166079号

书名	晚清日记书信考释
著者	马忠文
责任编辑	樊 昕
装帧设计	徐 慧
出版发行	凤凰出版社(原江苏古籍出版社) 发行部电话025-83223462
出版社地址	江苏省南京市中央路165号,邮编:210009
照排	南京凯建文化发展有限公司
印刷	金坛古籍印刷厂有限公司 江苏省金坛市晨风路186号,邮编:213200
开本	880毫米×1230毫米 1/32
印张	8.75
字数	227千字
版次	2021年9月第1版
印次	2022年5月第2次印刷
标准书号	ISBN 978-7-5506-3437-4
定价	98.00元

(本书凡印装错误可向承印厂调换,电话:0519-82338389)

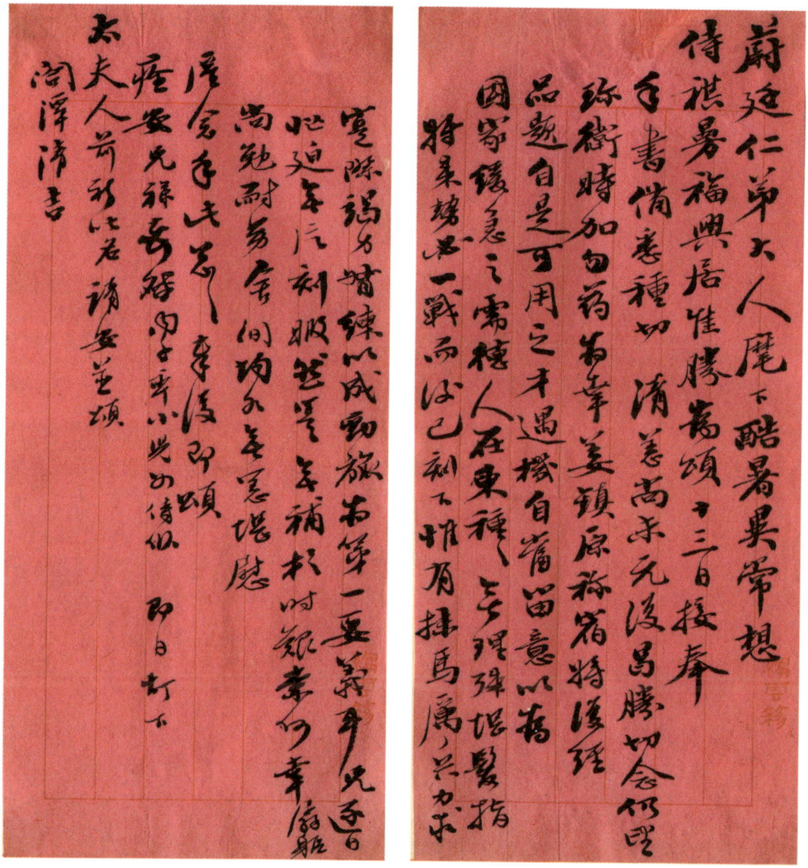

荣禄致袁世凯书

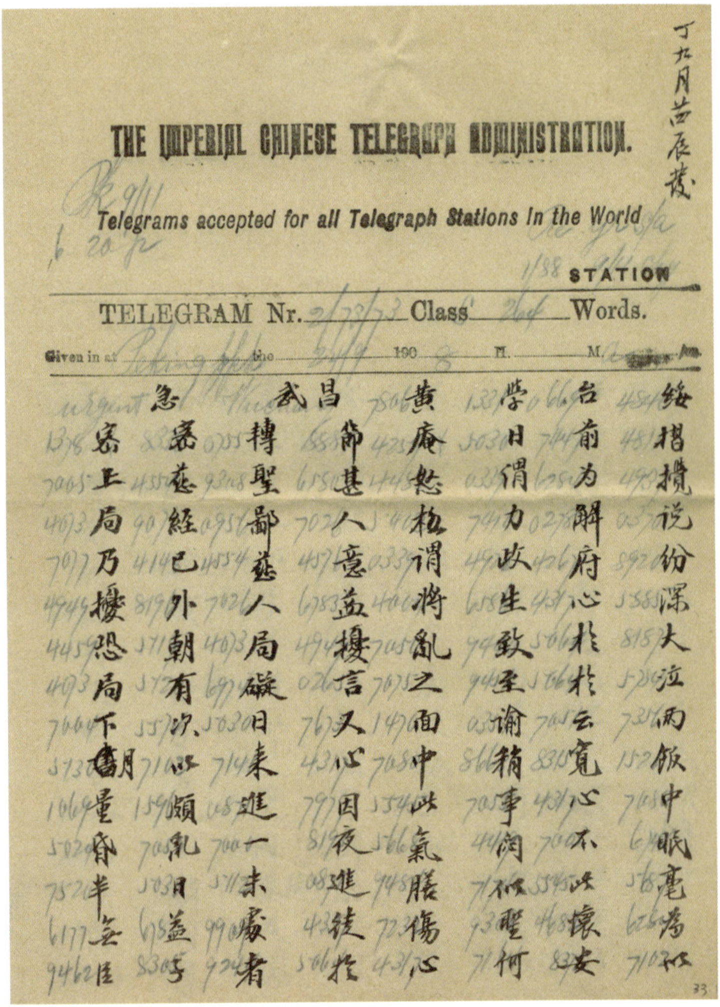

张之洞致黄绍箕电报（部分）

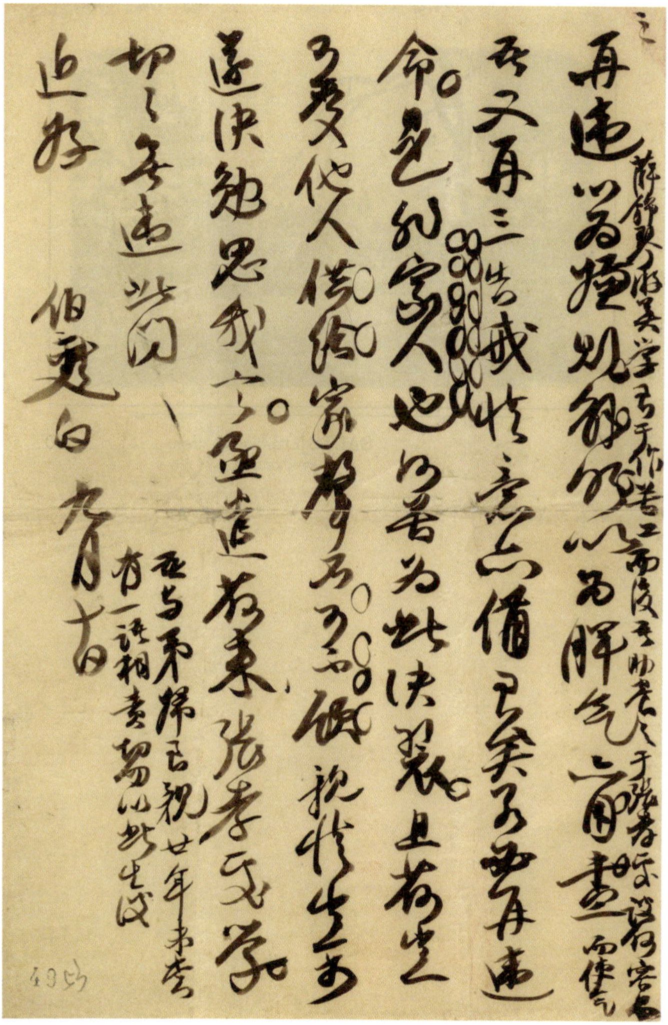

康有为致黄谨娱信（部分）

郭则沄与孙女郭蕴宜（1930年代，北京）

前　言

近年来日记和书信文献颇受欢迎，出版界也乐于推动刊行，利用这两种特色史料研究近代史渐成方兴未艾之势。的确，与档案文书、报刊、方志等资料相比，日记、书信类史料别有意味，这可能源于它们最本质的一种属性——私密性。

日记属于私人文献，形式上是“排日记事”，一般是当天所写，也有数日后补写的，经过逐日、逐月、逐年记录，累积而成。这种在光阴流转中逐步形成的编年体文献，将作者的言行、见闻、思想乃至情绪，随时定格、固化后，“镶嵌”在特定的“地层”中，日记的“原始性”也因此而与众不同。日记也可能会成为著作，一旦作者有了将来公之于世、流传下去的想法，写日记时就会多几分思量，难免有掩饰、隐晦的痕迹。尽管如此，曲笔之处也会被即时保留在日记原稿中，不能再随意更改。有时，本应“秘不示人”的日记，经作者允许，为了某种目的，也会在亲朋好友间传阅欣赏，甚至生前已经主动刊行于世；更多的情况，则是作者身后才被后裔、门生公布出来，或者遗落坊间被外人收藏并刊行。日记通常内容琐碎，不过，某些零星记载往往在不经意间会解决一桩长期悬而未决的历史疑案，霎时间令史学家激动不已。当然，这里有可遇不可求的机缘因素。“有心栽花花不开，无心插柳柳成荫”，用这句话比喻引用日记史料的妙处，倒是十分贴切。

与日记相比，另一种私人文献——家书和友朋书札，常见于生活中，读起来更亲切，语言没有雕饰，意随笔到，多是坦露衷肠之言。这些信函原本有很强的私密性，当初只是为了完成即时传递信息的目的，并无公布于众的考虑。甚至有些内容生怕他人知道，收信人阅后袁世凯的艰难处境。

（五）释读清季重臣李鸿章、总理衙门总办章京顾肇新，以及民初官员黄元蔚的部分家书。李鸿章致兄长李瀚章的信中对子弟教育尤为关切；顾肇新家书对1897年中德胶州湾交涉、1898年春张之洞入枢受阻、翁同龢开缺原因、总署议复康有为《第六书》、政变后张荫桓革职原因及光绪皇帝征医等问题，都有记述和评议，臧否人物、评议时局，多是局内人言，可纠正以往成说之讹误。

民初官员黄元蔚是戊戌维新志士康广仁之婿，这种特殊身份使得他与康有为、梁启超、陈昭常乃至其他粤籍名流具有非同一般的关系。在致其妻康同荷的家书中，对1913年至1916年前后的北京政局内幕及康、梁等粤籍人士的活动有不少记述，有助于丰富人们对北洋时期政治生态的直观感受和认识；由康同荷保存下来的康有为3封亲笔信函，也是了解保皇会时期康氏思想的珍贵文献。

（六）所藏张之洞档案中的部分电稿，对考订丁未政潮后梁鼎芬两次参劾奕劻、袁世凯的原委至关重要，尤其是第二次参劾行为，直接导致入枢的张之洞处境尴尬，张、梁关系由此疏远。

（七）释读近代学人的未刊书札。近代史研究所藏有丰富的学人手札。笔者查核资料，对3封王国维致缪荃孙、劳乃宣书信；16封叶德辉致易培基书信；19封江瀚致易培基书信做了考订和释读。这些书信都写于清末民初，涉及时局、学术、交游等情况，信息丰富，可补充既有研究之不足。此外，另有一文是对张荫桓致赵新、刘传桢一批未刊书信所做的研究和介绍。

（八）民初遗老郭则沄的自订年谱稿本一直由其孙郭久祺先生保存下来，年谱记述了谱主60年的生平经历，历史信息丰富，对研究清末民初政局、派系斗争、遗老活动等问题都有无可替代的学术价值。

（九）探究清季查办藏事大臣张荫棠家世、宦迹和交游，对研究近代政治外交也有积极意义；通过对张荫棠的考察，可以反映出唐绍仪、梁士诒为首的粤籍乡党势力兴起在朝野的反响，提示出地缘、姻缘、血缘关系交织下地方派系对社会变迁的深远影响。

本书收入附录两篇。附录一是笔者为曹淳亮、林锐选编《张荫桓诗文集珍本集刊》(上海古籍出版社 2013 年版)所写的出版感言，介绍了著名学者王贵忱先生对张荫桓研究的贡献。王先生是享誉当代的文献收藏家，藏有《张樵野戊戌日记》及丰富的近代名人手札，也是利用日记、书信进行学术研究并富有成果的前辈学者。先生治学严谨，无征不信，堪称年轻学人的榜样。收入此文也是想借此感谢 20 多年来王贵忱先生对笔者的不时指点和提携。附录二是笔者在 2020 年 11 月 12 日为安徽大学史学新讲堂第十三讲所做学术讲座的整理稿，因内容涉及日记史料问题，故予收录，供读者参考。

需要说明的是，本书利用日记、书信等原始文献，研究的都是具体问题，可能澄清了一些疑难，推进了某些研究，丰富了相关历史认识，但是，能够与读者分享的收获也是有限的。经验告诉我们，对日记、书信这类私密文献也不能太过迷信。一味追逐那些揭示内幕秘辛的珍稀史料，终究不是史学研究的坦途。史料类型各异，本质却是平等的。说到底，研究中没有哪一类史料能够包打天下。日记、书信虽是考订历史细节的绝好材料，也要与其他不同类型的资料对应互证，方能在人们探求历史真相的努力中，显示其独特价值。当然，这还需要我们不断充实理论素养，拓宽学术视野，掌握科学的研究方法，只有在宏大精深的理论思维观照下，像日记、书信这样的珍贵史料才能被“点石成金”，发挥出最耀眼的学术光芒。

马忠文

2020 年 12 月

目录

前言……………………………………………………………… 1

张荫桓与英德续借款……………………………………………… 1
慈禧训政后之朝局侧影
——读廖寿恒《抑抑斋日记》札记 ……………………………… 40
陆宝忠未刊日记的史料价值 ……………………………………… 60

从顾肇新家书看戊戌前后的朝局与政情 ………………………… 77
戊戌政变后至庚子事变前袁世凯的政治境遇 …………………… 92
丁未政潮后梁鼎芬参劾奕劻、袁世凯史实考订 ………………… 107
黄元蔚家书所见康、梁活动史迹 ………………………………… 125
清季查办藏事大臣张荫棠的家世、宦迹与交游 ………………… 143
民初遗老郭则沄在天津的活动
——读《龙顾山人年谱》札记……………………………………… 160

同光之际的地方社会与政治
——张荫桓致赵新、刘传桢书札释读 …………………………… 174
李鸿章致李瀚章家书二通释读…………………………………… 190
王国维致缪荃孙、劳乃宣未刊书札笺释 ………………………… 203
叶德辉致易培基十六封未刊书信释读…………………………… 211

江瀚致易培基十九封未刊信札释读…………………………………… 231

附录一　王贵忱先生与张荫桓研究…………………………………… 249
附录二　阅读日记是培养“历史感”的最好途径……………………… 258

后记……………………………………………………………………… 273

张荫桓与英德续借款

1898年3月与汇丰、德华两家银行订立的英德续借款，是甲午战后清政府为一举偿清对日赔款而举借的第三次巨额外债。与1895年俄法借款及1896年英德借款相比，这次借款名曰“商款”，却附带着苛刻的政治条件，使中国遭受了前所未有的盘剥，激起朝野强烈的反响，最终引发戊戌年春季的朝局动荡。

20世纪50年代以来，学界关于英德续借款的研究，主要是从列强侵华史的角度切入，侧重于英、俄等国争揽借款权的激烈斗争，以及列强对清廷的高压态势等问题[1]；直到80年代末，才逐步恢复到财政史层面的研究，从海关与外债、赫德与近代外交等不同角度，都有新的推进[2]。当然，研究中对清廷内部决策层的分歧及其对借款

---

① 参见胡滨：《十九世纪末叶帝国主义争夺中国权益史》，生活·读书·新知三联书店1957年版，第110—123页；孙毓棠：《中日甲午战争赔款的借款》，《抗戈集》，中华书局1981年版，第152—171页；丁名楠等：《帝国主义侵华史》第2卷，人民出版社1990年版，第14—28页。这些论著都是从列强侵华史的角度评价英德续借款的。

② 参见卢汉超：《赫德传》，上海人民出版社1986年版，第233—239页；汪敬虞：《赫德与近代中西关系》，人民出版社1987年版，第267—276页；戴一峰：《近代中国海关与中国财政》，厦门大学出版社1993年版，第207—216页；许毅等：《清代外债史论》，中国财政经济出版社1996年版，第413—452页；马陵合：《晚清外债史研究》，复旦大学出版社2005年版，第85—124页；马金华：《外债与晚清政局》，社会科学文献出版社2011年版，第119—159页；张志勇：（注转下页）

结果的影响也有涉及，只是未能深入展开；尤其是此次借款活动的核心人物——户部左侍郎、总理衙门大臣张荫桓（号樵野），所发挥的关键作用没有得到应有的揭示①，这正是本文所要考察的主题。

一、张荫桓、李鸿章争夺借款权的较量

甲午战争对近代中国社会的影响至深至巨。不仅割让台湾、澎湖给日本，巨额赔偿更使清政府财政濒于崩溃边缘。而三国干涉还辽以及俄、法、德、英等国借机勒索，最终演化为争夺借款权、租借港湾为目标的瓜分狂潮。概言之，从甲午到戊戌，清政府始终处于无以自拔的外交梦魇中，英德续借款谈判既在这种背景下开始，也是在这种氛围中结束。

根据《马关条约》，中国赔偿日本的2万万两库平银，须分作8次交完，其中第一次5000万两应在条约批准互换后6个月内交清；第二次5000万两，应在条约批准互换后12个月内交清；所剩赔款1万万两平分六次，递年交纳，其年份均以条约批准互换之日算起。除第一次外，其余未偿之款"按年加每百抽五之息"。在赔款偿清前，日本军队暂住威海卫，每年驻军费50万两亦由清政府承担。同时，双方又约定：如果清政府在换约三周年之前能够全部偿清赔款，日本除将

（续上页注）《赫德与英德续借款》，《江苏社会科学》2014年第4期。其中，马金华对近代外债与政局的关系有专章研究，讨论了外债与晚清财权的下移以及光宣时期中央对地方的外债摊还等问题；张志勇则利用英国藏赫德未刊日记等珍贵资料对赫德在英德续借款谈判台前幕后的活动，做了细致钩沉，只是他们对甲午战后大借款与清廷内部政争的关系较少提及。

① 王莲英曾对张氏"第三期对日偿款主持者"的身份和作用进行了专门讨论，但是，有关整个借款环境与清廷内部各派系纠葛层面的分析还不够充分，详见氏著：《张荫桓与晚清外交》，光明日报出版社2011年版，第133—144页。

已付两年半利息，于应付本银扣付还外，余仍全数免息①。按照这一协议，中方如果能在1898年5月8日前偿清赔款，总计可省息银1000多万两，及驻威海卫的军费150万两。这对财政极度紧张的清政府来说是需要考虑的因素。

为了筹还赔款，1895年5月9日，光绪皇帝发布上谕，命恭亲王奕訢、庆亲王奕劻、户部尚书翁同龢、兵部尚书孙毓汶、步军统领荣禄、吏部左侍郎徐用仪、户部右侍郎长麟和张荫桓等8人共同负责"办理借款事宜"②。事实上，由于孙毓汶于同年7月开缺，长麟于同年10月因故革职，恭王、庆王地位尊崇，荣禄对此类棘手之事并不热心，借款之事基本成为翁、张、徐（后来转任户部右侍郎）三位户部堂官的专责。尤其是张荫桓，果敢机敏，以通晓外事知名，在借款问题上尤有发言权。翁氏曾对张坦言："借款是今日一大事，若以付鄙人，何异冥行索途也。"③自谦之余，更多反映出对张的倚重。后来的俄法借款、英德借款都是在张荫桓主导下完成的。1896年3月7日，张氏在写给孙毓汶的信中说："今日始与两赤订定借款，轩辕若无机器，便可从此息事，已与言明廿八日（3月11日）立合同矣。宽收九四，较俄款每百溢八钱七分五厘，只周息多一厘耳。始念实不及此，群魔作祟仍未已。鄙意偿款期迫，及今不定，后患不可思，拟毅然任

---

① 《马关新约》（光绪二十一年三月二十三日），王铁崖编：《中外旧约章汇编》第1册，生活·读书·新知三联书店1957年版，第614—619页。

② 《清德宗景皇帝实录》卷365，光绪二十一年四月丙辰，中华书局1987年影印本，第777页。

③ 翁同龢著，许晏骈（高阳）考编：《松禅老人尺牍墨迹》，台北"国立"故宫博物院1977年印行，第140—141页。据高阳考订，此信写于光绪二十年十一月二十七日（1894年12月23日），见该书第239页。

之，即为众矢之的亦不计也。"[①]数日后，英德借款果然如期订立。可见当时列强争夺的激烈情形和张荫桓在借款问题上的果敢和执着。不过，到1897年初清政府酝酿筹借第三次外债的时候，情况开始发生变化，一位强有力的人物——李鸿章介入了进来。

甲午战争前，李鸿章以文华殿大学士、直隶总督兼北洋大臣，参与清廷外交决策20多年，影响至为重要。《马关条约》签订后，李被开去直隶总督，到京"入阁办事"，因不管部务，几等于投闲置散。虽奉旨与日本交涉还辽事宜及谈判《中日商约》，且以总署为"公所"，充其量不过是处理战争遗留问题。直到1896年10月，在赴俄签订《中俄密约》回国后，被任命为总理衙门大臣，处境才算有了改观。李鸿章雄心勃勃，急欲恢复昔日在外交上的影响力，这不免与长期主持总理衙门日常事务、掌握实权的张荫桓发生冲突。张、李之间的分歧时隐时现，以往的师生情谊也出现裂痕[②]。

1897年3月，张氏奉命作为清政府特使，前往英国参加维多利亚女王登基60周年的庆典活动，清廷决定新一轮举借外债之事由李鸿章负责办理。3月16日，翁、张等户部堂官召集司员会议，翁同龢深知责任重大，表明："借款系国家事，还款乃户部事，吾与诸君力任其难矣。"会议决定再借1万万两，请李鸿章"向英、德两使议之"[③]。26日，张荫桓离京，他的离去使李鸿章暂时获得主持总理衙门事务

---

① 《念弟子(张荫桓)致迟公(孙毓汶)函》，虞和平主编：《近代史所藏清代名人稿本抄本》第41册(孙毓汶档二)，大象出版社2011年版，第656—657页。信中"两赤"指赫德；"轩辕"似指翁同龢。原函只署"廿四"，据笔者考订，应为光绪二十二年正月二十四日(1896年3月7日)。

② 戊戌政变前，李鸿章奉旨退出总理衙门，原因固然复杂，据说也与张荫桓的排挤有关。见陈夔龙：《梦蕉亭杂记》，北京古籍出版社1985年版，第13—14页。

③ 翁万戈编，翁以钧校订：《翁同龢日记》第7卷，1897年3月16日，中西书局2012年版，第3031页。

的大好机会。正如赫德所言,“李鸿章非常勤奋,正在充分利用在总理衙门的‘时机’”[①]。对借款之事,更是“急于把它办成”[②]。6月1日光绪帝谕令“添派李鸿章办理借款事宜”[③],李氏具有了与张荫桓同样负责借款的办事资格。

但是,李鸿章主持的借款从一开始就不是很顺利。由于前两次大借款已将海关税收抵押殆尽,加之债券在欧洲市场上行情时有波动,欧洲金融界对新的借款均持谨慎态度。一些外国银行商纷纷兜揽借款,旋因财力不足,相继落空。最终谈判仍在清政府与老对手汇丰银行之间展开。汇丰银行自成立之日起,就是清政府举借外债的合作者[④]。6月中旬,李鸿章指示其亲信、驻英公使罗丰禄开始在伦敦与汇丰银行接洽。屡经磋商,双方议定中方向汇丰借款1600万英镑,四厘半息,八五五扣,五十一年还清,先十年付利,自第十一年起按年除本还利。但是,汇丰执意要求以江南部分地区的盐课作保,并由总署督新关征收为条件。“总署督新关征收”实际上是要总税务司赫德介入盐课征收,翁同龢不允。李鸿章也认为,此乃“扰乱国家定章,信税司过于户部,碍难准行”[⑤]。屡经磋磨,汇丰仍坚持税司干预盐课、厘金以作保;李鸿章只同意税司就近向盐运、厘局查催,“干预

① 《赫德致金登干Z747号函》,1897年3月28日,陈霞飞主编:《中国海关密档——赫德、金登干函电汇编(1874—1907)》(以下简称《中国海关密档》)第6卷,中华书局1995年版,第646页。

② 《赫德致金登干Z748号函》(1897年4月4日),《中国海关密档》第6卷,第650页。

③ 《遵旨筹办借款情形折》(光绪二十三年七月),顾廷龙、戴逸主编:《李鸿章全集》第16册,安徽教育出版社2008年版,第90页。

④ 洪葭管:《从汇丰银行看帝国主义对旧中国的金融统治》,黄逸平编:《中国近代经济史论文选》上册,上海人民出版社1985年版,第285—316页。

⑤ 《复罗星使》(光绪二十三年五月十三日未刻),顾廷龙、戴逸主编:《李鸿章全集》第26册,第337页。

字样"流弊甚大,不可允准[1]。双方各不相让,谈判陷入停顿。翁同龢忧心忡忡,他在日记中写道:"与李相往来书信商借款,借款将成未成,令人烦郁,此事一发千钧,局外人不知也。"[2]8月初,经督办铁路大臣盛宣怀介绍,英国的呼利-詹悟生公司(Hooley-Jamieson Syndicate)的代表加尔·福禄寿(Frosell)表示,可借款1600万镑,周息五厘,九五扣,各费在内,以海关未抵之税及盐课厘金作抵押,五十一年还清。对此,盛宣怀解释说,"五厘、九五扣较四厘半、八五五扣稍便宜,镑价正贵,多收现款为宜",建议户部重视该借款[3]。在翁同龢支持下,李鸿章立即指示盛宣怀在上海与福禄寿接洽,并接受盛的建议,由刚刚成立的中国通商银行经手收付[4]。此刻,盛宣怀几乎得到翁、李两位廷臣的一致支持。

对于李鸿章主导的借款活动,张荫桓虽身在欧洲,却不能无动于衷。总税务司赫德密切关注事态的发展,并及时反馈给张氏。早在3月24日,张未离京,就与翁同龢、敬信两位户部尚书"同诣赫德处谈土药加税事,又洋税抵借款事"[5],表现出对赫德建议的高度重视。出洋期间,张、赫函电往来,互通声息,就连张氏家书也是通过赫德寄往英

① 《复伦敦罗使》(光绪二十三年六月二十八日申刻),顾廷龙、戴逸主编:《李鸿章全集》第26册,第350页。

② 翁万戈编,翁以钧校订:《翁同龢日记》第7卷,1897年7月11日,第3063页。

③ 《盛京堂来电》(光绪二十三年七月初八日到),顾廷龙、戴逸主编:《李鸿章全集》第26册,第354页。

④ 有关盛宣怀与呼利-詹悟生公司的谈判及李鸿章、翁同龢的态度,详见马陵合《晚清外债史研究》第107—113页。

⑤ 翁万戈编,翁以钧校订:《翁同龢日记》第7卷,1897年3月24日,第3033页。

国;赫德夫人还在伦敦家中举行招待会,特别接待张荫桓使团[①],可见赫德对张极力笼络之意。

由于李鸿章负责的借款谈判从一开始就将赫德抛在一边,这位因执掌中国海关而长期参与举借外债的顾问表现得极不甘心。虽然他与汇丰仍有密切的联系,但是并不能对此发生任何影响。6 月 1 日,也就是李被指定参与借款事宜的当日,赫德致电张荫桓:“据说有几份借款草合同正在谈判中,哪一份先谈妥,谁就赢得承办权。我没有沾手此次借款。”[②]次日,张荫桓通过金登干复电,“希望了解海关税收还有多少尚未抵押出去”,认为只需借一笔七千万两的款子就够了,不用借一万万两,表达了对借款问题的极大关心[③]。6 月 4 日,张氏奉旨在庆典活动结束后,又奉命与各国交涉加税之事[④]。这样,回国时间势必延后。所以,6 月 28 日,他在奏报参加庆典情形时,又以附片的形式,专门阐述对借款问题的意见,希望引起光绪帝和总署的重视。

张荫桓认为,按照《马关条约》,第三期赔款及其以后各次赔款,如果按照逐年分还,息银甚多,须多耗银 2319 万两。更为严峻的情况是,本年(光绪二十三年)十月应付息银 460.666 6 万两,明年闰三月应付第四期偿款银 1666.6666 万两,息银 41.6666 万两,累计相

---

① 《金登干致赫德 Z1070 号函》(1897 年 7 月 2 日),《中国海关密档》第 6 卷,第 697 页。

② 《赫德致金登干第 747 号电,致中国特使》(1897 年 6 月 1 日),陈霞飞主编:《中国海关密档——赫德、金登干函电汇编(1874—1907)》(以下简称《中国海关密档》)第 9 卷,中华书局 1996 年版,第 109 页。

③ 《金登干致赫德 Z1064 号函》(1897 年 6 月 4 日),《中国海关密档》第 6 卷,第 684 页。

④ 《旨寄张荫桓使事竣后着即讲论加税及免厘事电》(光绪二十三年五月初五日),王彦威纂辑,王亮编:《清季外交史料》第 126 卷,书目文献出版社 1987 年影印版,第 2106 页。

加，数目巨大，而目前俄法、英德两次借款余额，所剩无几，“恐不敷指拨”。所以，不如再订借 8000 万两，索性在明年闰三月十八日（1898 年 5 月 8 日）订约满三周年前，一举还清赔款，以了“日本重累”。原来预估借债 7000 万两，此时根据赫德提供的财政状况，改为 8000 万两，这是他对偿还对日赔款的总体设想。同时，也对进行中的借款谈判提出了意见：

> 关税所余无多，各洋商佥谓不足抵借巨款，若不别筹抵款，空言商借，浮滑洋商藉端撞骗，窃虑迁延时日，债期既届，来年无措。及今绸缪，诚宜实事求是。臣出京时叠与户部诸臣筹商，复于陛辞之日撮要陈奏，现为时渐迫，相应请旨饬下总理衙门、户部通盘筹画，指定抵偿的款。①

张荫桓特别强调户部诸臣对借款问题的优先决策权，这是针对李鸿章而言的。他建议先从赫德那里查核关税余额情况，然后由户部“另拨抵款”，在此基础进行借款谈判才会有实质性的结果。所谓“不别筹抵款，空言商借，浮滑洋商藉端撞骗”，正是批评李鸿章与呼利等英商的盲目谈判。

张荫桓的这份奏疏似乎很早就到了，但是直到 8 月 16 日总署才将其递上。据赫德称，“总理衙门不拟送呈御览，但是恭亲王说皇帝必须过目，于是呈上去了”。总署不愿将张折呈上，也是李的意思。

① 《出使大臣张荫桓奏请订借八千万两偿日本兵费片》（光绪二十三年七月十九日），王彦威纂辑，王亮编：《清季外交史料》第 126 卷，第 2120 页。按，这里的七月十九日（1897 年 8 月 16 日）为奉到朱批时间。该片原件现藏台北“故宫”，题为《奏为马关条约互换之日起应还日本赔款请饬总理衙门筹划的款以免贻误》（台北“故宫博物院”图书文献处藏，军机处档折件，档号 140678），日期署光绪二十三年五月二十九日（1897 年 6 月 28 日），应该是折片发出的时间。

随着张折呈上，李“不得不摊牌”，“立即跟着张氏奏折用密折自行上奏，说已经同呼利-詹悟生公司安排好借款1600万镑”，并将草约八款进呈，称将在20天内正式画押①。李鸿章扣压张氏奏折，迟迟不递上，并匆匆忙忙与该公司草签合同，就是为了杜绝张对借款在任何程度上的影响，甚至打算在张荫桓回国以前完成借款之事。

在这件事上，身为户部尚书和总署大臣、军机大臣的翁同龢，非常巧妙地避开了矛盾。他劝李鸿章“单衔”具奏，自己则置身事外，并对李“毅然自认”的态度颇为赞赏。李上折当日，翁因病未入直，次日见到光绪皇帝时，又奏言“借款不得不尔，然不敢谓必成，它〔他〕人则谓李某专之矣”②。似乎又为李做辩护。可是，李鸿章心里并不踏实，在8月18日给盛宣怀的信中称：“借款事兄既奏明，今举朝疑为虚诞。樵野昨奏，须令银行与税司经办，洋商必不可靠，岂果验耶?”③张所言“银行”系指汇丰银行，税司指赫德。看得出，张荫桓认为必须向实力雄厚的汇丰借款，并由赫德来经手，才更牢靠。此时，李鸿章也开始对呼利这样不知底细的英商有些怀疑了。

不幸的是，张荫桓担心的洋商“撞骗”还是发生了。盛宣怀与呼利-詹悟生公司的谈判开始似乎很顺利，先是在8月14日，由公司律师拟草合同八款，由福禄寿到北京与总署商议正式合同。为此，17日盛氏致函翁同龢，先作铺垫，称该公司“访闻确系殷实大商，既肯以全权交派福禄寿来华商议，或尚不致蹈虚，但一到京必有人从中蛊动，且恐此二十日内，伦敦亦必有惑之者，因汇丰手段实非寻常可比。

---

① 《赫德致金登干Z765号函》(1897年8月22日)，《中国海关密档》第6卷，第728页。

② 翁万戈编，翁以钧校订：《翁同龢日记》第7卷，1897年8月14日、17日，第3074—3075页。

③ 《致盛京堂》(光绪二十三年八月十二日辰刻)，顾廷龙、戴逸主编：《李鸿章全集》第26册，第368页。

宣怀屡被言官指摘，大半皆汇丰所致。顷已遵照电嘱，切告福禄寿，草约既定，断不准其翻悔”[①]。盛宣怀希望翁不要轻信各种谣言的影响，坚定支持与呼利的借款。李鸿章也认为借款似“可靠”，“而赫德颇阻挠”。不料，24日福禄寿等抵京并与总署诸臣会面后，改变承诺，反而索办苏沪铁路，表示铁路有成，“即将十万磅〔镑〕作抵押，再画（借款）正约”[②]。显然，借款只是呼利-詹悟生公司抢夺筑路商机的名目。数日后福禄寿返回上海，与盛宣怀商订沪路问题，并提出将苏沪铁路延长至汉口的新要求。9月10日，翁以总署的名义致电盛宣怀：“略言福（禄寿）揽借款，又牵合铁路，究竟可靠否？倘画约后不能如期交款，执事不能辞责。”[③]希望盛慎重处置。此后，李、盛电报往还，与呼利-詹悟生的借款一直没有着落，几乎停滞下来。

另一方面，赫德早就从英国得到消息说，该公司的合伙人之一呼利在英国金融界声誉极坏，“没有一个正派的经纪人肯相信他，他的资本都是账面上的，而他却无所顾忌地四处张扬。詹悟生是一位穷议员，向来做事不择手段。如果代理人签立了合同，这家公司绝不可能自己发行债券，这种交易显然是极靠不住的”[④]。了解到这些情况，赫德幸灾乐祸地等着看李鸿章自食其果。果然，10月6日，按照约定时间，呼利-詹悟生公司居然连一笔10万镑的押款都拿不出来，李鸿章寄予的希望彻底落空。10月10日，他致电盛宣怀，大骂福禄

---

① 《盛宣怀报呼利借款草约事》（光绪乙未七月十九日、二十日），翁万戈辑：《翁同龢文献丛编之六 外交·借款》，台北艺文印书馆2003年版，第141页。按，此信应写于光绪二十三年（丁酉）七月十九日（1897年8月17日）。

② 翁万戈编，翁以钧校订：《翁同龢日记》第7卷，1897年8月24日、30日，第3076—3078页。

③ 翁万戈编，翁以钧校订：《翁同龢日记》第7卷，1897年9月10日，第3081页。

④ 《金登干致赫德第596号电》（1897年8月19日），《中国海关密档》第9卷，第125页。

寿“无信无耻”，又责备盛宣怀“误认误信”[①]。还把借款失败和报纸上怀疑中国担保以及没有借债能力的种种言论，归结到赫德的恶意中伤[②]。平心论之，赫德的拨弄多少产生了影响，但呼利-詹悟生公司的欺骗行径也是昭然若揭，完全验证了张荫桓的先见之明。无奈之下，李鸿章只得令罗丰禄再次与汇丰联系，希望在6月谈判基础上重新开议。同时，李氏也亲自与汇丰银行北京分行负责人熙礼尔(E. G. Hillier)积极接洽。但李鸿章仍不希望赫德介入借款事宜。金登干告诉赫德，“根据嘉谟伦同罗丰禄的晤谈，显然李鸿章希望海关方面不要以任何形式或方式插手此事”[③]。可是，事关中国的借债问题，汇丰从来都与赫德串通一气，更何况又有张的暗中支持。因此，李鸿章主动提议的再次谈判并无实质性进展，毋宁说是被重新搁置起来。

从种种情形分析，汇丰与李鸿章的谈判迟迟没有结果，很可能与等待张荫桓回京有关。尽管目前没有直接的材料说明这一点，但是，从赫德积极笼络张荫桓，急切等待重新获得参与机会的种种努力中，可以看到一些蛛丝马迹。

早在1896年9月，李鸿章出访欧洲期间，赫德就认为“目前总理衙门的当家人是张荫桓，如果他坚持干下去，有可能成为一个有权力的人”[④]。1897年初，在张氏抵英前，赫德便指示中国海关驻伦敦办事处代表金登干全力做好本应由驻英使馆来负责的接待工作。为了

---

① 《复盛京堂》(光绪二十三年九月十六日巳刻)，顾廷龙、戴逸主编：《李鸿章全集》第26册，第377页。

② 《赫德致金登干Z772号函》(1897年10月17日)，《中国海关密档》第6卷，第753—754页。

③ 《金登干致赫德Z1089号函》(1897年11月12日)，《中国海关密档》第6卷，第765页。

④ 《赫德致金登干Z723号函》(1896年8月30日)，《中国海关密档》第6卷，第534页。

安排使团的居住和行程方便，赫德批示从出使经费中支取了优厚的款项。赫德告诉金登干，“此行的使命纯系祝贺性质，张特使希望过的愉快，而且私下里还想使他此行的光辉胜过以前的使团”①。所谓“以前的使团”系指李鸿章等1896年的欧洲之行。赫德也听说，“李鸿章非常嫉妒张荫桓，不愿张氏得到他得到过的荣誉”②，所以更加积极，努力满足张的愿望。起初，赫德便建议英国外交部在参加庆贺活动期间对张授勋，但是，外交部以参加庆典外交官甚多，没有理由这样做，遂予婉拒。庆典活动结束后，张访问俄国。在那里，沙皇对张百般笼络，赠予他“圣安娜一级勋章”，“并表示要帮助中国渡过财政难关和办理借款等等”③，得知消息，赫德十分紧张，再次呼吁英国政府向张授勋。他向金登干抱怨说：“如果中国特使（指张荫桓）和梁诚，一位未来的公使未得到授勋，必将在无形中伤害了他们。”希望英国外交部趁张结束对俄、德等国访问、经由英国返华的机会，“对他和梁诚作为来访的高级官员和友好人士，单独予以授勋”④。在金登干的游说和英国驻华公使窦纳乐（Claude. M. MacDonald）的支持下，外交部终于接受了赫德的建议。7月30日，张荫桓返回英国时，被授予了“圣迈克尔和圣乔治大十字勋章”，梁诚被授予了“圣迈克尔和圣乔治高级爵士勋章”。梁诚曾担心授勋函送到公使馆会被罗丰禄等扣压，金登干则表示有足够的把握将那封信直接送交特使团，“而

① 《赫德致金登干第739号电》（1897年5月19日），《中国海关密档》第9卷，第102页。

② 《赫德致金登干Z756号函》（1897年6月13日），《中国海关密档》第6卷，第690页。

③ 《赫德致金登干Z759号函》（1897年7月18日），《中国海关密档》第6卷，第706页。

④ 《赫德致金登干第750号电》（1897年7月16日），《中国海关密档》第9卷，第120页。

不会由公使馆转手”[①]。他对自己促成授勋的“杰作”非常得意——不仅张荫桓“颇感意外”，罗丰禄等使馆人员更是“迷惑不解”[②]。赫德自然也心满意足。在他看来，虽然授勋“可能得不到实惠”，可是“这两枚勋章肯定能使双方在北京避免发生不愉快的事情：张氏保持友好情绪，总理衙门感到顺心，使得英国公使的处境，总的说来会愉快些和顺利些”[③]。授勋后的第二天，张荫桓从英国起程，渡大西洋，经美国乘船回国。

赫德倾心拉拢张荫桓，是因为他对总署内部的情况了如指掌。他判断，“‘大老李’希望把张氏挤出北京”。这样，李就可以掌控总理衙门了[④]。这种看法可能过于臆断，可也不无理由。当盛宣怀与呼利-詹悟生公司的谈判尚未中止的时候，就开始担心即将回京的张荫桓会从中作梗。10 月 4 日，盛致电李鸿章：“南海（张荫桓）日内抵沪，即北上，借款有无变卦？”[⑤]李复电称，只要呼利交来十万镑作抵押，“张亦无从摇惑”[⑥]。不幸的是，呼利真的连 10 万英镑的押款也

① 《金登干致赫德 Z1074 号函》（1897 年 8 月 6 日），《中国海关密档》第 6 卷，第 715 页。罗丰禄是李鸿章的心腹幕僚，他对张的访英活动十分冷淡。这与李、张在驻英公使人选安排上的斗争有关，原本张计划由亲信黄遵宪使英，因李作梗，临时改派罗丰禄。参见马忠文：《张荫桓与黄遵宪关系考论》，《学术研究》2002 年第 9 期。

② 《金登干致赫德第 600 号电》（1897 年 8 月 5 日），《中国海关密档》第 9 卷，第 122 页。

③ 《赫德致金登干 Z765 号函》（1897 年 8 月 22 日），《中国海关密档》第 6 卷，第 727 页。

④ 《赫德致金登干 Z761 号函》（1897 年 7 月 25 日），《中国海关密档》第 6 卷，第 710 页。

⑤ 《盛京堂来电》（光绪二十三年九月初九日到），顾廷龙、戴逸主编：《李鸿章全集》第 26 册，第 375 页。

⑥ 《复盛京堂》（光绪二十三年九月初九日巳刻），顾廷龙、戴逸主编：《李鸿章全集》第 26 册，第 376 页。

拿不出来,曾被寄予厚望的借款谈判彻底成为泡影。10月21日张荫桓回到北京。此刻,呼利借款已停顿,李鸿章恢复了与汇丰的谈判,并遥控罗丰禄在伦敦与嘉谟伦直接谈判。很快,张、李的冲突就开始了。张荫桓主张"借款须与英使商量,不可自坏门面",认为"合肥办法声名扫地,而必无成","又言现在只须借七千万,不必万万";李则抨击张在赔付日款时同意以白银兑成英镑支付,致使"中国受亏二千余万";对此,张并不认错,反过来指责李与汇丰谈判中的"八五五扣之谬",二人攻讦不已[①]。张、李各执一词,翁同龢左右为难,清廷大员在借款决策上出现明显分歧。

不过,此时的借款谈判仍旧由李鸿章负责。在与汇丰的谈判中,谈判的焦点仍是抵押问题。中方同意以"两淮盐课、江苏厘金抵押,由户部、总署作保","并请国家酌派汇丰信服之洋员,帮同查核实在收数"[②],以确保按期偿还。可是,汇丰认为,"该洋员只有查核而无管理之权,仍难商办"[③],依旧坚持由总税务司赫德来征收厘金。很明显,即使李鸿章刻意将谈判放在伦敦进行,也改变不了汇丰与赫德沆瀣一气的事实。只要将赫德排斥在外,就不可能与汇丰达成协议,谈判僵持下来。11月17日,李又向驻美公使伍廷芳致电询问"美商何人愿借巨款?英德久议未定,因盐课、厘金押保彼欲代管,有碍国体"[④]。至12月14日,汇丰仍无确耗,李鸿章感到"倭限已近,必贻

---

① 翁万戈编,翁以钧校订:《翁同龢日记》第7卷,1897年11月11日、12日、13日,第3106页。

② 《复罗使》(光绪二十三年十月十五日申刻),顾廷龙、戴逸主编:《李鸿章全集》第26册,第384页。

③ 《罗使复电》(光绪二十三年十月二十二日未刻到),顾廷龙、戴逸主编:《李鸿章全集》第26册,第387页。

④ 《寄华盛顿伍使》(光绪二十三年十月二十三日辰刻),顾廷龙、戴逸主编:《李鸿章全集》第26册,第388页。

误”，遂询问罗丰禄“除汇丰外，有可设法商借否？希速筹复”[①]。此时，他已陷入无奈、慌乱和饥不择食的窘态中。而翁同龢也开始倾向于支持张荫桓主持借款之事，他将“福禄寿所呈及合肥所算各借款盈绌单送樵野斟酌”[②]，为张提供新的参考。但是，接连发生的外交变故，使借款活动陷入了更大的危机中。

二、胶旅事件后英德续借款的迅速达成

就在李、张分歧公开化的时候，11 月 13 日，发生了德国侵占胶州湾事件。胶案的发生，以及由此引发的英、俄、德、法等列强争夺在华权益的外交斗争的尖锐化，使清政府借款的外部环境更加恶化，借款活动与列强争斗纠缠在一起，情况变得扑朔迷离。

1897 年 12 月 14 日，李鸿章在“邀请”俄国军舰进入旅大、冀其“驱逐”德舰的同时，又向俄国提出借款要求，俄国则乘机提出了要求修建满洲、蒙古地区铁路，俄国人担任总税务司，借款以田赋、厘金为担保等条件。两天后，当李会晤英使窦纳乐时却又表示，“汇丰等如仍照五六月间原议，可即照办；若必干预押款，实难允”[③]。李氏施“以夷制夷”之故伎，在英俄之间分头谈借款，坚持税司不干预盐课的原则，希望利用矛盾借到合算的钱，但是这种办法已经失灵了。张荫桓讥讽道：“合肥任借款，或假俄挤英，或假英挤俄，卒至春蚕自

① 《寄伦敦罗使》(光绪二十三年十一月二十一日辰刻)，顾廷龙、戴逸主编：《李鸿章全集》第 26 册，第 398 页。

② 翁万戈编，翁以钧校订：《翁同龢日记》第 7 卷，1897 年 11 月 19 日，第 3108 页。

③ 《致罗使》(光绪二十三年十二月初四日午刻)，顾廷龙、戴逸主编：《李鸿章全集》第 26 册，第 404 页。

缚。"[1]说的便是这种情况。借款谈判很快变成英、俄两国政府担保的政治借款,英、俄两国驻华公使针锋相对,互不相让。英国公使除了提出开放南宁、湘潭,"保证不将扬子[江]流域让渡与任何第三国家"等条件外,特别提出,"不论借款如何,英国政府决定海关总税务司必须由英国人担任"[2]。情形如此急迫,总署束手无策。

1898 年 1 月 24 日,由翁同龢出面召集总理衙门大臣商讨借款之事。张荫桓在日记中写道:"卯初常熟(指翁)函约早到署商借款,以两邸十堂并到,宜有确论。及晤,常熟似忘却早间来函,漠无所言。"[3]看得出翁氏急于推进借款之事,却又不愿担负些微的责任。诸臣讨论尚无结果,俄国公使巴甫洛夫便到总署,"称奉国电,借款若中国不借俄而借英,伊国必问罪,致大为难之事。又极言英款万不可借,将以埃及待中国矣"。稍后,英国公使窦纳乐也到总理衙门,称:"中国自主,何以不敢以一语诘俄,英何害于俄而俄必阻止耶?"[4]面对俄、英的要挟和恐吓,总署诸臣无计可施。而李鸿章仍然主张借俄款,翁同龢颇为不满,称"李相欲就俄缓英,试问何术以缓之哉?"

---

① 《弟子芋(张荫桓)致迟公(孙毓汶)函》,虞和平主编:《近代史所藏清代名人稿本抄本》第 42 册(孙毓汶档三),第 536 页。原函只署"廿八",据笔者考订,应为光绪二十三年十二月二十八日(1898 年 1 月 20 日)。

② 《英驻华公使窦纳乐爵士致英外相萨里斯伯列侯爵电——与中国政府谈判借款的条件》(1898 年 1 月 21 日),中国人民银行总行参事室编著:《中国清代外债史资料(1853—1911)》,中国金融出版社 1991 年版,第 209 页。关于英、俄两国争夺对华借款权及其他在华利益的情况,可以参考[英]菲利浦·约瑟夫著,胡滨译:《列强对华外交(1894—1900)》,商务印书馆 1959 年版,第 210—275 页。

③ 任青、马忠文整理:《张荫桓日记》,1898 年 1 月 24 日,上海书店出版社 2004 年版,第 507 页。

④ 翁万戈编,翁以钧校订:《翁同龢日记》第 7 卷,1898 年 1 月 24 日,第 3135 页。

只知徇俄人之请,“如何拒英则并无一字也”[①]。迫于两方的压力,清政府提出向英、俄各借5000万两的建议,却遭到两国拒绝。1月30日,张荫桓电告驻俄公使许景澄,通知俄国,“各国皆不借,前议作罢”[②]。

英、俄在借款和租借港湾问题上的激烈争夺,激起清廷朝野的强烈反响,朝臣纷纷献言献策,应对危机。1月30日,詹事府中允黄思永上疏请仿效西法,特造股票(公债券)向官绅士兵借款以应急需。疏上,光绪帝令有司核议,经翁同龢、张荫桓等户部官员商议,拟就详细章程,发行“昭信股票”,倡议官商绅民“量力出借”[③]。可是,翁、张似乎从一开始就对此没抱太大的信心(事实上也是如此)。就在清政府告知英、俄不向两国借款的十几天后,经总税务司赫德撮合,便以“商款”的名义,与汇丰、德华两家银行迅速草签了《英德续借款合同》。这次借款谈判是在张荫桓、赫德的操纵下进行的,作为户部尚书的翁同龢及敬信虽参与其中,却形同木偶。至于李鸿章,则被完全摈于局外。

原来,当英、俄两国争夺对华借款权最激烈的时刻,汇丰银行已与中方开始秘密讨论商业借款的可能性。只不过此时代表清政府出面的已不是李鸿章,而是张荫桓。赫德终于迎来了再次大显身手的良机。1897年12月23日,英国公使窦纳乐与熙礼尔一起拜访赫

---

① 翁万戈编,翁以钧校订:《翁同龢日记》第7卷,1898年1月25日、26日,第3135—3136页。

② 任青、马忠文整理:《张荫桓日记》,1898年1月30日,第509页。

③ 参见黄思永:《奏请特造股票筹借华款疏》(光绪二十四年正月初九日);户部:《奏准自造股票筹借华款疏》(光绪二十四年正月十四日),千家驹编:《旧中国公债史资料(1894—1949)》,中华书局1984年版,第6—12页。关于昭信股票的发行和成效情况,可参见朱英:《晚清的“昭信股票”》,《近代史研究》1993年第6期;李玉:《晚清昭信股票发行过程论略》,《近代史研究》2006年第4期。

德,将汇丰银行的两封电报给赫德过目,透露出令其惊讶的信息:俄国向中国提供利息4厘的借款,折扣93%,中国让俄国承建一条铁路,用厘金与田赋作保,并答允下一任海关总税务司由俄国人担任[①]。这对赫德来说绝不能容忍。当天,他致电金登干:"请告知汇丰银行,我完全赞同该银行代理人昨天发出的两份电报,希望汇丰银行有能力承办商业性贷款,以防止反对者的阴谋。"[②]两天后,又令金登干随时向他报告汇丰银行所作的决定。金登干认为,只要英国政府命令英格兰银行与汇丰合作,"承办商业性贷款"是可能的,这也是"防止俄国安排借款的唯一办法"[③],当然也是巩固赫德在海关地位的最佳途径。可见,为了抵制俄国,窦纳乐、赫德、熙礼尔共同策划用"商款"的形式获得对华借款,当然,这也是张荫桓所支持的方案。

同时,此前一直反对总税务司染指厘金的翁同龢,也于1898年1月16日会晤赫德,与之商议借款事,这可能与张的劝说有关系。赫德告诉翁,四十年来屡劝中国自强,前后上书数十,无一准行,极感"沉痛":"即如日本偿款,当时我献策,将海关洋税全扣,每年二千万,十年可了,而张大人(荫桓)驳我。我又献策,我可借银五千(万)镑,除还日本外,尚余一千□百(万)镑,中国可办他事,而俄法出而担借以挠我。试观今日还债两倍于本,较吾策孰得孰失耶?"[④]这些自称高明的说辞,不过是为了让翁对他萌生幻想。1月22日,是中国农

---

① "23 December 1897", *Hart's Journals*, Vol. 51. 现藏英国贝尔法斯特女王大学,转引自张志勇《赫德与英德续借款》,《江苏社会科学》2014年第4期。

② 《赫德致金登干第720号电》(1897年12月23日),《中国海关密档》第9卷,第161页。

③ 《赫德致金登干第558号电》(1897年12月24日),《中国海关密档》第9卷,第161页。

④ 翁万戈编,翁以钧校订:《翁同龢日记》第7卷,1898年1月16日,第3130页。

历新年的第一天，张荫桓便“访赫德商借款事”①，可见重视之程度。31日，翁、张同访赫德，“要求举行秘密会谈”。赫德注意到，“他们已失去了尊严，不再像以往那样自信了”②。翁、张托其与日商议稍缓归本之期，赫德表示应允，建议等事态平息再借商款③，这是为自己兜揽借款之张本，其实，从当时情形看，日本不可能同意延缓。2月7日，赫德约见翁同龢，“纵谈时事”。翁氏在日记中写道：“伊问可商汇丰否？答曰可。伊又曰须将厘、盐二事先商抵押，余曰二千万不值议及此。伊又曰若三月一款不还，各国谓中国利权扫地，将派人合力来干预矣。余曰不知(者)将谓汝为汇丰说项，以危语怵人，余不汝疑，然汝言过矣，此事终借汝力商借汇丰而不要抵押也。”④赫德这次访翁，明显是一种试探。翁氏希望靠赫德个人的信誉和能力，不要盐厘做抵，来实现汇丰借款，当然是不切实际的幻想。

2月9日，张荫桓正式约赫德来总署“商借款”。赫德离去后，翁同龢方到署，对赫德“有欲管理中国度支之说”表示不满，户部满尚书敬信则婉言相劝，“以既有款可借，便将部拟摊派奏稿撤下”⑤。看来，偿款日期逼近，户部已经做了预案，一旦外款借不成，就要奏请督抚摊派。当时，各省财政每况愈下，此举将冒很大的风险，万不得已，翁、张也不敢从此下策。然而，对于赫德借款，翁仍存顾虑，他在日记中写道：“借款乃赫德来署与张公面谈，仍令汇丰承办，而欲指定某处

① 任青、马忠文整理：《张荫桓日记》，1898年1月22日，第507页。

② 《赫德致金登干Z782号函》(1898年2月6日)，《中国海关密档》第6卷，第798页。

③ 翁万戈编，翁以钧校订：《翁同龢日记》第7卷，1898年1月31日，第3137页。

④ 翁万戈编，翁以钧校订：《翁同龢日记》第7卷，1898年2月7日，第3140页。

⑤ 任青、马忠文整理：《张荫桓日记》，1898年2月9日，第511页。

厘税交赫管理始允，吾恐各省督抚大权尽归外人，督抚未能甘也。”[①]这里直接将责任全推到张身上。虽有担忧，既然张担当在先，翁也就不再坚持了。次日，翁将“《松沪厘》、《宜昌盐厘》两款”交给张，嘱其“往商赫德，谓银贱镑贵恐不敷，然此已大不易云”[②]。此时，他已不坚持反对厘盐作抵。17 日，翁、张、敬三人再至赫德私宅，商借款。翁日记云：“赫言汇丰款可借，惟须派税司管厘金则外国商人始服，不得已允之。又言须指定某某处厘五百万始敷抵款，并立刻定议，答以到署查明，明日必复。”[③]经过这次商议，英德续借款的基本框架被确定下来，但翁同龢仍忧心忡忡，“虑英借商款，俄有责言”。当天，翁致张荫桓函云：“商款无碍之说，虽经开喻，鄙怀终未释然。譬如豪横无赖，欺一懦夫，纵理直不能申也。我曰商款，彼曰总是英款；我曰税司，彼曰总是英人。浸假而占黄海；浸假而吞三省，奈何！敌势如此，故不能不虑。”[④]他在日记中写道：“此意再三与樵（樵野）言，樵执意无碍，我终未释然，其他流弊且不论。”[⑤]可见，翁氏对形势的判断比较透彻，只是此时此刻不借汇丰之款，已是无路可走。

翁同龢先是顾虑一些督抚会对以厘盐为抵押有不满，继则担心“商款”之名挡不住俄国的诘问。平心论之，皆非杞忧。可是，张荫桓表示“无碍”。在议定的关键时刻，翁预感到事情不妙，开始有抽身之念。原定 18 日由翁将署中“抵款数目”查明后送交赫德，是日翁却“因疾未往”，而是将“厘金单送敬公（敬信）面交”赫德[⑥]。对于翁氏

① 翁万戈编，翁以钧校订：《翁同龢日记》第 7 卷，1898 年 2 月 9 日，第 3141 页。

② 任青、马忠文整理：《张荫桓日记》，1898 年 2 月 10 日，第 511 页。

③⑤ 翁万戈编，翁以钧校订：《翁同龢日记》第 7 卷，1897 年 2 月 17 日，第 3143 页。

④ 翁同龢著、许晏骈（高阳）考编：《松禅老人尺牍墨迹》，第 194—195 页。

⑥ 翁万戈编，翁以钧校订：《翁同龢日记》第 7 卷，1897 年 2 月 17 日、18 日，第 3143、3144 页。

的退缩，张荫桓以“莫名其妙”讥之[①]。同样，敬信也开始逃避。2月19日，户部直日，张荫桓本来“约子斋(敬信)在直庐相晤”，可敬信不到，张感到“殊不可解”。张氏在日记中写道：“恭邸约至枢中晤语，当将借款事告之。恭邸茫然。常熟乃谓此事昨未谈及，现在有款可借，但要管我们厘金。余言并非银行要管，系我们将厘金拨交赫德代征，以便如期交付本息。恭邸颔之。”次日张又记：“常熟将借款合同稿送来，以赫德‘专管’两字为嫌，且虑江苏必有一场厮闹。余复以昨约子斋直庐相晤，子斋不来，无从置词。”[②]言语之间，颇有几分冷淡。极关国家利益的借款合同居然是在户部堂官彼此推诿中决定下来并进呈御前的，这其中的隐情又岂是局外人所能知晓？

借款终于落实了。2月20日，赫德在给金登干的电报中欣喜地写道：“1600万镑借款草合同已签字。我得到总理衙门的同意，由我管理厘金和盐税，以每年五百万两的收入作为借款担保，并允将来扩大管理范围。此事除政治上的价值以外，我认为是财政改革的开端，是中国复兴的第一个必要条件，前途充满希望。”[③]赫德乘人之危，利用海关的特殊地位，贪婪地攫取财政权力，还将此与“中国复兴”联系起来，充分暴露了其伪善的面目。

毫无疑问，张荫桓是此次借款的主要推动者。在借款协议大致形成的几天间，翁同龢态度游移，虽然顾虑重重，却未坚持己见；敬信则随声附和，借机推诿，二位户部尚书的参与力度十分有限。需要说明的是，张、翁、敬与赫德商议借款事宜几乎是在秘密状态下进行的，

---

① 任青、马忠文整理：《张荫桓日记》，1898年2月18日，第512页。

② 任青、马忠文整理：《张荫桓日记》，1898年2月19日、20日，第512—513页。

③ 《赫德致金登干第706号电》(1898年2月20日)，《中国海关密档》第9卷，第177页。

商谈地点甚至在赫德宅中[1]。直到2月10日在户部查点厘金数目时，才“微露借款事”[2]。李鸿章一直被蒙在鼓里。本来，旅大事件发生后，外交环境越来越被动，李鸿章的借款策略屡屡碰壁，加之他与张的分歧越来越大，他对借款的介入已经没有以前那样执着了；他甚至知道张荫桓已经与赫德有所接触，但是，没有料到张、赫的动作如此迅速。21日，张、翁与赫德的商谈已近尾声时，李鸿章忽然致函翁氏，表示法国驻华公使吕班欲借款给中国，翁因“不愿生枝节”，竟“答以十日后再议”[3]，故意拖延时间。直到23日，李鸿章还在电告盛宣怀，“国债由赫向英行商借，尚未定”[4]。其实，此时实质性谈判早已完成。26日，李鸿章得知总署已与汇丰、德华达成借款协议后，愤怒至极，面斥张、敬二人。28日，原本约赫德来总署，为了避免引人注意，或生怕李鸿章从中搅局，翁建议与敬、张二人，“同诣赫德处”，在赫德私宅将“(合同)底稿订明”，并决定次日画押。事已至此，李鸿章亦以为底稿“周妥”，“便促早日画押”。张荫桓返寓后急忙“函商常熟，请合肥同视画押”，希望以此体面地“弥合”他们在借款之事上的分歧；让他没想到的是，李鸿章“欣然”允诺。次日，借款合同正式签订。仪式结束后，张又专程“访赫德谢劳”[5]。这样，一波三折的第三

---

① 赫德也嘱咐汇丰银行，“在借款发行书发出以前，不要声张，不要在报纸上预告，不要暗示……”见《赫德致金登干第708号电》(1898年2月10日)，《中国海关密档》第9卷，第175页。

② 翁万戈编，翁以钧校订：《翁同龢日记》第7卷，1898年2月10日，第3141页。

③ 翁万戈编，翁以钧校订：《翁同龢日记》第7卷，1898年2月21日，第3145页。

④ 《复盛京堂》(光绪二十四年二月初三日巳刻)，顾廷龙、戴逸主编：《李鸿章全集》第26册，第418页。

⑤ 任青、马忠文整理：《张荫桓日记》，1898年2月26日、27日、28日，3月1日，第514—515页。

次大借款，最终以张荫桓和赫德的合作成功而迅速收场。

三、张之洞的抗争与戊戌年春的“倒翁”政潮

英德续借款的签订使李鸿章、张荫桓之间的争夺暂时平息，至少表面上相安无事了。但是，更大的风波正在兴起。借款以厘金作抵押，因牵涉江南地方利益，终于招致湖广总督张之洞等地方督抚的强烈反弹，并成为引发戊戌春“倒翁”政潮的重要因素。

张之洞对于新一轮外债将以厘金作抵的消息早有所闻，并预感到自己手中的厘金很快将被剥夺。1898 年 1 月，英、俄疯狂争夺借款，双方条件骇人听闻。16 日，张之洞致电总署称：“若议借款，必索厘金、盐课抵押，且必干我利权，如令赫德兼管厘金等事，为害甚烈。”有鉴于此，他主张将剩下的一万万两赔款，按条约原议，在 6 年内渐次偿还，不必在 1898 年 5 月 8 日前一举偿清。这与张荫桓的看法完全相反。张之洞指出：“此款若缓还，年息不过五厘，且迟早、多少均听我便。此时海疆纷纭，大局未定，无论何国借债，皆必居奇要挟，息重扣多，强索抵押，必致种种贻害。”而“将日本此款暂缓交付，按年认息，息止五厘，无扣，较之九扣、八扣有零者，所省甚多”，也不须“别筹抵押，不致因此牵动盐、厘等款”，待大局定后再“相机商借，不受抑勒”。况且，德、俄已占胶、旅，即使日军暂驻威海，亦可“彼此牵制”[①]。在他看来，原先急欲付清赔款以便威海驻军早撤的考虑已没有意义。张之洞的这番见解看上去合情合理，颇得要领，背后隐藏的却是惟恐两湖地区厘金被夺走的担忧。该电奏上，奉旨“英借款，俄借湾，正在未定，已饬总理衙门从长计议”。21 日，张之洞致电直隶总督王文韶与上海道盛宣怀，重申“缓还倭债，按约无甚大害，我何必

---

① 《英欲借款与我必居奇要挟请勿允 致总署电》(光绪二十三年十二月二十四日未刻发)，赵德馨主编，吴剑杰等点校：《张之洞全集》第 4 册，武汉出版社 2008 年版，第 463 页。

平地生波，自寻祸害”，对通过举债一举偿清赔款的决策提出质疑。同日，王文韶回电称：“借款事朝廷深韪尊议，惟倭方指款待用，未能向商。英挟借款要求，俄持之甚力，却未定议。”并称：“大局所关，鄙人偶有见及，必为常熟密陈之。惟闻南海（指张荫桓）势甚张，常熟亦时为所持，是可虑耳。”[①]从王文韶那里，张之洞得知张荫桓才是操纵借款方向的关键人物。23日，他再次致电总署，强调对日还款，“和约明载六次交纳，不论何时，均听中国之便，断无强索速还之理”，而以长江一带利益为代价借英款，“受无穷挟制，贻全局大患”[②]。在给陈宝箴的电报中，张之洞力斥当轴：“必欲借急债还缓债以送中国，不知是何肺肝。”“闻总署有人甚愿借英款，其中情事不言而喻。”[③]暗示借款大臣有图谋私利的嫌疑。他希望陈宝箴能发电阻止。同日，张之洞又发急电给盛宣怀，请“密电常熟、合肥力阻之”[④]。短短几天里，张之洞四处求援，情绪激昂，希望阻止英国借款，可是毫无效果。

3月7日，得知英德续借款合同签订的消息，张之洞极度失望地向总署发了一份长电，请代奏。电奏中除了对张、翁“不欠无折扣无抵押之款，而别借有扣有押之款”予以抨击外，再次重申：“中国财赋之区，苏、浙为上，长江次之，西人垂涎，久思干预。今因借款用彼人掌厘务，必谓藉西人之整顿，杜华官之中饱。不知苏、浙、长江利权全入其手，中国之精华已竭，岂仅干预而已。且此数处进款，京饷、洋款、协饷、本省饷均出其中，一日全归西人扣抵借款，则我之内政何从举办，前年四国洋款何从筹还。束手自困，永无复振之望。饷源既

---

① 盛宣怀：《愚斋存稿》第30卷，“电报七”，民国思补楼家刻本，第1页。

② 《英款借则长江应决议谢绝 致总署》（光绪二十四年正月初二日申刻发），赵德馨主编，吴剑杰等点校：《张之洞全集》第4册，第466页。

③ 《致长沙陈抚台》（光绪二十四年正月初二日酉刻发），赵德馨主编，吴剑杰等点校：《张之洞全集》第9册，第283页。

④ 盛宣怀：《愚斋存稿》第30卷，“电报七”，第1页。

尽,武备全撤,大乱将作,内地亦不得安。"所以,"万不可令洋人代我收盐厘、货厘,自失利权",希望"朝廷与王大臣熟思利害,力止借议,以救危急"①。这一次,他不再遮掩了,单刀直入,提及洋人管厘金对两湖的严重影响。10 日,总署将此电呈览。总署回电称,"以厘金作抵,由税局代征,诚于地方官不便",但是,非如此洋商必不肯信;至于分期偿还,须由各省分摊,即使本年首期还款也难凑,以后更难措手。所以,两害相形则取其轻,希望张之洞等疆臣"共谅苦心,大局幸甚"。同时承诺,原拨鄂厘协饷,户部当另筹拨②。这样,虽然张之洞坚决反对,也没有改变户部将宜昌盐厘每年 120 万两作为借款的抵押的决定③。

晚清的厘金自咸丰年间起一直是地方当局的重要财政来源,当然也是一些官员贪污中饱的利薮。在呼利-詹悟生借款草约之中,李鸿章、盛宣怀虽提到以盐厘金为抵押,一开始都是"空处着笔",不具体说明何处。细究之,盐课、厘金外人所不能过问固然是理由,一旦指明地域,会即刻招致该地督抚的反对,这才是关键因素。但是,只要押款不能坐实,借款谈判就不能取得实质性的进展。张荫桓批评

---

① 《万勿以厘金作抵借洋款　致总署》(光绪二十四年二月十五日戌刻发),赵德馨主编,吴剑杰等点校:《张之洞全集》第 4 册,第 468—469 页。

② 《总署来电》(光绪二十四年二月十九日到),赵德馨主编,吴剑杰等点校:《张之洞全集》第 4 册,第 469 页。

③ 必须说明的是,虽然《英德续借款合同》载明由赫德派海关人员前往湖北、江苏、安徽等地征收盐课、货厘,事实上未能真正履行。因为赫德意识到,这样会受"夹板气":"下面是各省中隐蔽的反对派,而且无法找到足够的外国职员和可靠的中国职员;上面是,如果我们完不成任务,各银行每月都要我们缴纳 5 万或 6 万英镑……"见《赫德致金登干函 Z815 号》(1899 年 1 月 22 日),《中国海关密档》第 6 卷,第 941 页。可见,所谓"盐厘作抵"后来只是停留在合同上的一句空话。看来,张之洞的抵制还是奏效了。此事与本文主题稍远,暂不展开讨论。该问题承马陵合教授提示,谨此致谢!

李鸿章“不别筹抵款，空言商借”正是指此而言。相比于李、盛的小心翼翼，户部的堂官就不同了。甲午战后，为了维持正常行政开支，同时偿还赔款，他们反复商议筹款办法，先后奏请裁勇、扣减旗兵俸饷、盐斤加价、裁减局员薪金、重抽烟酒税厘、扣减外省官员养廉、续办捐例、增加土药税等措施，目的就是通过压缩日常开支，增加地方向中央的缴款。然而，尽管户部一再严催，督抚们并不热心，每每敷衍搪塞。朝廷顶着“剥削闾阎”的骂名，却没有增加多少税收。所以，这次英德续借款，翁、张等不顾张之洞等督抚的反对，执意以江南厘金作抵，虽有“藉西人之整顿，杜华官之中饱”、“除一分中饱，增一滴饷源”的正当理由，但根本上反映的却是中央与地方争夺财源的事实。

英德续借款订立之际，正值胶州湾、旅大交涉之时。对德、对俄交涉的失败与借款条件的苛刻很快引发朝野的非议，主持其事的翁同龢与张荫桓即刻成为众矢之的，这其中不免掺杂着派系斗争和个人恩怨的因素。一些官员纷纷上疏参劾翁、张，不仅抨击两人办理外交的失误，也开始抨击他们在借款中“朋谋受贿”的私德问题。这些弹劾的背后不免有张之洞和大学士徐桐的支持。4 月 28 日，安徽布政使于荫霖率先发难，上折批评翁同龢“独任私智，酿成巨祸”。认为对日赔款“约定六期分还，期宽易筹，或可不至借贷，即使借贷，为数不甚巨，则所索必不甚多”。可是，翁却“惑于张荫桓之言，遽借英、德商款，全数还倭，以江苏、江西、浙江、湖北四省货厘盐厘作抵，事定之后，一纸公文责令四省督抚遵办，事前并不商量，更不问此四省以后度支如何应付”。话里话外，基本上就是张之洞的心声。于荫霖建议明颁谕旨，召见徐桐、崇绮，并电召张之洞、陈宝箴等疆臣入都，“任以事权”，让翁、张及李鸿章“让贤”①。此前，在杨锐、刘光第等人策划

---

① 于荫霖：《请简用贤能大臣并陈五事以救时局折》，《悚斋奏议》第 3 卷，民国十二年都门刻本。

下，大学士徐桐曾保举张之洞入京陛见，旨在取代翁氏，入枢辅政。但是，这个计划因沙市教案的发生和翁、张的暗中阻止而搁浅①。于荫霖上疏参奏，正是张、徐等人策划的反击，并由此掀起了戊戌年春季的"倒翁"政潮。

5月29日，御史王鹏运也上疏弹劾翁、张，措辞更为激切：

> 近日办理外交事件，皆系翁同龢、张荫桓二人主持，其奸庸误国，狼狈相依，非立予罢斥，后患亦无法可弭……借洋款一事，李鸿章始与俄人商定借款九四扣，翁同龢、张荫桓以所扣太多不借。继则英国家愿借银无折扣，唯以三事相要，翁、张又以三事不可从不借，卒之三事皆勉许英人，而所借则英商八三扣之一万万两。夫九四扣诚多，视八三为何如？三事既以尽从，何为不借无扣之款？闻此事皆张荫桓与赫德在翁同龢私宅订立合同。洋报谓此次华借商款，该银行费银二百六十万两于中国经手之人，果谁氏耶？然则不借俄及英国之款，其故可知矣。②

王鹏运身为言官，不解实情，参劾多有不近情理之处，但他抨击翁、张"奸庸误国，狼狈相依"并暗讽二人有"朋谋纳贿"之嫌，却赢得不少关注。6月15日，在一片弹劾声中，翁同龢被开缺。21日，御史胡孚宸又上疏严参张荫桓，再次指明，翁、张在英德续借款中"私分"

---

① 戊戌年张之洞入枢受阻问题，参见马忠文：《戊戌年翁同龢开缺前后清廷满汉关系管窥》，收入中国社会科学院近代史研究所政治史研究室编：《清代满汉关系研究》，社会科学文献出版社2011年版，第438—447页；茅海建：《戊戌变法的另面——张之洞档案阅读笔记》第1章，上海古籍出版社2014年版。

② 王鹏运：《奏为特参总署大臣翁同龢张荫桓权奸误国请立予罢斥事》，中国第一历史档案馆藏，录副奏折，03—5360—045。

回扣达二百六十万两之巨[①]。为此，张氏险遭抄家之祸[②]。上述对翁、张“受贿”的指控，或据以“洋报”，或基于传闻，并无确凿的证据，光绪帝将其一律“留中”，以示回护。

翁同龢位列中枢，最受信用，却在借款问题上知难而退，推脱责任；不料弄巧成拙，被张荫桓所利用。翁氏在5月29日的日记中写道：“王鹏运封奏，大臣误国……劾余与张荫桓朋谋纳赂也。薰莸同器，泾渭杂流，元规污人，能无嗟诧？”[③]他对张的私德不敢相信，对自己受到张的牵连感到无比委屈。6月12日，光绪帝听从张的建议，欲于宫内接见访华的德国亲王亨利，翁以为不可，遭到皇帝诘责。翁日记称：“（皇帝）又以张荫桓被劾，疑臣与彼有隙，欲臣推重力保之。

---

① 翁万戈编，翁以钧校订：《翁同龢日记》第7卷，1898年6月26日，第3185页。

② 据李符曾（应为杨锐）致张之洞密函言，胡孚宸奏劾张荫桓借款得赂二百余万，又议增赫德薪水，每年骤至百廿万等语，慈禧闻之大怒，次日面谕左翼总兵英年查抄拿问，而步军统领崇礼令缓之，旋有立山出为恳求，其事遂解。见孔祥吉：《戊戌维新运动新探》，湖南人民出版社1988年版，第80页。《张荫桓日记》也记：“访豫甫（立山），承谕慈圣保全之意，为之感激。”（1898年7月12日，第543页）后来王照披露，张为此向慈禧报效“十五万两”，一说“二十万两”（见王照：《〈礼部代递奏稿〉按语》，《小航文存》第1卷，中国史学会编：《戊戌变法》第2册，上海人民出版社1957年版，第355页；《关于戊戌政变之新史料》，中国史学会编：《戊戌变法》第4册，上海人民出版社1957年版，第332页）。另据鹿传霖戊戌年六月初八日家书：“张荫桓几乎查抄，乃吐出借洋债分成头之二百万报效修工获免。”“报效修工”可能是个名目，数量也不会如此巨大，但张“吐出”回扣可能实有其事。见《鹿传霖任川督时函札》，中国社会科学院近代史研究所档案馆藏，甲170。

③ 翁万戈编，翁以钧校订：《翁同龢日记》第7卷，1898年5月29日，第3178页。

臣据理力陈,不敢阿附也。"[1]此时,翁氏对张已毫不信任,甚至不惜冒犯圣意,刻意疏远与张的关系。翁氏开缺后,张到翁宅中倾诉胡孚宸奏翁、张"平分"二百六十万两之事,翁"漫听漫应之而已"[2],表现出极大的蔑视。南归途中,翁氏赋诗"老韩合传谁能辨,刘李同官莫漫疑",暗露与张同案涉嫌"受贿"指控却又无法辨清的无奈心情[3]。

四、张荫桓与英国人的利益关系

翁同龢于光绪间两入军机,掌管户部十多年,清正廉洁,享誉当时。从戊戌年官员的弹章中也可看出,他们对翁、张评价的基点是不同的。在他们看来,张荫桓"出身微贱,贪谄著名",翁氏则"夙负清望",不过是一时为张氏"所惑"而已。之所以将翁与"受贿"丑闻相连,完全是张之洞等政敌"倒翁"的计谋和手段,翁氏开缺后再无人提起所谓翁氏"受贿"之事。对此,学界也有专门的研究[4]。至于张荫桓的"受贿"就不同了,近代以来的私家野史多有责张氏贪墨者。近人胡思敬曾评议说:"马关订约时,和款至二百三十兆。洋商以外债

---

① 翁万戈编,翁以钧校订:《翁同龢日记》第7卷,1898年6月12日,第3182页。

② 翁万戈编,翁以钧校订:《翁同龢日记》第7卷,1898年6月26日,第3185页。

③ 翁同龢《春申舟次偶成》诗云:"春申浦畔子胥祠,正是山寒木落时。四裔竟将魑魅御,寸衷尚有鬼神知。老韩合传谁能辨,刘李同官莫漫疑。此去闭门空谷里,会须读易更言诗。"见朱育礼、朱汝稷校点:《翁同龢诗集》,上海古籍出版社2009年版,第215页。另,翁氏戊戌元旦《再题自画草堂图次前韵》诗中也有"桑榆难补东隅失,尚有人争海舶香"之句,台湾学者高阳认为,此诗暗喻胶州湾交涉前后时事,"海舶香"一句指张荫桓欲谋取回扣而主借英款之事。参见高阳:《翁同龢传》上册,香港博益出版集团有限公司1986年版,第440页。

④ 参见戚其章:《翁同龢"朋谋纳贿"辨诬》,《历史教学》2000年第7期。

盘剥中国重息，皆由荫桓关说，私分润以自肥，所蓄骨董书画，费以亿计。"[①]被视为康党分子的王照也披露，张荫桓为光绪帝的第一"亲信之臣"，"其为人最奸贪，尝独吞洋债回扣"[②]。文廷式则批评清廷指派专人负责借款的弊端，认为"借债至派大臣专司，已属变例，而诸大臣中又未有深知其事者。此等算术绝非深奥，乃洋人列表呈阅而茫然不解。张荫桓则从而愚弄之。盖不顾国家所亏折若何，而惟论己之所入，故终必借之奸商，实荫桓辈主之也"[③]。他既揭露张氏谋私的劣迹，也指责因不能"深知其事"而被张"愚弄"的大臣（如翁同龢）。无论是官员弹劾，还是私家记述，有关张的"受贿"问题，或据传闻，或从清季官场的规则和习惯来分析和推断，很少有确凿的证据。其实，张荫桓与英国人之间确实存在切实的利益关系。从赫德与金登干1898年的往返通信中，可以找到有力证据。

原来，当1898年6月28日赫德听说有御史（胡孚宸）纠参翁、张为借款事"受贿二百六十万两"并由"二人平分"的消息后，急忙致电在伦敦的金登干，希望他迅速寻问汇丰银行，"为借款事是否曾给过哪个中国人任何财物"，并建议金登干"动员汇丰银行致电英国驻北京公使馆，对此项指控提出抗议，请英国公使要求中国进行调查，以澄清汇丰银行的信誉"[④]。赫德说："当然，每一个官吏必定是要钱的，但是我们应扭住这位御史，要他提出证据，否则就撤回他的弹劾，

---

① 胡思敬：《戊戌履霜录》，中国史学会编：《戊戌变法》第4册，上海人民出版社1957年版，第82页。

② 王照：《〈礼部代递奏稿〉按语》，《小航文存》第1卷，《戊戌变法》第2册，第355页。

③ 文廷式：《笔记》（上），汪叔子编：《文廷式集》下册，中华书局1993年版，第721页。

④ 《赫德致金登干第683号电》（1898年6月28日），《中国海关密档》第9卷，第215页。

因为事情关系到借款。”[1]次日，金登干回电说：“汇丰银行已将您的来电转电熙礼尔，并请您向他了解全部情况，因为该行不过问熙礼尔，不能答复所询问题。”[2]熙礼尔是汇丰银行北京分行的经理，自1885年汇丰在北京设立分行，他就是负责人，他精通汉语，也是英德续借款的英方签字代表。赫德显然是从熙礼尔那里得知了事情的全部秘密。7月3日，赫德在写给金登干的回信中抱怨说：“汇丰银行把上次借款的钱付给中国人，是完全没有必要的，因为事情是由我一手经办的，这样做已造成麻烦。”[3]看来，熙礼尔曾代表汇丰银行付钱给“中国人”是毫无疑问的，只是这个“中国人”是谁，虽未具体说明，但与张荫桓肯定难脱干系。

事实上，这次借款前，张荫桓已经与汇丰银行有过一笔不寻常的利益关系。1896年10月，清政府向英国阿姆斯特朗造船厂订购了两艘巡洋舰，此事由张荫桓经手，第一次付款过程中，他收受过船厂的回扣，并以自己的名义存于汇丰银行，汇丰方面始终为之保守着秘密。对此，赫德也最为清楚。

这年10月19日，赫德致电金登干称：“总理衙门同阿姆斯特朗厂代理人签订了购买两艘巡洋舰的合同，价格60多万镑。第一批价款218828镑应在本星期交付。”根据协定，厂方除了付给代理人费用2000多镑外，还须付给汇丰银行一笔16000多镑的折扣[4]。对此，赫德认为是“怪事一桩”。连阿姆斯特朗厂的负责人也致电他们的代理

① 《赫德致金登干Z801号函》(1898年6月28日)，《中国海关密档》第6卷，第866页。

② 《金登干致赫德第496号电》(1898年6月29日)，《中国海关密档》第9卷，第216页。

③ 《赫德致金登干Z802号函》(1898年7月3日)，《中国海关密档》第6卷，第871页。

④ 《赫德致金登干第782号电》(1896年10月19日)，《中国海关密档》第9卷，第59页。

人,要求解释有关归还他的花费款项和折扣问题[①]。情况很快便明朗了,赫德在致金登干的信中,明确指出这是由阿姆斯特朗厂的代理人"同总理衙门大臣张荫桓做出的安排",并推测张氏之所以取得这笔回扣,可能是要用以重建因火灾而损毁的户部衙门房屋,因为朝廷"并未给他们(户部)拨款"。另一方面赫德断言,"无论其动机如何纯正,摸到了'沥青'当然是很难不把手弄脏的"[②]。这里提到的户部衙署失火之事发生在1896年4月5日,因户部衙门二门内颜料库失火蔓延,导致大堂烧毁[③]。不过,情况并非像赫德推断的那样。船厂退回的16412镑回扣并未用于户部房屋的重建,而是在10月以张荫桓个人名义存入了汇丰银行。为此,赫德特别电告金登干"请保密"[④]。

对张荫桓私吞回扣的做法,连赫德也觉得有些过分。赫德一直反对将用来赔偿日本的借款花在其他方面,认为清政府没有资金购买军舰,甚至认为"无此需要","但是那些有权发号施令的人另有他们的想法"。他对金登干说:"我相信这批'游手好闲的人'已经吃足了贿赂,因此大笔经费就花出去了。"[⑤]当时总署花费一百多万英镑,"一半用于购买德国三艘铁甲船和四艘鱼雷艇,另一半用于购买英国

---

① 《金登干致赫德第644号电》(1896年10月23日),《中国海关密档》第9卷,第61页。

② 《赫德致金登干Z729号函》(1896年10月25日),《中国海关密档》第6卷,第563—564页。按,阿姆斯特朗厂在该书中,有时被译为"亚模士公司"。

③ 参见翁万戈编,翁以钧校订:《翁同龢日记》第6卷,1896年4月5日,第2935页。直到1897年5月,被焚衙署才得以修复,见《翁同龢日记》第7卷,1897年5月19日,第3047页。

④ 《金登干致赫德第781号电》(1896年10月22日),《中国海关密档》第9卷,第60页。

⑤ 《赫德致金登干Z713号函》(1896年6月21日),《中国海关密档》第6卷,第495页。

阿姆斯特朗厂的两艘巡洋舰”[①]。赫德认为,购买阿姆斯特朗厂的巡洋舰“仅仅是为了同许景澄在柏林时为政府买的扫雷舰相平衡(见他的鬼!)”[②],赫德大骂总署大臣们抱着“身后之事,与我何干”的态度,只顾眼前,“能捞什么就捞什么”[③],这其中就有对张荫桓的指责。但是,为了维护本人及英国的在华利益,赫德仍然保守秘密,对张氏存款于汇丰银行之事默不作声。1897 年春张荫桓赴英期间,他又命金登干积极效力,曲意笼络。显然,汇丰银行的这笔来历不光彩的存款,正是英国人摆布张荫桓的一件神奇的道具。

对于张荫桓在汇丰银行的这笔款项,赫德一直很关心。1897 年 10 月 3 日,在张荫桓离开英国后,他致函金登干,希望“从速弄清楚张荫桓是否动用了去年 10 月以他的名义存在汇丰银行的 16412 镑存款”[④]。1898 年 1 月 19 日,在支付阿姆斯特朗厂 163542 镑第二次分期付款额时,赫德再次致电金登干,询问“中国特使”存于汇丰的 16412 镑存款“是否尚未动用”? 此时,正是赫德、汇丰银行与张荫桓商议借款的关键时刻。金登干的答复是:“未动用。这笔款将于今年 7 月 1 日到期。”[⑤]这笔款到期后是否被张氏提出,或采取了别的什么措施,现在已没有证据说明。

尽管赫德对张荫桓收受购舰回扣一事极力遮掩,但外界仍有传

① 《赫德致金登干 Z728 号函》(1896 年 10 月 18 日),《中国海关密档》第 6 卷,第 561 页。

② 《赫德致金登干 Z716 号函》(1897 年 7 月 12 日),《中国海关密档》第 6 卷,第 508 页。

③ 《赫德致金登干 Z735 号函》(1896 年 12 月 6 日),《中国海关密档》第 6 卷,第 590 页。

④ 《赫德致金登干 Z720 号函》(1897 年 10 月 3 日),《中国海关密档》第 6 卷,第 747 页。

⑤ 《赫德致金登干第 712 号电》(1898 年 1 月 19 日),《金登干致赫德第 540 号电》(1898 年 1 月 19 日),《中国海关密档》第 9 卷,第 172 页。

闻。1897 年 8 月 8 日,国子监司业贻谷上折参劾张荫桓,称:"上年总理衙门议购外洋铁甲、鱼雷等船,为重整海军之计。上海、天津洋商牟利而来者,无不先入其门,纳营求。闻该侍郎所得不下五六十万金,人言籍籍,岂尽无因?际此帑藏奇窘,借款难偿,该侍郎职贰司农,犹复私营囊橐,试问其尚有天良乎?"[①]1898 年 5 月 17 日,大学士徐桐在参劾张荫桓时,也称:"前因北洋重整海军,购买战舰,由伊经手,浮冒至六十万两之多。本年借英款一万万两,该侍郎假托洋商勒掯为名,八三折扣,外加使费,致我中国吃亏二千万两,该侍郎与洋商分肥入己。此等奸赃事迹,本无佐证,人言传播,断非无因。"[②]他们对张的指控都是依据传闻而来,却坚信不疑。据张自称,向贻谷、徐桐以及王鹏运、胡孚宸等言官提供情况的是总理衙门章京杨虞裳,而杨深受翁同龢赏识[③]。照此推断,翁对此事可能也有所耳闻。

除了购舰、借款,赫、张之间还有一笔幕后交易,这就是 1898 年再次增加海关经费一事。由于银价下跌,海关外籍职员用白银支付薪金导致收入减少的实际问题越来越严重,洋员怨声载道,这个问题一直困扰着赫德。1896 年 11 月,因税收增加,以及兴办邮政,新设苏州、杭州、沙市、思茅诸海关等原因,清政府同意将海关经费由 185.82 万两增加到 196.8 万两[④],增加额为 11 万两。但是,这次增加并未从根本上解决问题。后来,赫德之所以积极鼓动汇丰以税务司管理盐厘为条件与清政府商谈借款,原因之一是为海关人员提高

---

① 贻谷:《奏为使臣张荫桓跋扈行迹显著请旨严惩由》(光绪二十三年七月初四日),台北"故宫博物院"图书文献处藏,清代宫中折件,编号 140391。

② 徐桐:《奏为特参户部侍郎张荫桓贪奸误国事》(光绪二十四年闰三月二十七日),中国第一历史档案馆藏,录副奏折,03—5359—082。

③ 任青、马忠文整理:《张荫桓日记》,1898 年 8 月 9 日,第 550—552 页。

④ 《总署奏各关税项递增暨添设洋关拟加税司经费折》(光绪二十二年十月初三日),《清季外交史料》第 124 卷,第 2078 页。

白银薪金寻求途径[1]。英德续借款订立后,赫德迫不及待地向总理衙门提出了增加海关人员薪金的要求。经总署奏请,6 月 12 日,谕准将海关经费由每年 196.8 万两骤增到 316.8 万两,增加额达 120 万两,是上一次增加额的 10 倍多。按照赫德的计划,"内班人员的银两薪水加倍,外班人员增加三分之二,给中国人员增加二分之一"[2]。他对金登干说:"这对此间的不幸的人们将是很大的宽慰,他们的银两薪金从每两折合 6 先令 8 便士下跌到每两只能换到 2 先令 6 便士左右。这次增加使我感到安心得多了……"[3]单纯从银镑比价来说,虽说因银价下跌致使洋员实际收入减少确有补偿的理由,但是,在清政府财力极端拮据的情况下,赫德却提出大幅度增加海关经费,并且轻易得到允准,张荫桓的支持力度不可低估。6 月 9 日,事先得知消息的御史高燮曾上疏抗论,称每年海关征税 2100 多万两,而海关经费支销即达 180 万两(按,实际已达 196.8 万两),尚不包括邮政局开销;海关十几处,洋员落落可数,薪水远远超过华员,赫德收入优厚,更为"欧人所艳羡",但海关经费每年仍要新增 120 万两,此事由张荫桓一意主持,而户部竟不敢驳议,"不知是何心肺?"[4]言辞极为尖刻。翁同龢在日记写道:"高折意斥余而未明言,但指张某为主。"[5]翁氏

---

① 《赫德致金登干 Z785 号函》(1898 年 3 月 6 日),《中国海关密档》第 6 卷,第 810 页。

② 《赫德致金登干 Z793 号函》(1898 年 5 月 22 日),《中国海关密档》第 6 卷,第 847 页。

③ 《赫德致金登干 Z799 号函》(1898 年 6 月 19 日),《中国海关密档》第 6 卷,第 863 页。

④ 《给事中高燮曾奏为户部筹拨巨款加增海关经费大失政体请移给聂士成练军月饷以济要需事》(光绪二十四年四月二十一日),中国第一历史档案馆藏,录副奏折,03—6145—033。

⑤ 翁万戈编,翁以钧校订:《翁同龢日记》第 7 卷,1898 年 6 月 9 日,第 3181 页。

知道张荫桓操纵此事，但并未阻止。这样，在张的支持下，赫德增加经费的努力终于如愿以偿。

五、讨论与评议

19世纪末的中国已经开始走向融入世界的历程。甲午战后清政府的三次大借款，除了反映出列强争夺在华权益的政治色彩外，其实质是由英、德、法、俄等外国银行受清政府授权在西欧金融市场发行债券、进行融资的一系列国际性经济活动。这其中关涉的问题十分复杂，研究颇有难度，因才力所限，本文不可能就此全面展开①，只是选择了考察清廷内部决策层的应对一个面相而已。

张荫桓是甲午战后最为引人注目的活跃人物，光绪皇帝对他的信任，仅次于帝傅、户部尚书翁同龢，一些时候甚至超过翁氏②。就第三次大借款而言，张氏与前辈同僚李鸿章始终围绕借款的主导权问题明争暗斗，身兼枢、译的翁同龢则委蛇其间，三人关系十分微妙；同时，以张之洞为代表的地方督抚反对户部与总署将厘金作为借款抵押的抗争，也愈演愈烈，反映出中央与地方在争夺财源方面的尖锐矛盾；总税务司赫德则凭借海关的特殊地位介入了这场纷争，他积极拉拢张荫桓，串通汇丰银行，促成了这次外债的最终达成。整个借款

---

① 迄今为止，学界对于甲午战后清政府三次大借款在欧洲金融市场的融资情况，仍缺乏整体上有深度的研究，只有在《中国海关密档》中赫德、金登干的往还函电中有零星的反映；同样，西方学者在研究近代西欧金融史时，也很少提到清政府三次借款在欧洲证券市场的状态，诸如美国学者查尔斯·金德尔伯格(Charles P. Kindleberger)在《西欧金融史》(徐子健等译，中国金融出版社2010年第2版)中对第一次世界大战前英、法、德等国的银行业、对外投资、金融市场等都有探讨，但未涉及发行中国债券的问题，也可能这三次债券在欧洲市场还不能产生足够大的影响。该问题蒙姜鸣先生提示，特此说明。

② 参见马忠文：《张荫桓、翁同龢与戊戌年康有为进用之关系》，《近代史研究》2012年第1期。

过程中,既有列强的争夺,也交织着清廷内部的权力之争和私人恩怨。以张荫桓与英德续借款的关系为线索进行研究,可以使我们看到甲午战后清廷内政外交的复杂性;至少,以往单纯从新旧之争的角度分析戊戌年春翁同龢开缺的原因显然没有抓住问题的实质。

在讨论英德续借款的迅速达成时,主持者张荫桓的贪渎揽权固然是重要方面,不过,也要关照到当时清廷高层的决策机制与急迫的客观环境。身为朝廷重臣,翁同龢、李鸿章、敬信等人,同样负有借款重任,却不能和衷共济;他们或消极趋避,明哲保身,或排斥异己,意气用事,以致时机延误,胶州湾事件后的外交局势使借款问题几乎陷入绝境。政变后,流放途中的张荫桓辩解说:"(时)各国图利商人纷纷向合肥等处承揽,均无实际,而期限更迫,同人又倩我向日使议缓期。日使初许电商政府,后因借款无着,顿反前言,事更急,我不得已,始创议倩总税务司赫德筹借商款,以应急需。议定,以盐、货各厘作抵,当将户部暨总署各案查交赫税务司收执,议始定。此事虽我一人主持,然在危急,谓人无策,我不能再不出头,乃事后谤讟纷兴,咸谓我专擅营私,我何辩哉?"[①]他非但不承认"专擅营私",甚至还自认是有功之人。确实,当时还款期限临近,而李鸿章主持的借款谈判屡屡挫败,大大影响了清政府在欧洲金融市场的声誉。赫德就断言,"中国通过这些讨人厌的外行借款屡次不成的做法,在信用上遭受到很严重的损害,要想以宽容的条件借到款项是非常困难的了"[②]。张荫桓的果断出手,确与时局有关。这一点,翁、李也不否认。翁同龢

---

① 王庆保、曹景郕:《驿舍探幽录》,中国史学会编:《戊戌变法》第1册,第497页。《驿舍探幽录》是押解官员对张氏回忆的记录,正如刘声木所说,"书中所述之语,其中恩怨太深重者,未可尽以为据,或可备参考之用"。见刘声木:《苌楚斋随笔续笔三笔四笔五笔》上册,中华书局1998年版,第660页。

② 《金登干致赫德Z1078号函》(1897年8月27日),《中国海关密档》第6卷,第731页。

自言,“时迫不得不出此”[①];李鸿章也告诉盛宣怀此举“系不得已救急法”,“翁、张乃放手为之”[②]。从最后达成的利息、折扣来看,1897年6月间李鸿章与汇丰已有“四厘半利息,八五五扣”的基本协议,只是,胶、旅事件后,汇丰乘人之危,抬高条件,最终以“四厘五,八三扣,加二厘五用”的条件签约。仔细发现,降低的二厘五折扣,被转化为行用了。这正是张被指控“私营囊橐”的症结。对于张荫桓政变后获罪的缘由,总理衙门总办章京顾肇新(字康民)的说法颇近情理。1898年10月,他在给兄长顾肇熙的信中写道:

樵公(指张荫桓)才思明敏,处事能有断制,虽遇艰巨之任而处之泰然,循题布置,卒能了结,待人尤厚,求无不应,诗律细密,骈文亦雅饬近古,特以起家非由科目,同朝不免视为异类。又以素性豪华,挥金如土,经手购买船炮等,借巨款独力任办,罔知避嫌,其世兄又实不免有从中播弄之事,自恃圣眷优隆,目空一切,虽遂不免为言路所指摘,群疑众谤,蜚语横加,遽尔遣戍编管。中秋夜出狱,在天宁寺强住两夜,即于十八午后西行,乃言者犹未满意,必欲置之死地,指称训政以来此为先刑,日前复奉懿旨饬所过地方官押令迅速前进、不准逗留云云。樵老被逮数日已用去万余金,逮至西行,无以束装,将现住之屋押觅万金,始得就道,无一亲丁偕往,前此之诬其贪婪者谅可不辩自明矣。[③]

---

① 翁万戈编,翁以钧校订:《翁同龢日记》第7卷,1898年2月27日,第3146页。

② 《复盛京堂》(光绪二十四年二月初八日未刻);《寄上海盛京堂》(光绪二十四年二月十二日午刻),顾廷龙、戴逸主编:《李鸿章全集》第26册,第421、422页。

③ 顾肇新:《顾豫斋致其兄函》,中国社会科学院近代史研究所档案馆藏,甲233。

顾肇新是张荫桓十分赏识的下属，对张的为人行事、学识秉性都很了解，对张身陷囹圄的结局十分同情。张氏生活奢华，挥金如土，依仗“圣眷优隆”，目空一切，在借款、购舰回扣问题上不知避嫌，加上纨绔儿子张垲征的介入，终于招致言官参劾，几乎被置于死地。不过，顾氏认为张下狱后受到狱吏敲诈，西行前甚至变卖豪宅以为行资，那些“诬其贪婪”的说辞似乎不攻自破。这不免有些为尊者讳的嫌疑，并不能令人信服①。

张荫桓出身捐班，其仕途开始即与金钱结缘。观其一生，官运亨通，直至跻身卿贰，除了机警干练，才具出众，受到阎敬铭、李鸿章、恭亲王等人赏识的因素外，笼络权监，不时进奉财物，讨慈禧欢心，也是其行之有效的为宦之术。时人称，张荫桓自1890年再入总署后，“贡献不赀，挥洒巨万，两宫时有贡供奉，结纳内侍，所用尤巨”。且与李莲英关系密切②。1897年张氏访英期间，特以重金购得“法总统御用”宝石饰品，回京呈送给慈禧③。如此煞费苦心，投主上所好，大为清流士大夫所不齿。可见，张荫桓在野史笔记中每每以贪墨的形象出现绝非偶然。

（原载《近代史研究》2015年第3期）

---

① 近代以来私家笔记中曾有张垲征在乃翁下狱后谋取外国银行存款的传闻，参见魏元旷：《魏氏全书·光宣佥载》，《戊戌变法》第4册，第311页；汪康年：《汪穰卿笔记》，上海书店出版社1997年版，第36页。另外，据押解官员回忆，张荫桓在流放途中，“与其戚友梁姓、晏姓密语半夜，皆粤乡谈，多不解。但闻某处若干万，某处若干万，约计近七八十万”。见王庆保、曹景郕：《驿舍探幽录》，《戊戌变法》第1册，第490页。从种种情况判断，“梁某”应是梁诚。

② 曾毓隽：《宦海见闻录》，《近代史资料》总第68号，中国社会科学出版社1988年版，第20页。

③ 参见王庆保、曹景郕：《驿舍探幽录》，《戊戌变法》第1册，第498页；吴永口述：《庚子西狩丛谈》，岳麓书社1985年版，第22—23页。

茅海建教授曾推测，吁请慈禧训政的这道朱谕是在两宫共同召见枢臣时发布的[①]。看来，这个推测不准确。光绪帝在召见枢臣前，显然已拟好了一道朱谕，说明母子二人在初五日晚上之前，已就太后训政之事达成共识。从程序上说，也应先有皇帝吁请太后训政的诏书，才有两宫共同召见枢臣、在便殿办事的可能。

这一天巳初（早晨9点），慈禧在仪鸾殿东暖阁召见军机大臣，皇帝自然也在场。慈禧做的第一个决定，就是捉拿"康党"。她命跪着的廖寿恒起立，草拟捉拿康有为的谕旨。显然，她事先并未告诉皇帝要拿"康党"，所以令皇帝感到有些意外[②]。从日记看，廖氏"就傍案缮旨呈览，即席封固带下，延崇受之、英菊侪，至直房面交"。崇礼、英年二人似乎早已奉懿旨做好准备，在朝房等候旨意。由廖寿恒所拟的这道谕旨云："谕军机大臣等：工部主事康有为结党营私，莠言乱政，屡经被人参奏，著革职，并其弟康广仁，均著步军统领衙门拿交刑部，按律治罪。"[③]茅海建先生发现，这道上谕并不见于《上谕档》《随手登记档》《交片档》等军机处档册中，因此提出疑问[④]。由廖氏所记可知，此谕当时缮写封固后，即刻面交崇礼和英年，根本就未经军机

---

① 参见茅海建：《戊戌变法史事考》，生活·读书·新知三联书店2005年版，第117页。

② 张荫桓事后回忆说："初七日，仍随班朝见，太后在帘内，皇上在炕侧坐，太后令廖寿恒拟拿办康有为羽党谕旨。廖拟就，呈与皇上，皇上转呈太后阅毕，仍递交皇上。皇上持此旨目视军机诸臣，踌躇久之，始发下。"王庆保、曹景郕：《驿舍探幽录》，见中国史学会主编：《戊戌变法》第1册，第488页。因为这些情况是张后来的回忆，有些细节未必可信，不过，这里所说皇帝见到捕康诏书感到"踌躇"的神情，大约是张荫桓当时探听到的消息。就此来看，说的应是八月初六而非初七的事情。

③ 《清德宗实录》卷426，光绪二十四年八月丁亥，《清实录》第57册，第598页。

④ 参见茅海建：《戊戌变法史事考》，第121页。

章京登记过录，所以后来只能辗转见于崇礼等人的奏折中。廖氏日记还澄清一个误解，崇礼并非直接奉懿旨秘密捉拿康氏兄弟的，而是光绪帝在场时由枢臣草拟拿康的谕旨，皇帝也看过这道旨意。步军统领衙门布置官兵捉拿康有为之事，已在巳初（9点）以后，军机散直已到午正（12点）。八月初六日训政（政变）这天的情形大致如此。

三、搜捕新党及廖寿恒的"康党"嫌疑

目前学界大致已就初六日慈禧训政并非袁世凯"告密"所引发取得共识。至于京城局势突变，慈禧开始搜捕新党，是初七日晚得到来自天津的"告密"消息后才开始的。以往人们根据八月初九日上谕，认为张荫桓、徐致靖、杨深秀与"军机四卿"被捕是在这一天[①]。该上谕称："张荫桓、徐致靖、杨深秀、杨锐、林旭、谭嗣同、刘光第，均著先行革职，交步军统领衙门，拿解刑部审讯。"[②]该谕看上去与初六日廖寿恒所拟逮捕康氏兄弟的谕旨在形式上很相似，其实二者并不同。笔者认为，初六日搜捕康有为的密旨是按正常程序，由军机大臣拟旨，对康氏兄弟立即实行逮捕的"逮捕令"；而初九日搜捕张荫桓等新党的谕旨，实际上是逮捕行动结束后才发布的，其作用更像对已在押

---

① 关于"军机四卿"被捕的时间，《康南海自编年谱》言四人均被捕于初九日；梁启超《戊戌政变记》言，谭嗣同被捕于初十日，其他三人被捕于初九日；萧一山《清代通史》则言四人均于初十日被捕。对此，林克光先生在《戊戌政变史事考实》（载《近代史研究》1987年第1期）中指出，应以清宫档案和官方文书记载为准，慈禧是初九日下旨令步军统领衙门拿张荫桓等人的。因为此七人均未逃匿，故该衙门当天即将他们"悉数拿获"。此外，台湾学者黄彰健也持此说，参见《戊戌变法史研究》下册，上海书店出版社2007年版，第636页。

② 《刑部尚书崇礼等折》，见国家档案局明清档案馆编：《戊戌变法档案史料》，第465页。

党人宣布“革职”“审讯”的公告，因为逮捕行动在初八日清晨已经开始[①]。关于训政后的形势发展，廖氏日记初七日戊子(9 月 22 日)记：

> 微阴。巳正见面，又命缮电旨，发北洋及山海、东海、江海关缉拿康有为。是日三暗五明，未正始散。下午，松鹤龄来长谈，交梅少岩、涂椿年、李筱屏、章乃正名条。发杭电，训政折式。[②]

这天召见枢臣在巳正，可能是为了照顾慈禧起居。这里的“暗”指枢臣草拟、发给外省督抚的廷寄谕旨；“明”则指交内阁公布的明发上谕。军机处主要办理的还是捉拿康有为之事。原来，步军统领衙门经过前一天的搜捕，已经获悉康有为于初五日早出京赴津，于是派员前往天津。据荣禄初七日发给军机处的电报：“昨日(初六日)酉正闻有查拿康有为之旨，当即密派得力弁兵先在紫竹林行栈等处暗为查察。复于戌刻经崇礼派弁速拿，又加派弁兵连夜驰往塘沽、大沽逐处搜捕。并电饬蔡钧、李希杰妥为设法挨船严搜，并知南洋一体查拿矣。”[③]这是荣禄在奉到廖寿恒所“缮电旨”后回复军机处的电报。这天军机散直已在下午两点钟[④]。

初八日己丑(9 月 23 日)廖氏记：

> 晴。巳初二刻见面，一明一暗。午初二刻，慈驾御仁寿殿。

---

① 参见马忠文：《戊戌“军机四卿”被捕时间新证》，《历史档案》1999 年第 1 期。

② 周德明、黄显功主编：《上海图书馆藏稿钞本日记丛刊》第 43 册，第 210 页。

③ 《总理衙门清档·收发电》，编号 01—38，台北“中研院”近代史研究所藏，转引自茅海建《戊戌变法史事考》，第 124 页。

④ 日记中提及的松鹤龄，即松寿，新任江西巡抚。所谓“名条”是荐差谋事的官员名单履历。

上率王公大臣、四品卿以上朝服行礼，午正后散。答袁爽秋，诣庆邸府，请伊藤博文。未正三刻始入席，申正散。接杭电，询训政体制，随即复电。是日秋分。①

这天午初二刻按照计划举行训政典礼，但是，与初六日朱谕不同的是，地点改到了“仁寿殿”，而非“勤政殿”。除此而外，似乎一切都很平静。正是在庄重典礼的背后却掩藏着慈禧、崇礼暗中布置捉拿新党的秘密。近人魏允恭八月初八日致汪康年信中称：

今早五更又奉密旨拿杨锐、刘光第、谭嗣同、林旭等四人。弟亲见步军统领监送登车，想已发交刑部。惟林旭尚未寻着，闻避往他处。②

这次捉拿新党才是崇礼等秘密奉慈禧旨意行动的，军机处并不知情，所以廖寿恒日记毫无反映。张荫桓也是这一天被诱捕的（林旭则被捕于初九早晨）③。鉴于康有为逃走的教训，崇礼等采取秘密逮捕的办法，也是合乎情理之事。当然，这道所谓的上谕也不可能见诸于《上谕档》等军机处档案④。

初九日，新党九人被捕，清廷命暂时看押并交刑部治罪。与此同时，嗅觉敏感的言官乘机上奏参劾党人，狱案大兴。除张荫桓等人，连廖寿恒也被牵涉进去。是日，廖氏日记云：

---

① 周德明、黄显功主编：《上海图书馆藏稿钞本日记丛刊》第43册，第210页。

② 上海图书馆编：《汪康年师友书札》第3册，上海古籍出版社1987年版，第3115、3116页。

③ 马忠文：《戊戌“军机四卿”被捕时间新证》，《历史档案》1999年第1期。

④ 该上谕见于崇礼之折，见国家档案局明清档案馆编：《戊戌变法档案史料》，第465页。

初九日庚寅(9月24日),晴。封奏三件,未下。辰正三刻召见,以封章示,眼花不能细视,乃劾张南海(即张荫桓)、徐致靖、杨深秀及参预新政四人。乃目不见,耳亦不之闻。寿山(按,裕禄,字寿山)嘱余叩头,茫如也。候命起立,缮密旨,乃逮所劾七人。及退出,始知疏中并弹及余亦附和康某。慈圣勉以好好当差,岂不奇哉,岂不殆哉?到直房,延金吾,崇、英至,以前件交去,未正后散,立访庆邸商添堂官事。①

所谓封奏三件,核查《随手登记档》,可知是都察院代奏的一批条陈②。其中包括改归知县、前户部主事缪润绂的两份折子。缪氏力参康有为,称:"近闻其联络孙逆于日本,招伊藤来,唆其党荐为客卿,变乱朝纲,颠倒国是,张羽翼,植心腹,结谭嗣同、杨锐为内援,倚张荫桓、徐致靖为外助,而宋伯鲁、杨深秀、廖寿恒、王照辈又从而附益之。"③说廖寿恒为"康党",主要与廖氏曾专门负责向康传递旨意并转呈康有为变法书籍之事相关。军机大臣廖寿恒代递康有为条陈和变法书籍,过去一直被视为他对变法活动的一种"支持",他也因此被视为"帝党"成员。这些看法明显过于表面化,与实情并不相符。

苏继祖《戊戌朝变记》称:"上久欲用康有为,以上畏太后不容,下恐群臣猜忌,未召见以先,每令翁相详细咨询。既召见以后,仍引嫌不敢随时召见,凡有顾问之事,由总署代传,或有章奏条陈,亦由总署呈进,特派廖公专司之,朝中呼之为廖'苏拉'。"④康氏在自编年谱中

---

① 周德明、黄显功主编:《上海图书馆藏稿钞本日记丛刊》第43册,第210—211页。

② 详见中国第一历史档案馆编:《清代军机处随手登记档》第150册,国家图书馆出版社2013年版,第30—34页。

③《改归知县庶吉士缪润绂折》,国家档案局明清部馆编:《戊戌变法档案史料》,第461—463页。

④ 见中国史学会主编:《戊戌变法》资料丛刊第1册,第335页。

也称:“时吾递书递折及有所传旨,皆军机大臣廖仲山传之,京师谣言皆谓廖为吾笔帖式,甚至有谓为‘康狗’者,廖避之。”这些记载说明,廖氏代递康氏折奏之事众所周知。只是局外人很难知晓,由军机大臣代递康氏条陈的“特例特办”之事,根源于张、康策划实现的由总理衙门代递康有为《第六书》的成功[①]。代递康折,先由枢臣兼总署大臣的翁同龢经手,翁氏开缺后即由廖寿恒接办,二人都是奉旨行事,执行公务,毫无私下“助康”之意。政变后流放途中的张荫桓称:“此后(康)凡有条奏,径交军机处,命廖大司寇专司其事。大司寇夙知康之荒谬,谓常熟多事,而亦无法辞卸。”[②]此时流放途中的张氏一面极力掩盖真相,混淆是非,将“荐康”责任推到翁氏身上,另一方面也流露出廖氏接替翁呈递康氏奏折而“无法辞卸”的实情。面对言官的参折,慈禧还算了解一些情况,对廖并未深究,只是勉励廖氏“好好当差”。

四、诛杀“六君子”与颁布“谋逆”上谕

从八月初九日宣布逮捕张荫桓、徐致靖及“四卿”等新党人物,到八月十三日将“六君子”处死,廖寿恒日记对中枢决策也有简单的记录,有助于我们重新审视这几日事态变化的脉络。其八月初十日至十二日的记载如下:

> 初十日辛卯(9月25日),晴。阅电报,知康为英人认保护,知事不谐矣。慈圣出太医所开上之脉案,命阅,并拟饬中外保荐医生,盖病根已四阅月矣。酉正赴署,偕王、崇两公赴林权助之

① 参见马忠文:《张荫桓、翁同龢与戊戌年康有为进用之关系》,《近代史研究》2012年第1期。

② 王庆保、曹景郕:《驿舍探幽录》,见中国史学会主编:《戊戌变法》资料丛刊第1册,第492页。

约。直至亥正后始散。

十一日壬辰(9月26日),晴。奏请派会审,派出军机大臣会同刑部、都察院审讯。南海(即张荫桓)改为看管。又拟明日宣示一道,并复已裁六衙门,撤《时务报》,停改祠庙为学堂,禁士民擅上封事,缮拟颇费踌躇,寿山(即裕禄)之意居多。未正散。客来不止,将晚赴署,阅购赠伊藤之物。

十二日癸巳(9月27日),早阴,午晴,晚雨。巳初后见面,添派御前大臣会讯,限三日具奏。明发三道。荣协揆跪安,未及谈,午正后散……赴署,公宴伊藤,申初三刻散。是日筱云到任,商日本派使事,颇费踌躇。①

初十日这天,康有为被英国人搭救脱险的消息传来,廖氏深感担忧。对康、梁深恶痛绝的慈禧于这天命枢臣将皇帝病情公布于外,令各督抚荐医,难免让局外人有种种猜想,"废立"之说由此甚嚣尘上。十一日,崇礼等刑部六堂官,以审讯新党案情重大,上奏请钦派大学士、军机大臣会同审讯。当日发下谕旨,派军机大臣会同刑部、都察院对徐致靖、杨深秀、杨锐、林旭、谭嗣同、刘光第、康广仁等"严行审讯";张荫桓则"著刑部暂行看管,听候谕旨";并表示"朝廷政存宽大,概不深究株连"②。张荫桓被另案处理,与英日公使的干预有关。次日,军机召见时,又加派御前大臣参与会审,且"限三日具奏"③。在大多数人看来,按照清代律例,遵照程序审讯新党已势在必行。这期间,张之洞等人还积极活动,频频发电京师,设法营救杨锐;负责此案的御前大臣庆王奕劻也授意刑部员外郎陈夔龙,同案六人情形不同,

---

① 周德明、黄显功主编:《上海图书馆藏稿钞本日记丛刊》第43册,第211—213页。

② 中国第一历史档案馆编:《光绪宣统两朝上谕档》第24册,第426页。

③ 中国第一历史档案馆编:《光绪宣统两朝上谕档》第24册,第428页。

“闻杨君锐、刘君光第皆均系有学问之人，品行亦好，罗织一庭，殊非公道，须分别办理”①。意在对杨、刘从轻处理。然而，审讯尚未有结果，十三日中午事出中变。这与荣禄抵京向慈禧献策有关。

八月初十日，慈禧命军机处电寄荣禄著刻即来京，“有面询事件”，直隶总督及北洋大臣事务著袁世凯暂行护理。荣禄遂于十一日八点钟乘火车进京，十二日受到召见。廖氏日记中的“荣协揆”即荣禄。“协揆”本来是指协办大学士，此时荣禄已经晋升大学士，大约廖氏仍沿用以前对荣禄的习惯称呼。荣禄抵京后，审讯新党的既定计划被彻底放弃，杨锐等“六君子”在十三日突然被“不审而诛”。

廖寿恒日记八月十三日记：

> 十三日甲午(9月28日)，晴。荣相入枢府，裕(裕禄)简北洋。贻蔼人(贻谷，字蔼人)封事，召见时发下，乃因此慈圣忽命将康、刘、林、杨、谭、杨六人处斩，余初未之闻，及领班缮旨，大骇，以语夔老，错愕不胜。商之礼、刚、裕，皆谓无术挽回，而杨、林、刘三人冤矣。呆瞪气塞者半晌。刑之滥，罚之不公，至此而极，恐乱正未已。午正散，申初赴署，偕夔老送伊藤行，谈良久。②

慈禧突然改变主意，对“军机四卿”等新党不审而诛，学界对基本情况已经澄清。此事系由荣禄的僚属、国子监司业贻谷上疏所引发。这天贻谷上疏请求从速处置新党，以避免洋人干预，强调“倘(洋人)出而居间排解，从之则无以彰国法，不从又无以顾邦交”，故请“迅饬定案，分别重轻，早正其罪，俾彼族无干预之间，庶国法可行，而逆萌

① 陈夔龙：《梦蕉亭杂记》，北京古籍出版社1985年版，第16页。

② 周德明、黄显功主编：《上海图书馆藏稿钞本日记丛刊》第43册，第213页。

潜息”[①]。此前八月十一日张荫桓被另案剔出，就是因为英、日等国的干预，对此，慈禧很是清楚。本来，十一日，给事中高燮曾等七人联衔上奏，已奏请从速处置党人[②]；十二日，御史黄桂鋆也奏请“宜早决断”，“将已获之犯速行处治，以绝其望……应黜者黜，应宥者宥，一经办理定夺，即请明降谕旨，宣示中外，使为首者不能漏网，为从者不致生心。即外人欲来干预，而事已大定，无所施其术矣”[③]。这样的说辞，并未使慈禧动心，隔一天贻谷上疏，她便接受了类似的建议，这是因为荣禄说服了太后。贻谷上疏不过提供了理由（当然也是荣禄给予贻谷一次借机表现的机会）。

所谓杜绝洋人“干预”，只是掩人耳目的借口，真实的目的是诛杀“军机四卿”，杀人灭口，将皇帝下达密诏之事做淡化处理，以维护已生嫌隙的两宫关系[④]。廖寿恒、王文韶两位汉臣对“不审而诛”感到惊讶甚至愤懑，但其他满洲枢僚却无动于衷。这天直到中午，军机召见才散直，刚毅奉命为监斩官，崇礼带兵弹压，“四卿”与刘光第、康广仁六人下午便被处死。也就在这天早晨，荣禄奉命在军机大臣上行走。

十四日，清廷对康党一案做出了公开的结论，定为“逆案”，对“不审而诛”、处死杨锐等六人的原因做了解释。相关内容和细节，茅海建教授的研究中已有充分的展示。不过，廖寿恒日记仍可做一些补正。廖氏日记云：

---

① 《国子监司业贻谷折》，见国家档案局明清档案馆编：《戊戌变法档案史料》，第469页。

② 《兵部掌印给事中高燮曾等折》，见国家档案局明清档案馆编：《戊戌变法档案史料》，第466、467页。

③ 《福建道监察御史黄桂鋆折》，见国家档案局明清档案馆编：《戊戌变法档案史料》，第467—468页。

④ 参见马忠文：《荣禄与晚清政局》第8章。

十四日乙未(9月29日),晴。是日,荣相入直。巳初后见面,论张樵野、徐子静罪案,颇阴赖荣、刚婉陈,得发新疆,徐监禁。又因昨日事,命缮行降之旨,朱笔发下,则六人罪案俱在,谕令撰拟,务须正大云云。郭春渔拟稿,夔老与余酌改,颇费斟酌,未正后始散……惫不可言。洪兰楫太守用舟、王国桢干臣来见,拟赴总署,已无及矣。[①]

以往论者更多强调的是荣禄对张、徐的救护,从廖氏日记看,二人被从轻发配,"阴赖荣、刚婉陈",则刚毅也有作用。此外,茅海建先生曾就清廷谕旨中对康有为等人"围园劫后"密谋的表述做过细致的考察,并指出这道谕旨是以光绪帝的一道朱谕扩充而成的[②]。日记中则明确记载,是"郭春渔拟稿,夔老与余酌改,颇费斟酌"。郭春榆即军机章京郭曾炘(号春榆,也作春渔)。兹将光绪皇帝的朱谕和郭、廖等人拟稿的明发上谕再做比较:

《上谕档》录光绪帝的朱谕云:

康有为叛逆之首,现已在逃。杨深秀等实系结党,谋为不轨,每于召见时,杨锐等欺蒙狂悖,密保匪人,实属同恶相济,罪大恶极,因时事紧迫,未俟复奏。又有人奏,若稽时日,恐有中变。细思该犯等自知情节较重,难逃法网,倘语多牵涉,恐有株连。是以将该犯等即行正法。又闻该乱党等立保国会,言"保中国不保大清"。[③]

① 周德明、黄显功主编:《上海图书馆藏稿钞本日记丛刊》第43册,第213—214页。

② 参见茅海建:《戊戌变法史事考》,第134—136页。

③ 参见茅海建《戊戌变法史事考》,第134页。原文见中国第一历史档案馆编:《光绪宣统两朝上谕档》第24册,第430页。

这道朱谕应非光绪帝的独立意见，可能是按照慈禧的意图所拟的，只是强调了几个要点，且逻辑关系也不明晰。经过顾、王、郭三人反复斟酌，终于扩成一篇措辞周全的文字。拟就的明发上谕宣示说：

内阁奉朱谕：近因时势多艰，朝廷孜孜图治，力求变法自强。凡所施行，无非为宗社生民之计，朕忧勤宵旰，每切兢兢。乃不意主事康有为首倡邪说，惑世诬民，而宵小之徒，群相附和，乘变法之际，隐行其乱法之谋。包藏祸心，潜图不轨。前日竟有纠约乱党，谋围颐和园，劫制皇太后及朕躬之事。幸经觉察，立破奸谋。又闻该乱党私立保国会，言"保中国不保大清"，其悖逆情形实堪发指。朕恭奉慈闱，力崇孝治，此中外臣民之所共知。康有为学术乖僻，其平日著作无非离经畔道、非圣无法之言，前因其素讲时务，令在总理各国事务衙门章京上行走，旋令赴上海办理官报局，乃竟逗留辇下，构煽阴谋。若非仰赖祖宗默佑，洞烛几先，其事何堪设想？康有为实为叛逆之首，现已在逃，著各直省督抚一体严密查拿，极刑惩治。举人梁启超与康有为狼狈为奸，所著文字语多狂谬，著一并严拿惩办。康有为之弟康广仁及御史杨深秀、军机章京谭嗣同、林旭、杨锐、刘光第等，实系与康有为结党，隐图煽惑。杨锐等每于召见时欺蒙狂悖，密保匪人，实属同恶相济，罪大恶极。前经将各该犯革职，拿来交刑部讯究。旋有人奏，若稽时日，恐有中变。朕熟思审处，该犯等情节较重，难逃法网，倘若语多牵涉，恐致株累，是以未俟复奏，于昨日谕令将该犯等即行正法。此事为非常之变，附和奸党均已明正典刑。康有为首创逆谋，罪恶贯盈，谅亦难逃显戮。现在罪案已定，允宜宣示天下，俾众咸知我朝以礼教立国，如康有为之大逆不道，人神所共愤，即为覆载所不容。鹰鹯之逐，人有同心。至被其诱惑，甘心附从者，党类尚繁，朝廷亦皆察悉。朕心存宽大，业经明降谕旨，概不深究株连，嗣后大小臣工，务当以康有为为炯戒，力扶名教，共济时艰，所有一切自强新政，胥关国计民生，不特已行者亟应实力举行，即尚未兴办者，亦当次第推广，于以挽回积习，渐臻上理，朕实有厚望焉。①

两相比较，光绪帝朱谕内容大致被吸纳入内，廖寿恒等人按照慈禧"务须正大"的要求，"颇费心思"，草拟了明发上谕。这道上谕大体宣示了以下几层意思：第一，"朕"与朝廷"孜孜图治，力求变法自强"，本身没有错，只是康有为趁机"包藏祸心"，以变法之名行"乱法"之实；第二，用模糊的"纠约乱党，谋围颐和园，劫制皇太后及朕躬之事"一句，揭明康党曾有"围园逆谋"，以及被杀的杨锐等人实与康有为"结党""同恶相济"的情形；第三，此事为"非常之变"，将康党"罪行"昭示天下，被其诱惑者，"朕心存宽大"，概不深究株连；第四，变法将继续进行，只要有关国计民生的自强新政措施，尚未兴办的，也要次第推进。

这篇洋洋洒洒的明发上谕，将推行数月的新政和刚刚发生的政变及其关系，做了比较系统的澄清和说明，区别了"变法"和"乱法"，非常巧妙地将光绪皇帝"免责"。这样的宣示可谓大有深意，意义绝非一般公布康党罪责的上谕可比。慈禧能够同意这样的上谕，说明她对新政以来的整体情况还是有自己的认识。

当然，政治上的株连还是无可避免地开始了。廖氏日记又记：

廿一日壬寅(10月6日)，晴。辰正一刻，复见面，发下黄均隆封章，则劾陈右铭及伯严铨部、熊希龄庶常、江建霞也。阅折，恐老眼昏花，奉命准带眼镜，一叩首。而右翁因此削职，骤失贤中丞，殊可叹惜。以黄公度病请开差，因举李木斋以帮，遂放四品

① 中国第一历史档案馆编：《光绪宣统两朝上谕档》第24册，第430—431页。

京堂简放使臣。余以李某甫往代理，可否稍缓两月，试其才之可否再行简放。慈圣正色责以黄某病，人皆知之，岂容外人窥探再行办事？我行我法，就此简放，不必再迟。跪聆悚然，唯唯敬听。又命拟明发四道电，系护教民一道，则今日先发。午正三刻散。

……

廿二日癸卯（10月7日），晴。巳初一刻后见面，简放湘抚缺。慈圣垂询四兄病体，敬以彻夜不寐、故请开缺对，幸免于调。

……

廿三日甲辰（10月8日），晴，晚阴。辰正二刻见面，又以王鹏运折请究康党，复检黄桂鋆折一一推敲，拟将黄公度、王季樵、李岳瑞、洪汝冲、张菊生革职，永不录用，并及黄遵楷、徐勤、韩文举、林辂存、郑孝胥，余欲书而不能也。到直房查原参，检封奏，多不相符，乃将张香帅、唐春卿、黄遵楷、徐勤、韩文举声叙，仅书明发将王季樵、李岳瑞、张菊生革职，永不叙用。及奏片一开半，均手自缮写。而黄遵宪看管电旨，则不能遏也。未初后先散。急急一饭，见陈亮三、喻庶三谈时事，甚愤闷。①

从一定意义上说，八月二十一日将陈宝箴、黄遵宪等人革职是由御史黄均隆发难引起的政治事件，是湖南新政期间新旧矛盾的延续，是湘籍守旧士绅对陈宝箴、黄遵宪等人的政治清算。廖寿恒对此十分痛惜，为失去陈宝箴这样的良吏而喟叹，不过，仍奉旨草拟了将陈宝箴（右铭）、陈三立（伯严）父子与黄遵宪、江标、熊希龄革职的上谕。次日，御史黄桂鋆又上奏严参党人，要求“将乱党列作四等，分别惩

---

① 周德明、黄显功主编：《上海图书馆藏稿钞本日记丛刊》第43册，第216—218页。

治”[1]。二十三日，追究党人之事进一步扩大，牵连到黄遵宪（公度）、王锡蕃（季樵）、李岳瑞、张元济（菊生）、洪汝冲、黄遵楷、徐勤、韩文举、林辂存、郑孝胥等人，甚至还牵涉到张之洞、唐景崇（春卿）这样的高级官员。廖氏显然同情这些官员，在职责权限内，努力分别办理，将事态平息。

不过，廖寿恒根本无法挽回大局。朝局从此为满洲权贵所操控，清廷决策越来越偏激，最终导致已亥建储和庚子事变这样的政治事件发生。有关情形在廖寿恒的庚子日记中仍有一些蛛迹可寻，期待有学者将来予以关注。

（原载《华南师范大学学报》2019 年第 1 期）

① 《福建道监察御史黄桂鋆折》，见国家档案局明清档案馆编：《戊戌变法档案史料》，第 475 页。

陆宝忠未刊日记的史料价值

陆宝忠在光绪末年官至都察院左都御史(丙午官制改革后改称都御史),对朝局的影响虽不能与张之洞、袁世凯、鹿传霖、瞿鸿机这些入枢的汉臣相比,但其仕宦经历和政治地位却有相当的典型性。他是科举制度下成功士人群体中的佼佼者,充任南书房行走二十年,久值内廷,深受慈禧太后和光绪皇帝优遇:"为考官、学政、监临凡九,儒臣之荣,得士之盛,近世所罕觏。"[①]但是,庚子后清廷实行新政,新旧体制更替,袁世凯北洋势力崛起,政潮跌宕,陆宝忠执掌台谏,却屡忤当道,以至抑郁而终,曾引起不少官僚士人的同情。

陆宝忠的部分日记原稿由其后人保存至今,共计13册,均用墨笔工整书写于松竹斋、懿文斋等所制红格或绿格笺纸上,既是研究陆宝忠本人及南书房翰林的珍贵资料,也是研究晚清政治史和科举制度的原始文献。兹将这些文献的史料价值略做介绍[②]。

一、家世与宦迹

陆宝忠,江苏太仓直隶州人,生于道光三十年庚戌七月初六日

---

① 唐文治:《陆文慎公墓志铭》,见钱仲联主编:《广清碑传集》,苏州大学出版社1999年版,第1105页。

② 该日记即将由国家图书馆出版社出版,本文即出版前言,但内容有压缩。

二年，迁詹事府詹事，不久署理都察院左副都御史，授内阁学士兼礼部侍郎衔，“数月三迁，至于卿贰”①。二十三年九月，充山东乡试正考官，随即简放浙江学政，未赴任，母亲廖太夫人病逝京城，遂开缺丁忧。二十五年十二月服阕，奉旨仍在南书房行走。二十六年春，再补授内阁学士兼礼部侍郎衔。七月，联军陷京城，两宫西狩，宝忠携眷避难出京。闰八月奉旨补授兵部右侍郎，充顺天学政。二十八年、二十九年两科顺天府乡试在豫举行，又以学政两次前往开封，按临闱事②。时科举将废，学堂将兴，陆宝忠上疏请设立文部，责成学政总理各省学务，一以事权③。三十一年十二月，授都察院左都御史。三十二年，署礼部尚书。九月，颁布各部院新官制，宝忠留任，为都察院都御史。三十三年，发生“丁未政潮”，陆宝忠上疏奏请“严禁党援，广开言路”④。又奏请维持旧例，各省督抚不能率行奏调科道人员，言官如有愿投效外省及赴各衙门当差者，应开去底缺，以符定制，而肃台规言路⑤。疏上获准。又奏请改都察院为国议会，立下议院基础，而符立宪政体⑥。奉旨交会议政务处议奏，当权者以都察院为独立衙门，不可轻议更张⑦。此议未被采纳。论者以陆宝忠素能直正建言，称他“立朝謇謇谔谔，持大体，遇事敢言，无少隐讳”⑧。但是，陆宝忠有吸食鸦片积习。三十三年九月，朝命严饬戒断，并停差。次年

---

① 陆宝忠自订、陈宗彝续编：《陆文慎公年谱》卷下，第1页。

② 陆宝忠自订、陈宗彝续编：《陆文慎公年谱》卷下，第9页。

③ 陆宝忠：《条陈学务折》，见《陆文慎公奏议》（不分卷），第3—9页，宣统三年刊本。

④ 陆宝忠：《严禁党援广开言路折》，见《陆文慎公奏议》第15页。

⑤ 陆宝忠：《奏调言官申明定章片》，见《陆文慎公奏议》，第14页。

⑥ 陆宝忠：《请改都察院为国议会折》，见《陆文慎公奏议》，第30—31页。

⑦ 《清史列传》卷61，第16册，第4833页。

⑧ 陆宝忠自订、陈宗彝续编：《陆文慎公年谱》卷下，第13页。

正月，陈明戒烟净尽，奉旨仍旧供职①。四月二十九日（5月28日）病卒，遗疏上，谥“文慎”。

陆宝忠隶籍江南，少年得志，长期供职翰林院，自身有强烈的文化优越感。交游皆清华上选，文人墨客，彼此以砥砺品节相勉，基本属于清流一类人物。以科举和乡谊关系为基础，京城的江南官员形成了特殊的利益群体，并影响到了朝局的变化，陆宝忠因入直南斋，又领台谏，成为令人瞩目的人物。其仕途顺畅与军机大臣翁同龢、廖寿恒、王文韶在枢中的援引有关。据说他“自负江南富人文，对人恒訾边方无学者”②，这种傲慢的心态很容易招致非正途出身者及北省官员和士人的怨气。庚子后陆宝忠与袁世凯恩怨不断，与此有一定的关系。

二、未刊日记的基本情况

陆宝忠去世后，其门生唐文治先于宣统元年（1909）刊行一册《陆文慎公墨迹》③。宣统三年辛亥夏，所编《陆文慎公奏议》也得以刊行，所收多是陆氏主持都察院时所上奏疏，前有唐文治所撰序言。1923年，《陆文慎公年谱》刊行。该年谱上卷系陆宝忠自订者，下卷即光绪二十一年乙未以后部分，系门生陈宗彝（字慕周）根据陆氏日记辑录而成的。年谱始于道光三十年（1850）七月谱主出生，到光绪三十四年（1909）四月病逝，记述了其一生经历和宦迹。如唐文治所言，“是谱所载，于数十年来变故与夫废兴存亡之迹略可参考”④。近代以来，《陆文慎公年谱》和《奏议》一直是学界研究晚清史的重要参

---

① 《清史列传》卷61，第16册，第4833页。

② 费行简：《近代名人小传》，中国书店1988年版，第128页。

③ 该本为宣统元年娄东唐氏石印本，国家图书馆藏。

④ 唐文治：《陆文慎公年谱》上册，序言。

考文献[①]。显然，即将出版的陆氏未刊日记无疑为学界提供了更为丰富的原始资料。兹分别介绍如下。

（一）《游湘日记》五册。起自光绪乙酉年（1885）八月初一日奉旨简放湖南学政，至戊子年（1888）九月廿五日差竣返回京城为止，首尾相接，前后完整，是一部完整的学政日记。日记对赴湘前的各种准备、抵任后巡视府县学事、主持岁科考试、查办枪替作弊等事，记述十分详尽。特别是对严格科场、惩治作弊的情形有大量记载。时隔多年，陆宝忠在丁未年（1907）八月二十九日重新翻阅这些日记时写道："阅《湘槎日记》，恍如隔世。彼时志盛气锐，专以整顿为己任，遇事皆有断制，外严而中宽，平生官绩以此为最用心。今廿余年矣，湘人尚称道之，可见人心自有公道也。"日记中对湖南地方习俗人情、人际交往等也有不少记载。

（二）《使东日记》一册。从光绪二十三年丁酉（1897）七月初八日至九月初八日，这是陆宝忠奉旨充任山东乡试主考官期间的日记，主要记述了离京前的准备情况和抵达济南后的监考、阅卷等活动，也有与鲁抚李秉衡及各位考官、地方官员交往的记载。

（三）《读礼日记》两册。第一册从戊戌（1898）三月十二日至十二月三十日；第二册从己亥（1899）八月初一日到十二月初十日服阕。这段时间正好是戊戌政变前后，此时陆宝忠因为丁母忧，赋闲在家。但他对时局极为关心。八月初九日、十三日也记载了杨锐、谭嗣同等新党被拿获和处死的消息。第二册所记多为陆氏在京读书、会友等日常生活，对于刚毅等满洲贵族排斥、倾轧汉族官员的情形也有零星的反映。

（四）《燕轺日记》一册。从辛丑（1901）十二月十二日至壬寅

---

① 近年来陆氏年谱也成为研究南书房的重要史料，参见许文继、李娜：《南书房行走笔下的入直生活——新发现的几部南书房行走自撰史料》，《历史档案》2014 年第 2 期。

(1902)三月三十日，主要记述的是陆宝忠接任顺天学政后赴大名等府州县接办科考诸事。这是他第二次出任学政，所记清点考生、监察考场、处罚考场作弊等情形与《游湘日记》类似。

（五）《监临日记》一册。封面上墨笔书“光绪壬寅(1902)在河南省补行顺天乡试，以顺天学政派充监临，于七月十五日驰抵汴梁日记起”，至十月十六日止，前后三个月，也是专门记述科举考试的一本日记。

（六）《丙午日记》两册。第一册从丙午(1906)正月初一日至六月二十九日。第二册从七月初一日到十二月二十九日（其中缺十月初九日到十一月初二日部分内容）。前一年清廷已经废除科举，陆宝忠视学顺天差竣回京，这年正月十九日将学政关防交与直隶总督袁世凯。故这两册所记主要为京官生活，如入直南斋、侍班、受赏、听戏，以及日常交友、读书等活动，都有记载。时值清廷实行官制改革，其中也有不少对时局和人物的品评，反映了这个时期陆宝忠的心态和政治倾向。

（七）《丁未日记》一册。从丁未(1907)七月初一到十二月二十九日。这年五月发生“丁未政潮”，调任四川总督岑春煊入京，揭发庆王奕劻、直隶总督袁世凯把持朝政，后岑留京任邮传部尚书。时御史赵启霖参奏载振，引起朝野哗然，被革职。陆宝忠以都御史身份，上奏请予宽宥。在这场政治较量中，其倾向十分明显，同情岑春煊、瞿鸿禨，敌视庆、袁。九月，袁世凯入枢，以陆宝忠吸食鸦片未能戒烟，上谕命撤差，令三月内戒尽。陆宝忠视为是政敌借机倾轧，内心极为愤懑，日记所记多生病、戒烟之事，并有辞官回乡之念。

三、史料价值的发掘与评析

陆宝忠未刊日记大体可以分为两类：一是记述京官日常生活的日记；二是侧重记述科举考试活动的学差、试差日记。两类日记史料价值也各有侧重。特别是《丙午日记》《丁未日记》，除了记述日常生活琐事外,陆宝忠对政局和宫廷活动或详或略,有不少记载。对丙午官制改革和丁未政潮发生前后一些政情内幕的记述尤为珍贵。

(一)对戊戌政变后满洲权贵的批评。陆宝忠少年科场得志,又久直南斋。当时的南书房翰林,如潘祖荫、徐郙、李文田、吴树梅、张百熙、陆润庠、张亨嘉、徐琪、吴士鉴、陈伯陶、袁励准等都是江南人士,他们与帝师翁同龢、孙家鼐关系也很密切。这些南斋翰林迭掌文衡,互相援引,通过乡谊、联姻和科举关系,形成了强有力的关系网和利益群体。陆宝忠正是这派势力中的中坚分子。时人有云上书房为张之万、徐桐等北人入直,南书房为潘祖荫、徐郙等南人掌控的说法[1],这多少反映了当时的实情。甲午战后入直军机处的翁同龢、廖寿恒、王文韶等人,都在不同程度上为陆宝忠提供了庇护和支持。但是,戊戌政变后,形势发生逆转,刚毅、徐桐等满洲权贵当道,极力排挤汉族官员,尤其是江南籍官员:翁同龢被罗织于"康党"案中再受革职处分,军机大臣钱应溥、廖寿恒受到排挤,先后离开枢垣,另一位帝傅孙家鼐也被迫长期请假养病。江南汉族官员在政局中的影响力受到严重削弱。因清廷财政困绌,刚毅还在己亥年夏以钦差的身份前往江南搜刮钱财,更引起江南士绅的不满,满汉关系一度出现了前所未有的紧张状态。陈宗彝辑录的年谱下卷引用陆宝忠己亥年四月初二日的一段日记,颇能说明问题:

> 与王夔老谈大局,相对唏嘘,时事至此尚不知收拾人心,泯满汉之见,不知祖宗何负于旗人,必为此与之俱亡之见,为之痛哭。……耿耿此心,断不肯上负特达之知与豢养之恩,倘畀以事权,可复仇雪耻,扶颠持危,即粉身碎骨亦所不辞,若种种牵掣,

---

① "时张之万、徐桐等为上书房总师傅,一时上斋翰林皆直鲁人,祖荫值南书房,南斋翰林皆苏人。有讥其私汲引者,遂荐王文锦、张百熙等以补过。"见费行简:《近代名人小传》,第103页。

既难置喙，无可着手，则只有洁身而去之一法，决不随昏庸误国之人同赴一烬也。灯下书此以为息壤。[1]

显然，他对刚毅等人排挤汉员的行为极为不满。《读礼日记》己亥十一月十四日也记云："得野秋信，述当轴意气用事，不学无术各情形，益可证仲老出枢垣之因矣。此等人乃应运而生，不至败坏到十分不悟，不知国家豢养满人二三百年何为而得此酷报也。可为太息！""埜秋"也作"野秋"，即张百熙，"仲老"指廖寿恒（字仲山）。廖于这年十一月被赶出军机处，据说与两宫召见时李秉衡的参奏有关，而此时张百熙任广东学政，故在来信中讨论此事，为廖报冤。同年十二月初十日，陆宝忠服阕，奉旨仍在南书房行走。二十四日，慈禧召见王公大臣谕立端王之子为大阿哥，陆为南书房行走，位列其中。年谱记："公瞻仰景皇帝天颜清癯已甚，不禁泫然欲滴。"[2]这应该是根据日记而来的话，可见他对光绪帝的同情和反对"建储"的倾向。由于慈禧听信顽固昏聩的端王载漪及刚毅、徐桐等人意见，致使清廷在庚子年应对义和团事件和八国联军侵华过程中出现了决策失误。七月，联军攻陷京城，两宫仓惶西狩，陆宝忠也被迫离京避难。九月，慈禧、光绪帝抵达西安。年底，行在宣布实行"新政"。第二年九月，经李鸿章与列强议和，签订《辛丑条约》，不久两宫回銮，中外相安，政局表面上渐趋平稳，但仍是政潮暗涌，危机四伏。陆宝忠的境遇开始出现波动。

（二）反对袁世凯和丙午官制改革。庚子之后的政治格局发生了新的变化。载漪、刚毅等满洲权贵离开历史舞台后，大学士荣禄以首辅掌枢，但因体弱多病，光绪二十九年癸卯三月病逝。庆王奕劻继之，成为军机首座，而在荣禄卵翼下势力得以迅速膨胀的直隶总督袁

---

① 陆宝忠自订、陈宗彝续编：《陆文慎公年谱》卷下，第76页。

② 陆宝忠自订、陈宗彝续编：《陆文慎公年谱》卷下，第80页。

世凯，很快取得庆王信任，隐操政柄，开始发挥重要影响。光绪三十一年乙巳五月，军机大臣王文韶因年老，被解除军机大臣职务，陆宝忠彻底失去了靠山，署理兵部左侍郎徐世昌后来居上，在军机大臣上学习行走。两个月后，署理兵部尚书、户部右侍郎铁良也在军机大臣上学习行走。光绪三十二年丙午，袁世凯又试图通过官制改革，设立责任内阁，获取更大的权力，并伺机位置党羽，很快引起朝野各方的警惕和关注。次年，两广总督岑春煊、军机大臣瞿鸿机与庆王、袁世凯一派权力争斗恶化，终于引发"丁未政潮"。在政局扑朔迷离之际，陆宝忠政治态度相对保守，政治上始终站在袁世凯的对立面，这在其丙午、丁未日记中都有明显的反映。

陆宝忠是正途出身，以扬历清华，久值南斋，且为天子近臣，尤以气节自励；而袁世凯虽在庚子后地位骤升，为直隶总督，权势煊赫，但毕竟属于资郎骤显一流，陆宝忠不肯屈尊逢迎，贬节周旋，二人早有隔阂[①]。光绪二十八年七月，视学定州的顺天学政陆宝忠致函挚友、山西巡抚张曾敭称："畿辅学堂虽已遍设，而有形式而乏精神，接印时地面尚未交，洋兵尚未退，即筹划学堂事。迨按临定州，即饬试办，并奏陈一切办法。乃卧雪不愿有人搀杂，绝不商量即聘订丁嘉立为总教习，胡月舫总学校司，工课专重洋文，学堂各员又大半南三府人，新学旧学一概茫然，而强作解人，由是学堂之根基已坏矣。"[②]"卧雪"系以东汉"袁安卧雪"的典故代指袁世凯。当时，各省兴办学堂，但职责不甚明确，到底是由各省学政具体负责，还是督抚委派的学校司、学务处主持，各省情况不同。袁世凯不希望陆氏参与学堂事务，派胡景

---

① 参见徐凌霄、徐一士：《凌霄一士随笔》第2册，山西古籍出版社1997年版，第583—586页。

② 《定庐致渊静主人函》，七月二十九日，见虞和平主编：《近代史所藏清代名人稿本抄本》第1辑，第95册，第518—519页，张曾敭档（七）。原信无年份，从内容推断是光绪二十八年。

桂(月舫)总司学堂事宜,又任丁嘉立为北洋大学堂总教习,引起陆的不满。他对学堂的教学内容和聘任教员也有微词。清廷宣布预备立宪后,开始厘订官制,袁世凯虽身任直隶总督,奉旨参与,并有很大的发言权。但是,对袁主导的官制改革,陆宝忠并不看好。《丙午日记》中有一些记载和反映:

七月初六日　今日袁慰庭到京,召对,大约不日即有更张明文。

七月十四日　今日有上谕派编纂官职各堂官,都察院派寿子年,余可藏拙,乃幸事也。

七月十五日　二钟至海淀,拜袁慰庭,未晤。

七月二十日　今日召见泽、振、袁、端,又分起见,不知蕴何意见也?

八月初十日　半月来都下议论纷纷,人心惶惑,预议者或各逞意见,或俯仰随人,为公为私,虽所蕴不同而方寸皆为微云点染,予则倏然物外,虽居九列,如在深山。既无得失之鄙心,更无去留之成见,不可谓非幸福也。

八月十一日　饭后孙燮老以签商各节见示。俱见老成谋国,与近日喜功名逞意见者不同。其言用人、筹款之困难亦人人意中所欲言者。

八月十九日　在寿州处谈及时事,甚为感愤。

很显然,陆宝忠对官制改制态度消极。身为都察院左都御史,枢垣并不愿意将都察院改革方案交给他主持,而是交给满洲都御史宗室寿耆(字子年)负责。孙家鼐是这次官职改革的总司核定人之一,他相对比较保守,对这次官制改革的态度比较谨慎,深得陆宝忠的钦佩。陆氏八月二十六日日记中道:"饭后赴台,阅王宝田等副呈,其引日本、英、德、俄各国立宪情弊,极为透切,所谓以子之矛刺子之盾,论改官制之不学无术，语尤沉痛。计四十开。近日封事当以此为第一，不知两宫能虚衷细览否?”可见，他明确反对立宪和改官制。九月二十一日，官制改革方案公布，都察院被保留下来，堂官只设一位，不分满汉，陆宝忠为都御史，伊克坦布和陈名侃为副都御史。其心态虽平静下来，但鄙视、反对袁世凯态度毫无改变。

（三）袒护赵启霖、奏请严禁党援。丁未三月，御史赵启霖参劾署理黑龙江巡抚段芝贵买歌妓杨翠喜“进献”载振，又向庆王奕劻“献寿礼十万金”，“专恃夤缘”，以直隶候补道骤跻巡抚①。疏上，京师舆论大哗。慈禧下旨派醇王载沣、大学士孙家鼐核查，复奏后，赵被以任意污蔑亲贵重臣之罪名，遭到革职。四月，陆宝忠以都御史身份上书，请恕启霖以留言路。疏谓:“赵启霖平日学问颇优，声名尚好，憨直乃其本心，弹劾因之过当。仰恳鉴其愚诚，仍留言路，以作台谏敢言之气，而慰天下望治之心。在皇太后、皇上沛其仁如天之恩，在枢臣体薄责于人之训，而居言职者益当感激图报。”②随后，御史赵炳麟也上疏申诉，并申明自己本亦欲弹劾庆王等，惟不及赵启霖之无所顾忌，自愧不如，亦愿为此而去职③。疏上，上谕称赵启霖污蔑亲贵重臣，既经查明失实，自应予以惩处。赏罚之权操之自上，岂能因臣下一请即予加恩？故未予允准。

五月后，庆王、袁世凯排挤瞿鸿禨、岑春煊，丁未政潮爆发，陆宝忠复上书请严禁党援、广开言路。疏云:“臣观去年自改定官制以来，大臣不和之事时有所闻，其几实起于细微，而其害驯至于倾轧……方

---

① 《劾署抚段芝贵及庆亲王父子折》，见易孟醇点校:《赵启霖集》，湖南人民出版社 2012 年版，第 23—24 页。

② 《都察院左都御史陆宝忠折》，见易孟醇点校:《赵启霖集》，第 26 页，附录。

③ 赵炳麟:《论救御史赵启霖疏》，见《赵柏岩集》上册，广西人民出版社 2001 年版，第 444—445 页。

今治术无序，民气郁结而不宣，乱党朋兴，蠢蠢思动。设朝廷之上尚植党营私，互相攻伐，将皇太后、皇上成孤立之势，其祸何可胜言。又台谏为耳目之官，现议院未立，公论不彰，大小臣僚所以稍知忌惮者，惟在言官之举发，倘一有弹劾辄互相猜忌，将使憨直者寒心，庸懦者结舌，势必隔者愈隔，否者愈否……应请明降谕旨，严诫臣下，精白乃心，实事求是，务化其忮求排挤之念，用以尽同寅协恭之诚，复激劝言官如有见闻，务期直言无隐，庶几壅蔽尽除，忠良日进矣！”[①]由于朝野舆论高涨，庆王等面临很大压力。疏入，颁谕赵启霖开复革职处分，后来擢四川提学使。显然，慈禧也开始设法安抚清议。对此，盛宣怀在给陆宝忠的信中对其严禁党援之议大为赞赏：

> 读保赵御史一疏，言皆得体，不失台长身分，卒能言必有中，朝野钦佩。近读化党论，切中时弊，尤要言不烦。内庭有此诤臣，正气尚存，两宫能动容否？近日北风又劲，必须推翻政府而后已。外国虽有总理大臣，确是一气呵成，莫不折衷于君上，群臣会议亦各真有见解，不似我逢迎妩媚，一惟首座之言是从，近来两宫倦勤，无论何事皆取决于俄顷。政府之权力无以复加，若再加重一人，难免尾大不掉矣。[②]

盛宣怀对庆王听信袁世凯的批评并非偶然。他与陆宝忠关系一直密切，袁世凯夺取轮船招商局和电报局的控制权，也大大激化了与盛的矛盾。更何况，袁世凯攀附庆王，广植党羽，不仅受到清流人士的批评，朝野各方都有反应。陆氏丁未七月二十日记云：“马景山军门玉昆来拜，谈时事，亦知当国者无主宰，用人不当，专以张皇无据之

---

① 陆宝忠：《严禁党援广开言路折》，《陆文慎公奏议》（不分卷），第15页。

② 盛宣怀亲笔函稿，丁未年七月十九日，上海图书馆藏盛宣怀档案，档案号：015765，第46页。

言恫吓两宫，大局殊为可虑云云。武夫所见如此，则政府之不惬人望可想矣。”七月二十八日又记：“饭后出城拜客，晤顾渔溪、张燮钧、戴少怀、秦佩鹤，孙寿州，归已薄暮。北洋，杨士骧署；川督放陈小石；鄂督，赵尔巽调；张小帆调苏抚；冯汝骙骤得浙抚，此皆项城之措置也。时局至此，专用私人，所谓励精图乱，破格用己。甫执政柄即毅然为之，势不至亡天下不止，可为痛哭！”张亨嘉（燮钧）、戴鸿慈（少怀）、秦绶章（佩鹤），孙家鼐（寿州）等都是翰林出身的官员，他们对袁世凯入枢后的所作所为可能有所评论和非议。另一方面，因迭遭言官参劾，袁世凯也开始怀疑有陆宝忠等人的指使，并开始借机打击陆氏。

（四）戒烟与党争。丁未年九月初四日，清廷发布明发上谕称，上年降旨禁烟，政务处详定章程，凡官员吸食鸦片者准其自行陈请，限期戒断，然时逾半年，“内外大臣如睿亲王魁斌、庄亲王载功、都御史陆宝忠、副都御史陈名侃等积习未除，情形显著，似此因循怠玩，即立予严惩亦何足惜？姑念宣力有年，将所任差缺照章先行派员署理，如能迅速戒断，仍准照旧供职。”并限三个月，务必戒除净尽。当天，陆宝忠在日记中写道：“灯后见上谕，以上年降旨戒烟而积习未除情形，著将所任差缺照章派署等因，读之感悚。咎由自取，焉敢辞解？但自问此乃等于酒食之遇，仅仅娱己，并未误国，且命意所在原不为此。古人以憨直取祸者多矣，此尚从轻发落，尤应感激天恩。梦陶来商，应否陈谢，告以明日探询二王如何再说。”首先，他并不认为戒烟是件大事，视为“酒食之遇，仅仅娱己，并未误国”。他的挚友和亲家、副都御史陈名侃（字梦陶）也有此嗜好，并受到责难，为此，他们开始商议对策。但情况很快就让陆宝忠感到愤懑。日记九月初七日写道：

知梦老立志戒烟为再出计，其体本健，远胜于予，其果决亦不可及，然此事岂专为戒烟哉？国家进退大臣以礼，乃有意摧辱之，以泄权贵之怒，亦复何颜再出？若果出于上意，雷霆雨露，皆甘受之。乃闻开单共六人，其二系懿戚，慈命撤去（一系桂祥，一乃内务府大臣庄山），实在注意在一人，二王暨梦老皆陪客也。平生以憨直招怒不一而足，而此心可告无愧，末路若稍贬气骨，则扫地尽矣。

这次，陆宝忠认定是政敌（明显是指袁世凯）借故陷害自己，戒烟只是个借口，并对上谕中一些讥讽、侮辱性的措辞提出异议，尤其对桂祥、庄山免议，而矛头专指自己表示愤慨。十二月二十二日又记："午间绍越千来长谈，亦以项城既龃龉，以暂避其锋为是。此人手辣心狠，国事亦日益糟，其名誉亦日益损，但大权在握，不值再受其侮，务爱惜此身，以为他日报效地步而已。噫！未来事不可知，听之而已。"绍越千即绍英，时任内务府大臣；项城，即袁世凯。九月后，陆宝忠一直犹豫要请求开缺，离京回籍，但又为将来生计无出所苦，一些亲友也劝他安心养病，勿遽请辞。次年初，以戒烟尽净，奉旨回任供职。似乎一切烟消云散了，但陆氏内心一直沉闷压抑，竟于四月二十九日在京城病逝。以往学界对于陆宝忠与袁世凯的矛盾关注不多，日记中则提供了不少确凿的证据。

（五）有关科举制度的珍贵资料。陆宝忠的《游湘日记》比较完整地记录了晚清学政在一个任期三年内的钦差生活。学政奉旨视学，虽官职品级不高，在各省却与督抚、藩臬平起平坐，很受地方官员的尊重。日记中对主持岁科考试、到了解地方民风、结交地方官员，乃至本人寓居外省的家居生活，都有详尽的记载，可以作为研究一任学政政务、生活的完整史料，极具典型性。《使东日记》《燕轺日记》《监临日记》虽篇幅不长，也是研究科举制度的鲜活材料。

清代翰林官员生活异常清苦，获得一次学差、考差，往往是他们经济上改变拮据境况的难得机会。学差所得看上去有些"灰色收入"的味道，但习惯上则被视为合法收入。关于学政、考官们的这笔收入，很少有具体资料。壬寅陆宝忠以顺天学政身份到开封监临，自然也有一份丰厚的收入。他在《监临日记》中开列了这笔收入的详细数目和来源，主要包括门生的贽敬和地方的公饷、官员的程仪，以及津贴的剩余。可供今人研究：

新孝廉贽敬：胡鸿彬，罗山人，十六两；易树烈，商城人，易贞之子，六两；曹典初，东寅之子，廿四两；胡嗣瑗，贵州开州，伊兄堂邑令，八两；王鸿皝，福建人，可庄堂弟，四两；郭子璜，河南人，无贽；张允恺、张允厘，各二十两。

河南入项：直隶津贴余一千七百两；河南公饷一千两；锡中丞良（清弼）五百两；钟筱舫廉访（培）一百两；署陈州守陈砚塘（丙子，履亨），一百两；另补知县蒯钱（号希彭）五十两；禹州牧曹东寅（门生，广权）二百两；署祥符县姚礼咸一百两；署安阳令姚礼坤一百两；署开封府袁镇南（号宝臣，丙子）二百两；盐粮道王维翰五十两；郭其章一百两；延锡之方伯四百两；朱曼伯观察一百两。

新门生贽敬总计只有九十八两，而河南地方官员的公饷、程仪总量达三千两，加上此行津贴所余一千七百两，总计四千七百九十八两。这在当时算是一笔可观的收入。光绪二十九年十月初一日，高润生御史上奏批评陆宝忠“自乡闱借豫，该学督两任监临，驿传所经，诸多需索。闻各州县所馈程仪，至少者以五百金为断，欲壑已盈”[①]。从实际情况看，高御史的参奏有失实之处。但此行考官收入丰厚确是实情。据日记所夹条单，这次借地考试，直隶省所开销的总费用是六万九千五百三十七两多，除了直隶解来一万零七百两外，河南藩库

① 《御史高润生奏为顺天学政陆宝忠徇私遂利请饬公正大员确切查明量予惩处事》，光绪二十九年十月初一日，录副奏折，中国第一历史档案馆藏，档案号：03—5425—001；缩微号：410—0342。

垫付银五万八千八百三十七两。当时来开封主持乡试的三位主考官(一正两副)获得的程仪可能还会超过陆宝忠。一面是官府财政拮据的困境,一面是考官丰厚的收入,形成了鲜明的比较。

(六)其他。日记是一种非常特殊的原始史料,研究者抱着目的去寻找史料时,往往一无所获,反而不经意中可以惊奇地发现一些难得的信息和线索。陆宝忠日记也是这样。如《丙午日记》二月初八日记:"题御笔桃一幅,酬三金。"四月初一日:"题御笔画一轴(松芝堂幅),酬三金。"四月初八日:"写阅是楼格眼一张,酬二金。"南书房翰林为御笔画作题款,本是分内之事,但外人很少知道还有酬金。如果按照单字价格算,润笔不算低,不知是否两宫的颁赐?这些可视为研究社会史或绘画史的珍贵资料。同年闰四月二十七日又记:"昨内务府送到南斋节赏一千二百两,六人分,每员二百金。"这里的节赏指端午节的赏赐,可以看出南书房翰林享受的优厚待遇。诸如两宫生病时闽医力钧(举轩)、南书房行走陆润庠入宫诊脉的情况,日记中也有点滴的记录。相信随着日记的刊行,学界对于陆宝忠未刊日记的价值将会有更多的发掘和提升,这是毫无疑问的。

(原载《江汉论坛》2016年第6期)

从顾肇新家书看戊戌前后的朝局与政情

中国社会科学院近代史研究所中国近代史档案馆藏《顾豫斋致其兄函》[①]，系清季苏州籍官员顾肇新（字康民，号豫斋）写给其兄顾肇熙（号缉庭，晚号退庐）的一批家书，写信时间大约是光绪二十三年丁酉（1897）至光绪三十二年丙午（1906）之间，大多为戊戌政变前后的信札。当时清廷内外交困，顾肇新先以刑部司官充任总理衙门总办章京，庚子（1900）后任外务部右丞、右侍郎及商部、农工商部右侍郎，以司员起家，襄赞政务，见证了不少重要史事的发生。考察这批家书有助于了解这个时期的朝局和政情。

一、吴县顾氏兄弟

学界对晚清人物的研究通常集中在少数大人物身上，不过，一些看起来地位不算显赫者，因身份处境特殊，有时也可能是关键人物。顾肇熙、顾肇新兄弟大体属于这类有过重要经历的中层官员。比较起来，因为顾肇熙曾在台湾任职，学界对他的关注似乎更多一些，顾肇新的事迹则较少受到人们注意。

顾肇熙（1841—1910），字皞民，号缉庭，晚号退庐，江苏吴县（今

---

① 《顾豫斋致其兄函》，档案号：甲 233，该文献已收入虞和平主编：《近代史所藏清代名人稿本抄本》第 3 辑，第 11 册，大象出版社 2017 年版，第 1—114 页。本文仍据原件对各函写信时间做详细考订，所注页码仍按照原稿顺序，特此说明。

苏州)人。同治三年(1864)甲子科举人,报捐主事,分发工部,光绪初年通过多次捐纳和保举,叙劳以道员分发,在直隶候补①。经直隶总督李鸿章保奏,光绪六年(1880),与吴大澂一同抵达吉林,协同吉林将军铭安办理防务。光绪八年五月,授吉林分巡道。光绪十二年十二月,改授陕西凤邠盐法道,几年后卸任抵津,在李鸿章幕中办理赈务,成为李手下得力的洋务官员。因"办事实心、条理精密","明练朴诚,体用兼备",且"娴于吏治,所至均著政声"②,后经李鸿章保奏,出任分巡台湾兵备道兼按察使衔。甲午战争爆发后,北洋海军惨败,待次年马关约成,台民义愤,游勇哗变,顾肇熙奉命暂署布政使,"多方抚慰,与相要约,力殚而心弥悴"③。后奉旨与各官员内渡。此后绝望于仕途,回沪以士绅身份接任上海轮船招商局会办,成为盛宣怀的助手。庚子义和团兴起,联军侵入京津,盛与刘坤一、张之洞策划东南共保之约,顾肇熙也"实预其议"。庚子新政开始后,又于苏州城南之木渎镇,联络同乡士绅,捐巨资办学,开风气之先。宣统二年(1910)正月初四日,病逝于里第。顾肇熙的日记、笔记、公牍稿本有十多种被保存下来,现藏上海图书馆、苏州图书馆、北京大学图书馆等处④。

顾肇新(1853—1907),字康民,号鼎卿,又号豫斋。幼年从兄肇熙读书京师,后遵例报捐主事,签分刑部,同治十三年二月到部,考授

---

① 秦国经主编:《清代官员履历档案全编》第4册,第491—492页。

② 《奏保顾肇熙片》,光绪十七年十月十四日,见顾廷龙、戴逸主编:《李鸿章全集》第14册,安徽教育出版社2008年版,第215页。

③ 曹允源:《顾方伯传》,见《复盦续稿》卷5,民国刊本。另,《民国吴县志》所收顾肇熙传也对其事迹有所记述,似据曹传删削而来,详见钱仲联主编:《广清碑传集》,第1024页。感谢苏州大学黄鸿山教授帮助复制《复盦续稿》的相关内容。

④ 详细情况参见张耘田、陈巍主编:《民国苏州艺文志》下册,广陵书社2005年版,第619页。

总理各国事务衙门章京。光绪二年，中式顺天乡试举人，仍留部，因总署保奖，免补主事以本部员外郎遇缺即补，并加四品衔。十九年十一月，补授江西司员外郎；二十年十一月，补授云南司郎中，俸满后保升记名御史、在任候选道员等，但始终以司员供职总理衙门[①]。据称，顾氏"练达宪令，尤习掌故，谕疏条文，涉目成诵，长官嗟异，侪辈翕服"[②]。户部左侍郎、总理衙门大臣张荫桓对其尤为信任。甲午年(1894)底张氏与邵友濂前往日本广岛议和以及光绪二十三年(1897)春前往英国参加女王登基六十年庆典，都奏请以肇新为随员，可见依赖之深。经张奏请，顾肇新交军机处存记，遇有海关道员缺出，请旨简放。戊戌政变后，朝局动荡，张荫桓被革职流放新疆，擅办外交的李鸿章也遭到排挤，顾肇新对清廷的外交决策时有批评。庚子义和团兴起，联军侵华，两宫西狩，朝旨命肇新留京参加议和。二十七年十一月，总理衙门改为外务部，顾肇新补授外务部右丞。稍后，办理议约事竣，奉旨以四五品京堂在任候补。二十九年三月，署理外务部右侍郎，五月补授右侍郎。同年十一月，改任商部右侍郎，三十二年商部改农工商部，仍为右侍郎，同年十二月初九日病逝京寓[③]。

顾氏兄弟为江南世家子弟，都是举人出身。顾肇熙由司员外放道府，以能吏著称；肇新则兢兢业业，沉浮郎曹，长期供职总署。甲午战争后，乃兄放弃仕途，以绅商身份参与招商局事务，肇新则因甲午后对外交涉繁难，成为总署堂官倚重的助手。因为参与枢机，消息灵通，他时常将一些机密消息透露给远在上海的兄长，这也正是这批信函史料价值较高的原因之一。从派系分野上说，顾氏兄弟原属李鸿章淮系势力的追随者，他们精通洋务，思想开明。甲午后顾肇新在总

---

① 参见来新夏主编：《清代科举人物家传资料汇编》第30册，学苑出版社2006年版，第147页；《顾肇新传包》，台北"故宫博物院"藏，档案号：702003212。

② 曹允源：《顾侍郎传》，《复盦续稿》卷5，民国刊本。

③ 曹允源：《顾侍郎传》，《复盦续稿》卷5。

署中受到张荫桓的器重，肇熙则受到盛宣怀信任。但是，随着淮系势力的衰落以及政变后顽固势力的膨胀，顾氏兄弟的处境日益艰难。辛丑两宫回銮后两年，荣禄死去，庆亲王奕劻继之主枢，直隶总督袁世凯积极结纳，暗中操纵朝政，朝局为之一变。在外务部并不得志的顾肇新后转调商部。据称，“商部新立，同僚率年少喜事，(顾)侍郎独持大体，与当事异趣，郁郁不自得，遂草疏乞休，未上而病作，竟至不起”①。显然，顾肇新后来的处境并不如意。

中国近代史档案馆所藏《顾豫斋致其兄函》，一册，总计 20 通信函，其中 19 封为肇新致肇熙亲笔信函，另有一封是他写给同乡邹嘉来(号仪若)的。对此，其侄顾彦聪在辛酉年(1920)所做题跋中写道：

> 先叔父书凡二十通，起丁酉，迄丙午。第一通为丁酉之腊，第二通戊戌四月，内言庆邸兼领枢垣恐更有离奇之处一语，直看到后来结局，不可谓非前知也。第八通当戊戌政变之后，述时政颇详，孝钦重出训政，都中即有擅杀洋人之事，为庚子拳祸伏根。第九通颇思弃官就幕，放浪江湖，惜乎此愿之未偿也。第十一通是己亥六月前函密闻一节，当指废立之议，联仙翁的系正人，庚子与徐、袁、许三公毕命，足征衡鉴(仙蘅年丈于庚子廷议时极言拳匪乱民戮使臣无名，切直比徐、袁、许三公为烈，而世论忽诸，盖以其满人也)第十七通绍任廷一段，一味耿直，贿赂不通，所谓群而不党，正是先叔父一生大节。第十八九通，先叔父殁于是年腊月，此为绝笔……第二十通乃甲午年寄邹仪若者。②

顾彦聪对这批书信择要点评，月旦人物，涉及戊戌政变后慈禧训政、废立光绪帝、庆亲王奕劻之执政、庚子拳乱等事件，可见内容之重

① 曹允源：《顾侍郎传》，《复盦续稿》卷 5。

② 顾彦聪跋语，《顾豫斋致其兄函》，第 85—87 页。

要；对于叔父关心时局、“先国而后家”的忧患意识也表达了敬意。不过，这批信函原件的粘贴顺序已与顾彦聪所说有别，各信的史料价值仍须结合其他文献加以考订和评述。

二、对百日维新中康有为激进改革的批评

甲午战后列强环伺，清廷财政空虚、军备弛懈，始终处于内外交逼的窘境之中。光绪二十三年底，德占胶州湾，俄占旅大，西方列强进一步掀起瓜分中国的狂潮，民族危机骤然加深。以自强救亡为宗旨的戊戌变法正是在这个背景下拉开了序幕。戊戌年春季，恭亲王病逝，帝傅翁同龢开缺离京，枢垣重新调整；权力核心之外的主事康有为却受到光绪皇帝的赏识，频频上书言政，新旧之争成为焦点，政局频现波动。从家书中可以看到，顾肇新以总理衙门总办章京，置身局内，对朝局内幕多有观察，对康有为的激进主张尤多批评。

胶州湾事件极大地刺激了朝野士绅，唤起了他们强烈的爱国情怀，在这个问题上，身在局内的顾肇新与刚刚来京的额外主事康有为有几乎一致的感触，他本人就是胶案交涉的参与者之一。提及胶州湾交涉，顾肇新在丁酉年(1897)十月二十一日的信中说：

> 此事发端之初，合肥(按，指李鸿章——引者注，下同)拟引俄国为援，德使谓以密谋漏泄于人，大不谓然，自后专由翁(同龢)、张(荫桓)两堂与德使密订，各堂皆不得以与闻，一切密件多由弟手缮写，因此弟遂日不得闲，而亦不能稍有参赞，不过奉令承教而已。俄船现虽分驻旅大，已声明随时开往他处，决不侵占中国地土；英船重在保商，亦尚不至谋及口岸，就目前而论，似不至遽成分割之局。但强敌环伺，各思乘机而起，为今之计，惟有汰除一切冗官浮费，腾出的饷，聘请西国名将，迅练劲旅，或犹可以立国，若犹是因循迁就，恐四分五裂，即在目前，我辈亦终无立

足之地,如何如何!①

信中透露了总理衙门大臣张荫桓、翁同龢与李鸿章在外交决策上的分歧,导致后来翁、张专办“胶案”,李鸿章被搁置一旁。不过,在顾肇新看来,胶案已有定论,英、俄虽有争斗,就目前而论,“似不至遽成分割之局”,为今之计,只有裁汰冗官浮费,筹集军饷,速练劲旅,谋求立国之路。并言:“若犹是因循迁就,恐四分五裂,即在目前。我辈亦终无立足之地,如何如何!”这种感受与康有为给光绪皇帝上书中历陈国势艰危的情形如出一辙,但是,他仍将自强的重点放在速练劲旅的军事改革上,对康有为提出的设立制度局、变更中枢决策制度的建议不以为然。

戊戌年春,因胶、旅交涉和英德续借款等事宜办理结果引起朝野争议和批评,军机大臣、户部尚书翁同龢与户部左侍郎张荫桓屡遭弹劾,成为众矢之的。湖广总督张之洞与大学士徐桐相呼应,策划了一场“倒翁”政潮。徐桐向慈禧推荐张之洞来京“以备顾问”,目的是以张入枢来取代翁同龢,但遭到了翁与张荫桓的阻击;此刻,甲午后复出的恭亲王奕訢病情也越来越重,军机处的人员调整受到各方关注。顾肇新在家书中随时将这些京城的政治动态反馈给兄长。他在戊戌年四月初九日家书中透露:

香帅(按,指张之洞,号香涛)内召,原因东海相国(按,指徐桐)疏荐,本有兼领枢、译之说,旋因沙市闹事,谕令折回,似前议本非出自圣意,不过借以敷衍言者,凡事中无定见,大率类此。②

恭邸(按,即恭亲王奕訢)病情所说不一,弟亦不得确闻。此人尚在,究竟大家有所顾忌,实关全局,否则庆邸必兼领枢垣,一

① 丁酉年十二月二十一日函(原件),《顾豫斋致其兄函》,第75—77页。

② 戊戌年四月初九日函(原件),《顾豫斋致其兄函》,第24—25页。

味仰承意旨，恐不免更有离奇之处。[①]

以往研究认为，徐桐举荐张之洞来京主政的计划，因为翁同龢与张荫桓的暗中阻止而搁浅，可顾肇新却分析说，原本最高统治者慈禧太后就对张之洞不甚中意（本非出自圣意），命张来京，不过是敷衍言者（徐桐），简单几笔，就点出了问题的关键所在。翁、张能够借故阻止张之洞来京，也是因为他们探知了慈禧的真实想法。顾氏久在总署，对庆亲王的秉性和办事风格十分了解，庆亲王对慈禧从来都是“一味仰承意旨”，这一点与恭亲王奕訢稍有区别，所谓“此人尚在，究竟大家有所顾忌”与文廷式称恭亲王“虽无开济之效，却有坐镇之功”[②]的判断，颇有异曲同工之妙，都说明恭亲王在政局中无可替代的作用。

四月初十日，恭亲王病逝。由于光绪帝受到张荫桓、康有为的影响，倾向变法，与军机大臣的矛盾越来越尖锐，新旧斗争也日趋尖锐。帝傅翁同龢也因“守旧”的表现，屡遭皇帝斥责。二十七日，经慈禧同意，光绪帝对军机处做了新的调整。上谕命翁同龢开缺回籍，大学士荣禄署理直隶总督；直隶总督王文韶、四川总督裕禄即行来京。次日，顾肇新即致函兄长反映朝局动态：

数日以来时局大变，常熟（按，指翁同龢）被放，尤出意表，与前年郎亭侍郎（按，即汪鸣銮，号郎亭，乙未年十月被革职）同一疑案。如此重臣，说去便去，恐任事诸臣，人人自危。今日召见康、张二君，尚未知如何发落。张尚谨饬，康实放诞，若为其所中，恐花样翻新，不知伊于胡底，殊为可虑。前日有旨赏合肥相

① 戊戌年四月初九日函（原件），《顾豫斋致其兄函》，第19页。

② 文廷式：《笔记》（上），汪叔子：《文廷式集》下册，中华书局1993年版，第738页。

国(指李鸿章)、南海尚书(指张荫桓)佩带中国头等第三宝星,亦一奇也。夔师(按,夔石,即王文韶)内召,自系枢廷,又有旨内召裕寿师(裕禄,字寿山),不知是接任北洋否?[①]

对于翁同龢的开缺,顾氏认为与乙未十月被慈禧革职的侍郎汪鸣銮一样,系有"离间两宫"之嫌,时人多持此论,其实原因似更为复杂。翁氏自甲午十月第二次进入军机处,因帝傅身份,最受光绪帝倚重,被视为主持内政外交的关键人物。但翁氏政敌则认为甲午战败、割地赔款与翁氏鼓动皇帝冒然主战有直接关系,而翁在办理胶澳、旅大交涉及英德续借款等问题时,不尽如人意,招致朝野更加猛烈的批评,这才是翁氏开缺的主要原因。翁氏谨慎保守的秉性越来越不能见容于日益趋新的年轻皇帝[②],光绪皇帝向李鸿章、张荫桓两位曾游历西洋、具有改革思想的朝臣颁发宝星(胸章),正表达了他积极趋新的一面。

值得注意的是,这一天光绪皇帝正好召见被新党官员徐致靖保举的主事张元济和康有为,顾氏评价"张尚谨饬,康实放诞",褒贬很是分明。所谓"若为其(康)所中,恐花样翻新,不知伊于胡底,殊为可虑",则指的是康有为所《上清帝第六书》,这个条陈在二月十九日就奉旨交到总理衙门"议复",身为总办章京,顾肇新很早就看到了这个条陈,对康的建议并不认可,故有"花样翻新"之讥[③]。尽管康有为在召见后奉旨在总理衙门章京上行走,但是他却不屑为之,顾肇新讥为"不免有羞与哙等为伍之意"[④]。

---

① 戊戌年四月二十八日函(原件),《顾豫斋致其兄函》,第36—37页。

② 参见马忠文:《张荫桓、翁同龢与戊戌年康有为进用之关系》,《近代史研究》2012年第1期。

③ 任青、马忠文整理:《张荫桓日记》,上海书店出版社2004年版,第5页。

④ 戊戌年五月初七日函(原件),《顾豫斋致其兄函》,第90页。

此时又有一项重要的任务落在顾肇新的身上。五月，光绪帝催议总理衙门议复康有为《第六书》。五月十四日，总署递上《遵旨议覆康有为条陈折》，对康氏主张全盘否定[①]。现在看来，这个议覆稿乃顾肇新主笔。光绪帝对此大为不满。据梁启超说："皇上召张荫桓，切责之……张叩头俯伏曰：此事重大，非臣数人所能决，请再派枢臣会议。皇上乃命军机大臣会议。"[②]据张日记，五月十六日在颐和园受到皇帝召见，跪对三刻[③]，张荫桓受到责问应在这天，总署奉旨对康折"另行妥议具奏"[④]。直到五月二十五日，总理衙门才上折称因"事关重要"，请派王大臣会同总署议奏。光绪帝再以朱谕令军机大臣与总理各国事务衙门王大臣"切实筹议具奏，毋得空言搪塞"[⑤]。六月十五日，这个覆奏折递上，其结果康氏精心设计的以建立制度局为核心的改革方案，最后被消解成为建立一个由张荫桓、王文韶负责的路矿总局。关于此事的前后原委，顾氏在六月十六日的信中写道：

> 康有为条陈变法请将内而部院、外而两司道府牧令尽行裁撤，改为内设十二局分掌庶务，外员尽改为差，领以京衔，会同地方绅士办事，任意分更，实开民主之渐，奉旨交议。弟惟议设铁路矿务大臣，余均力驳，奏上，奉旨另行妥议。旋请改派枢臣会同议奏，改由枢臣主稿，已于昨日覆奏，大致仍不出弟原稿之范围，而语意芜杂，较弟为甚。[⑥]

---

① 国家档案局明清档案馆编：《戊戌变法档案史料》，第 7—8 页。

② 见中国史学会主编：《戊戌变法》资料丛刊第 1 册，第 252 页。

③ 任青、马忠文整理：《张荫桓日记》，第 542 页。

④ 中国第一历史档案馆编：《光绪宣统两朝上谕档》第 24 册，广西师范大学出版社 1996 年版，第 229 页。

⑤ 《清德宗实录》卷 420，光绪二十四年五月丁丑，《清实录》第 57 册，第 508 页。

⑥ 戊戌年六月十六日函（原件），《顾豫斋致其兄函》，第 38—39 页。

这里，顾肇新鲜明表达了对康有为主张的否认态度。甲午战后的顾肇新深得总理衙门大臣张荫桓的器重。而张荫桓与康有为又是南海同乡，康氏在戊戌年春天得到光绪皇帝的赏识，与张的暗中支持直接相关，康之《上清帝第六书》就是由总理衙门代递上去的[①]。照理说，顾氏对这些内幕不会毫不知情。不过，他对康有为十分鄙视，斥其变法活动为“放诞”，对于康有为“花样翻新”被皇帝所接受，表现出极大的担忧。这一点几乎与大臣李鸿章、鹿传霖的看法出奇地一致。李鸿章对光绪帝听信康、梁，推出新政措施也颇有微词，在六月二十九日致函李经方云：“学堂之事，上意甚为注重，闻每日与枢廷讨论者多学堂、工商等事，惜瘦驽庸懦辈不足赞襄，致康有为辈窃东西洋皮毛，言听计从。近来诏书皆康党条陈，藉以敷衍耳目，究之无一事能实做者。”[②]李鸿章认为，当政诸臣才力“不足襄赞”，光绪帝身边没有可依赖的大臣，只好听信于康、梁，致使“无一事能实做者”。开缺在籍的鹿传霖也对新政不满，称：“翁去王代（文韶），仍无起色。近日竞言西学，仍空谈不求实际，时局日坏，不堪设想。”[③]又称“康有为以一主事准其专折奏事，遂大肆狂谈，请宫中设十二局，改藩臬为理财、慎刑二司，裁道府，升州县为四品，准专奏等语，交议，竟不敢驳，乃以或交六部九卿会议，或请特旨允行双请，因此留中，未定行止”[④]。鹿氏对光绪帝如此优容康有为也感到不解。顾肇新与李、鹿所处地位虽不同，对康有为的变法主张却都有微词，可见，康党当年

---

① 参见马忠文：《张荫桓、翁同龢与戊戌年康有为进用之关系》，《近代史研究》2012 年第 1 期。

② 陈秉仁整理：《李鸿章致李经方书札》，见上海图书馆历史文献研究所：《历史文献》第 8 辑，上海古籍出版社 2004 年版，第 103—104 页。

③ 鹿传霖家书（原件），戊戌年五月廿七日，《鹿传霖任川督时函札》，中国社会科学院近代史研究所中国近代史档案馆藏，档案号：甲 170。

④ 鹿传霖家书（原件），戊戌年六月初八日，《鹿传霖任川督时函札》，档案号：甲 170。

的孤立处境。

三、对政变后时局的观察和评议

自从四月二十三日“明定国是”、宣布实行变法开始，在康有为等新党的策动下，光绪帝颁布了大批变法上谕，实行一百多项改革措施，但是，在没有做好充分准备的前提下，骤然废除八股，在士人中产生很大冲击；裁撤所谓闲散衙门的举措，使很多官员、书吏失去了生活依托，造成了不小恐慌；更有甚者，光绪皇帝借口礼部主事王照上书被阻一事，在七月十九日一举罢黜许应骙、怀塔布等礼部六堂官，直接危及到满洲权贵的切身利益，终于促成了反对新政势力的集合。八月初六日，慈禧宣布训政，新政中止。策划“围园”密谋失败的康有为逃离北京，百日维新彻底失败。

慈禧训政后，特别是康党密谋说服袁世凯兵围颐和园的内幕暴露后，清廷下令逮捕军机四卿、御史杨深秀，以及与康有为关系密切的张荫桓、徐致靖等官员。慈禧对张荫桓“教唆”皇帝的所作所为极为痛恨，本欲杀之，后因英日公使干预，才将张免死、发配新疆。在九月初一日写给兄长的信中，顾肇新对张荫桓获罪原因及处境做了详细说明：

> 樵公（即张荫桓）才思明敏，处事能有断制，虽遇艰巨之任而处之泰然，循题布置，卒能了结，待人尤厚，求无不应，诗律细密，骈文亦雅饬近古，特以起家非由科目，同朝不免视为异类。又以素性豪华，挥金如土，经手购买船炮等，筹借巨款独力任办，罔知避嫌，其世兄又实不免有从中播弄之事，自恃圣眷优隆，目空一切，遂不免为言路所指摘，群疑众谤，蜚语横加，遽尔遣戍编管。中秋夜出狱，在天宁寺强住两夜，即于十八午后西行，乃言者犹未满意，必欲置之死地，指称训政以来此为先刑，日前复奉懿旨饬所过地方官押令迅速前进、不准逗留云云。樵老被逮数日已

> 用去万余金，逮至西行，无以束装，将现住之屋押觅万金，始得就道，无一亲丁偕往，前此之诬其贪婪者谅可不辩自明矣。[①]

顾肇新是张荫桓十分赏识的下属，对张的为人行事、学识秉性都很了解，对张身陷囹圄的困境十分同情。张氏生活奢华，挥金如土，依仗“圣眷优隆”，目空一切，在借款、购舰回扣问题上不知避嫌，加上纨绔儿子张垲征的介入，终于招致言官参劾，几乎被置于死地。不过，顾氏认为张下狱后受到狱吏敲诈，西行前甚至变卖豪宅以为行资，那些“诬其贪婪”的说辞似乎不攻自破。这不免有些为尊者讳的嫌疑，并不能令人信服[②]。

政变发生后，后党和守旧势力反攻倒算，很多支持和主张温和改革的官员也受到清算。湖南巡抚陈宝箴便被革职，徐桐、刚毅等顽固官员在朝中的影响力明显增强。对此，顾肇新颇有不满，他在家书中坦言道：

> 近时政令大开大合，均已见诸邸抄，无待赘述。平心而论，康党意主民政，甚至谋制颐和园以遂其私，实属罪不容诛，然其危言谬论亦多切中时弊，未可一概抹倒。新政以前以言举人，训政以后以人废言，未免两失其宜。方今强邻环伺，聚谋益急，在我方有振作之机，特以任用非人，概从屏斥，并文闱之四书文、武闱之弓刀石亦辄规复旧制，从此士大夫钳口，不复愿谈时事，而一二自托老成之辈复得呈其迂谬之旧说以痛诋时彦，遂使中国

---

① 戊戌年九月朔日函(原件)，《顾豫斋致其兄函》，第 21 页。

② 近代以来私家笔记中曾有张垲征在乃翁下狱后谋取外国银行存款的传闻，参见魏元旷：《魏氏全书·光宣佥载》，见中国史学会主编《戊戌变法》丛刊资料第 4 册，第 311 页；汪康年：《汪穰卿笔记》，上海书店出版社 1997 年版，第 36 页。

> 更无自强之一日。杨亲家感时发病，似当在训政。以新近日又不知作何伤感。大厦将倾，岂一手一足之力所能支拄，况又不能尽其力耶？[1]

"新政以前以言举人，训政以后以人废言，未免两失其宜"，这就是他对慈禧武断废除新政措施的批评。并对刚毅、徐桐这些"自托老成之辈复得呈其迂谬之旧说以痛诋时彦"感到十分痛心。这些真知灼见，在当时的氛围下，也只能在家书中对兄长私下里诉说。

当时，慈禧命下旨宣召名医为光绪皇帝诊疾，尤其是外国医生入宫看病的情形，顾氏的叙述尤为珍贵，毕竟，这些都是他亲历其中。信中说：

> 各省所荐医员卢秉政、陈秉钧、朱焜均已到京。昨见会诊脉案，纯系虚寒之症，以遗精、滑精为最甚，而外面却露火象，自是下部虚寒而真阳外烁，似非重用温补之剂，难望奏效，而所主方药仍是养阴之品，日久耽延，不知变出何症，殊为可虑。
>
> 训政以来召对臣工，上仅默坐，不发一言，近闻上所住之瀛台四面高筑围城，仅留一门，不得任便出入，似此光景，岂能持久？如何如何！
>
> 诏书求医，法使即推荐其国医官多德福愿为诊视，先经婉谢，嗣英使来言外间诡传甚多，西例，此国君主有病不妨请彼国医士就诊服药与否，均无不可。现在各国在京医官以多德福为最著名，何妨约其一诊，以释群疑，遂经庆邸奏，蒙俞允，于初四日早晨入诊，弟等同至西苑德昌门外，由庆邸导引，入视约三刻而出，其脉案云诊得脉息数而无力，身弱血少，宜服补剂，并宜常在院中行走得受清气，仍须多穿衣服不可受风，俟看验小水后再

---

① 戊戌年九月朔日函(原件)，《顾豫斋致其兄函》，第55—56页。

斟酌方药云云。当时即将小水携去,云即斟酌用药,尚未送来。①

这些详细的记载不仅谈到皇帝的病情,也提及皇帝的处境,相比于近代以来野史稗闻之流,自是研究这段史事不容忽略的珍贵史料。

由于政变后列强干预清廷内政,中外关系日趋紧张。荣禄在慈禧支持下开始创办武卫军,加强京畿防卫。但是,在巨额赔款的压力下,筹集军饷异常艰难。刚毅、徐桐等人竟然在官督商办的洋务企业轮船招商局和上海电报局身上打起主意,命两局按期报效。并在己亥年(1899)五月派刚毅南巡时命盛宣怀尽早筹集。为此,顾肇新致函担任轮局会办的兄长大发感慨,并积极出谋划策予以应对。信中说:

招商局之设与太古、怡和鼎峙而三,使其利不尽为外人所攘夺,所谓收回利权者,用意实在于此。现在办有成效,国家正宜维持保护,并逐渐推广、添设出洋轮船以与外争海上之利权(闻英公司王后船三艘终年驶行太平洋,所得水脚不敷,支销皆国家赔补)。乃局外人不察,以每年并无提归部库之款,辄谓利不在国。前数日北洋大臣以新购快船雷艇陆续到齐,常年经费无着,奏请每年提招商局银十万两,官电半费,全数充公提用,奉旨交议。正在商议办法,复奉初四日谕旨饬定余利归公,章程奏明定夺。北洋前奏自应归并办理。弟意若不明定章程,中外视为利薮,纷纷请拨,必至挤倒而后已。似宜将办理原委及近年除开支一切外,岁得余利若干(详细奏明)酌提几成,报部候拨。此外不得随时请提。庶既有定章可守,承办之员得以通盘预筹,不至临

---

① 戊戌年九月二十四日函(原件),《顾豫斋致其兄函》,第56—58页。

时掣肘,似可与大理熟商办理。①

信中的“大理”即大理寺卿,指督办两局的盛宣怀。这封信一方面透露出顾肇新利用自己的地位,努力维护江南绅商的利益,毕竟,其兄是这些绅商的代表人物。另一方面,表明了一个事实:清廷在财政危机之时剥夺江南商民的行径不得人心。当时轮、电两局的商董多为江浙皖一带的世家,清廷逼迫两局定期报效银两的做法,在很大程度上激化了江南士绅势力与清廷的矛盾;在这年底经元善通电反对立“大阿哥”事件中,参与签名的绅商都与两局有直接关系。甚至,庚子年的东南互保中,江南士绅敢于支持东南督抚与朝廷立异,与戊戌政变后朝局的恶化都有直接关联。

当然,顾肇新家书中涉及的内容并不止这些宏观层面的朝局政情,从子女教育、考试、捐官,到日常生活、亲友往来、友朋荐馆、修心立志,甚至顾肇新围绕自己仕途和出处的彷徨、迷茫,都有不同程度的反映。书信是日常生活的真实记录,从这个意义上讲,这批家书不只是研究政治史的绝好资料,也是研究京官生活的鲜活材料,同样可以从社会史研究的层面加以利用。

(原载《福建论坛》2017 年第 9 期)

① 己亥年六月初六日函(原件),《顾豫斋致其兄函》,第 7 页。

戊戌政变后至庚子事变前袁世凯的政治境遇

学界有关戊戌、庚子间袁世凯(字慰廷)活动的研究,主要集中在政变中的"告密"疑案,编练武卫军,及山东巡抚任上的"剿拳保教"等问题上[①]。比较而言,这个时期他的活动踪迹,尤其是他在政变后派系斗争中的处境,学界的关注明显不够。实际情况是,戊戌政变后荣禄与刚毅两位满洲权贵在军机处明争暗斗,时有摩擦,身为荣禄麾下爱将,袁氏自然也难脱干系。当他率武卫右军进入山东后,与山东巡抚毓贤屡有冲突,除应对民教冲突的决策相左的因素,其中即有荣、刚较量的影子。

本文旨在考察戊戌、庚子之际袁世凯在派系纠葛中的政治境遇,并根据所见荣禄致袁氏的未刊书信,对这个时期荣、袁的交往略作考订,藉以观察戊戌政变后朝局演变的一个侧面。

一、从护理直隶总督到武卫右军总统

戊戌年(光绪二十四年,1898)八月初六日,慈禧宣布训政,光绪帝的戊戌新政被中止。初十日,直隶总督荣禄奉旨入京,直督与北洋大臣交由候补侍郎袁世凯护理。十三日,荣禄奉旨入直军机处,军机

---

① 相关研究参见廖一中:《山东局势与袁世凯接任山东巡抚原委》,《东岳论丛》1994 年第 3 期;李宗一:《袁世凯传》第 3、4 章,国际文化出版公司 2006 年版;侯宜杰:《袁世凯全传》,群众出版社 2013 年版,第 38—49 页;马忠文:《荣禄与晚清政局》,第 141—149 页。

大臣裕禄改任直督。二十日,裕禄抵津接篆。在动荡的氛围中,袁世凯完成了10天护理总督的使命。

他在护理直督期间十分谨慎。据称,八月二十日为袁四旬寿辰,"十九日下午同城司道以下均往迎寿,脚靴手版,济济跄跄,闻慰帅当即饬门丁一一挡驾云"①。国事艰危,他自然不敢因为寿诞而招致非议。据徐世昌日记,二十三日午后,"慰廷回营"。次日,徐氏记:"晨起,各统领来同见慰廷,久坐。午后……慰廷亦来,谈良久。"此后逐日都有二人晤面交谈的记载②。袁、徐谈话的具体内容,日记中不载,以情理推之,除练兵之事,似乎还有对袁"告密"传言的讨论和应对。二十五日,袁世凯写了《自书〈戊戌纪略〉后》,称自己"只知以道事君","该党(康党)无理于君,予为鹰鹯之逐,亦人臣之大义,皎皎此心,可质天日,且以正所谓保全皇上。……为臣子者,但求心安理得,此外非所计也"③。这段自我辩解,应该得到过徐世昌的支持。袁氏告诉人们,揭发康党密谋是他无可奈何的选择,自己"心安理得",是为了"保全皇上",所以,不在乎外界如何评价此事。更何况,当时列强窥伺,袁部奉命保卫京畿,慈禧对他更是信任有加。

为了应对日益严重的外患,八月二十六日,慈禧特简荣禄为钦差大臣,节制宋庆所部毅军、董福祥所部甘军、聂士成所部武毅军,及袁世凯所部新建陆军,以一事权,统率督练各军④。十月二十四日,荣禄奏请练兵筹饷,将毅军、甘军、武毅军、新建陆军联成一气,分前、后、左、右四军,各驻防地,荣禄自募一支中军,驻南苑安营操练,确保

---

① 孔祥吉、村田雄二郎整理:《国闻报》第4册,国家图书馆出版社2015年版,第43页。

② 《徐世昌日记》第21册,北京出版社2015年版,第10359—10360页。

③ 《自书〈戊戌纪略〉后》,光绪二十四年八月二十五日,骆宝善、刘路生主编:《袁世凯全集》第4卷,河南大学出版社2015年版,第303—304页。

④ 中国第一历史档案馆编:《光绪宣统两朝上谕档》第24册,广西师范大学出版社1996年版,第455页。

京畿安危[1]。

与宋庆、聂士成、董福祥这些战功赫赫的将领相比，袁世凯非但没有军功，连实际的统兵作战经验也谈不上有多少。因此，他奏调原毅军将领、甲午战争中被革职的前云南临元镇总兵姜桂题，分统左翼各营，兼全营翼长，襄助练兵。新一轮练兵计划开始后，十一月十五日，袁世凯奉旨陛见。将营务交给姜桂题“妥慎照料”，袁氏于二十日抵京[2]。慈禧太后和光绪皇帝于二十四、二十五日两次召见，这是他在八月初五日陛辞后，再次见到光绪皇帝。这时“六君子”死难已经两个多月，局外人无法知道二人见面时，皇帝内心的真实想法，是悔恨还是怨恨？二十五日，光绪帝奉懿旨，赏给宋庆、袁世凯“西苑门内骑马并乘坐船只拖床”的恩典。宋庆是久战沙场、年届八旬的老将，而袁世凯刚年逾四十，对比之中袁氏获得的恩宠更引人注目。十一月三十日，两宫又赏赐袁世凯福字、荷包、银钱等[3]。十二月初一日，袁氏应太后之命，递上条陈一件，就如何应对内外交困的危局提出建议。他缕述列强环伺的严峻形势：“种种欺凌，薄海切齿，断非口舌笔墨所能争，尤非仍让迁就可息事。惟有亟图自强，始可杜绝窥伺，湔雪仇耻。”这番言论，几乎与胶旅事变后康有为的见解如出一辙。此外，还就筹饷、造械提出了具体意见。不过，慈禧暂时没有接受袁的建议，该折被“留中”[4]。初四日，袁世凯陛辞出京，初五日抵达营次。

对这个时期清廷的新一轮练兵活动，赫德看得很清楚。他在光

---

① 中国第一历史档案馆编：《光绪宣统两朝上谕档》第24册，第546页。

② 《奏报入都陛见起程日期折》，光绪二十四年十一月十九日，《袁世凯全集》第4卷，第309页。

③ 《赏福字荷包银钱等谢恩折》，光绪二十四年十二月初一日，《袁世凯全集》第4卷，第310—311页。

④ 《钦遵懿旨敬陈管见折》，光绪二十四年十二月初一日，《袁世凯全集》第4卷，第311—312页。

绪二十四年十一月二十七日(1899 年 1 月 8 日)写给金登干的信中说:“慈禧太后正在竭尽一切努力,调集军队,以保卫北京及其附近地区。她手下将有训练有素的军队五万名,另有一般军队五万名。”[1]他应该知道,作为北洋新军各部的统帅,荣禄才是实施防卫计划的核心人物。

十二月中旬,荣禄以钦差大臣身份前往天津检阅各军。这次检阅距丙申年(1896)荣禄出京阅兵,已有两年之隔,似乎是对因政变发生而取消的天津阅兵的补救措施。为此,他先派兵部司员陈夔龙、恩良前往小站安排,袁世凯腾出寓所作为荣禄的行辕[2]。十九日午后,荣禄抵达小站,袁世凯、徐世昌等到营谒晤[3]。二十一日,荣禄前往芦台等处。二十四日返京时,又在天津停留,袁世凯专程从小站赶往送行[4]。此次检阅后,清廷启动了新的治军方案。

光绪二十五年(己亥)二月二十日,荣禄在北洋新军基础上创立武卫军。同时,奏请奖励各军。新建陆军训练三年,著有成效,经荣禄奏保,袁世凯因“勤明果毅力,办事认真”,奉上谕“著交部从优议叙”[5]。新建陆军改称“武卫右军”,三月十四日换用关防[6]。从交卸护理直隶总督,到进京陛见,再到总统武卫右军,受到奖叙,袁世凯在荣禄的支持下,越来越受到清廷重用。

---

① 《赫德致金登干 Z813 号函》,1899 年 1 月 8 日,陈霞飞主编:《中国海关密档——赫德、金登干函电汇编(1874—1907)》第 6 卷,中华书局 1995 年版,第 932 页。

② 陈夔龙、恩良是十二月初九日到小站的,十七日为荣禄准备行辕,袁世凯暂居徐世昌寓所,而徐改住到执法处。见《徐世昌日记》第 21 册,第 10368 页。

③④ 《徐世昌日记》第 21 册,第 10369 页。

⑤ 《交部优叙保奖员弁谢太后恩折》,光绪二十五年二月二十五日,《袁世凯全集》第 4 卷,第 315 页。

⑥ 《开用武卫右军关防日期折》,光绪二十五年三月十四日,《袁世凯全集》第 4 卷,第 317 页。

二、与刚毅、毓贤的矛盾纠葛

不过，考察政变后袁世凯的活动，并不能离开清廷派系斗争的背景。事实上，政变后的满汉矛盾、新旧矛盾、朝廷与地方督抚的矛盾，彼此交织，异常突出；满洲权贵荣禄与刚毅在军机处的明争暗斗，对时局影响甚大，紧密追随荣禄的袁世凯也不免受到波及。

光绪二十五年(1899)春山东巡抚张汝梅遭到参劾。围绕此事，荣、刚两派针锋相对，几乎到了短兵相接的地步。这年正月十八日，山东籍的翰林院侍讲学士陈秉和率先发难，参劾张汝梅奉职无状，并含沙射影，攻击荣禄。折中自称“内而见忌于廷臣，外而见憎于使臣”，暗示他对张汝梅的参劾可能会开罪于当朝有权势者。在奉旨回奏时，陈秉和更是明白指出所谓“廷臣”系指军机大臣荣禄及户部左侍郎立山，并称张汝梅与荣禄“相交甚密，至其往来交通，事情暧昧，外人焉能甚知？然籍籍传闻，实有难掩众口者”[①]。参劾疆臣，却辞连枢臣，显然不是偶然的。此事幕后应有刚毅的支持，对此，荣禄进行了反击，陈秉和遭到上谕严厉责斥。上谕称：“荣禄由西安将军于光绪二十年八月来京，张汝梅于二十一年正月由陕西臬司简放陕西藩司，其护理巡抚则在是年四月，斯时荣禄早已在京供职。所称往来交通情密，更可不辨自明。即使近在同城，亦安见即有密交暧昧之事？”因“信口捏造”，陈秉和被传旨“申饬”[②]。

这场风波也牵连到袁世凯。陈秉和在奏折中批评张汝梅派差时任用子侄之亲戚，如“袁保纯之委铜山盐务，袁世敦之委带营务”等，

---

① 参见《翰林院侍讲学士陈秉和奏前参疆臣张汝梅一折言有所指遵旨明白回奏事》，光绪二十五年正月二十日，录副奏折，中国第一历史档案馆藏，档案号：03—5371—098。

② 中国第一历史档案馆编：《光绪宣统两朝上谕档》第25册，第28页。

指责他们“朋比为奸”[①]。保纯系世凯叔父，世敦则是其胞弟。后来户部右侍郎溥良在查办张汝梅参案时奏称：

据张汝梅咨覆，袁保纯系长子书兰之堂叔岳……在东省有年，所委差缺均由司局分委，有案可稽，且前任抚臣李秉衡任内曾以子侄之儿女姻亲奏明，奉旨毋庸回避；袁世敦系长子书兰之从堂外兄，亦例不回避，前因整顿营务应照西法训练，当经函商其胞弟袁世凯，派伊亲带教习来东练军，是以派充营官。

溥良查核后认为，张氏所说“尚无不合”，“惟该员等究系该抚子侄之亲戚，虽例无应行回避明文，该抚当援照李秉衡成案奏明请旨遵行，似不应遽委差缺致招嫌怨”[②]。言外之意，张汝梅还是有任用私人之嫌。

陈秉和参奏张汝梅一案，是政变后刚、荣之间第一次正面冲突。参案牵涉荣、袁甚至李鸿章，清廷内部开明与守旧阵营的对立不言而喻。奉旨前往山东查案的溥良也属刚毅一派。二月初三日，清廷命长期在山东做地方官的署理江宁将军毓贤调任山东巡抚，张汝梅开缺听候查办。后经溥良复奏，称张在鲁抚任内，于捕务、赈务、河务办理未能尽善，虽无废弛、欺饰情形，但用人不当，上谕将张汝梅降二级，另候简任；同时命新任巡抚毓贤对袁保纯、袁世敦等人“才具是否称职”，著随时“察看”[③]。这样的结局，更多反映了刚毅等人的态度。

---

① 《翰林院侍讲学士陈秉和奏为特参山东巡抚张汝梅等员衰颓昏愦愎诈贪婪事》，光绪二十五年正月十八日，录副奏折，中国第一历史档案馆藏，档案号：03—5371—092。

② 《户部右侍郎溥良奏为遵旨查明山东巡抚张汝梅被参衰颓昏聩等各节尚无废弛欺饰情弊惟办事疏忽等请革职事》，光绪二十五年三月十六日，朱批奏折，中国第一历史档案馆藏，档案号：04—01—12—0589—023。

③ 中国第一历史档案馆编《光绪宣统两朝上谕档》第25册，第88—89页。

与此同时,袁世凯留用徐世昌的计划却未能如愿。三月十四日,袁以营务繁重,佐理需才,上奏请求丁忧服满的翰林院编修徐世昌继续留在营中效力,并请求“免扣资俸”。他例举翰林院检讨宋育仁奉旨回籍办理商务、在籍编修范仲垚奏调充豫省中学堂总教习,均获特旨准其“原资原俸,免其截扣”,希望可以援例恩准。但是,上谕只同意继续留营效力,“不扣资俸”的要求却被拒绝[①]。三月二十七日,与刚毅关系密切的山西监察御史彭述上折呼应,对此举大为称赞,并请饬部将奏调奏留在外当差之京员与候选人员一并明定章程,不准免扣资俸,避免那些官员“假公济私”,以为“巧宦之阶”[②]。这是针对袁、徐的嘲讽,幕后也有刚毅的影子。

就在清廷内部纷争不断的时候,列强侵华活动也日甚一日。光绪二十五年正月二十一日,意大利效仿英、德、俄等国,趁火打劫,要求租借浙江三门湾,并派军舰游弋杭州湾一带。二月初六日,清廷命两江总督刘坤一和浙江巡抚刘树堂全力布置防范。在山东,二月二十日,德兵也借故从青岛出发,滋扰日照、兰山等地,清廷急命张汝梅、毓贤饬总兵夏辛酉兼程前往,相机因应。三月二十二日,以山东德人情形叵测,清廷急命新任山东巡抚毓贤拣派将领,严密布置,预占先著[③],甚至不惜以陆上应战,来阻止德军内犯。同时,命袁世凯率兵前往德州,以操演行军的名义,“弹压匪类,保护教民”,其实主要是防范德军。就在上谕颁发的前一天,武卫军统帅荣禄致函袁世凯(蔚廷)密授机宜:

---

① 《请留编修徐世昌留营襄办营务折》,光绪二十五年三月十四日,见《袁世凯全集》第4卷,第316页。

② 《山西道监察御史彭述奏为奏调奏留在外当差之京员与候选人员一并明定章程不准免扣资俸不准免其扣选事》,光绪二十五年三月二十七日,录副奏折,中国第一历史档案馆藏,档案号:03—5373—136。

③ 中国第一历史档案馆编:《光绪宣统两朝上谕档》第25册,第91页。

蔚廷仁弟大人阁下：十九日差弁来，接奉手书，备悉一是。电报亦阅悉。近日如有探电仍望速示。缘上时常问询盼念也。洋员巴森斯所述各节，昨已另缮节略，恭呈御览，当奉慈谕一切云云，此早遵即将致吾弟之函又复呈览，奉谕即行达知。兹特将原稿二件抄呈，希即遵旨办理，望即答复以便复奏。是为至要。

吾弟于接奉后应带队伍若干，约于何日起行，均随时示知，以备垂询。在上意似不动声色，以免德夷知之，藉为口实，故不由枢府、总署传知耳。尚望秘密为妥，倘将来该夷设有蠢动，亦须飞电达知，以便请旨遵办，切勿造次。转恐外人有所藉口，则不妙也。至于该夷一切举动、情形，务望多发侦探，随时电兄知之。或专书亦可，万一有战事，兄必即来为吾弟接应耳。总之，时势如此艰窘，原不敢轻于言战，然设时逼处，此亦不得不较量短长也。老弟明珠在抱，自然措置裕如，不致操切也……荣禄顿首 廿一日亥正三刻灯下。[①]

这封信是袁世凯率部赴山东前与荣禄交流对策的确证，透露出荣禄随时将从袁处所获探报直接禀报慈禧，并绕过军机处、总署直接传达旨意的内情。"原不敢轻于言战，然设时逼处，此亦不得不较量短长也"——看来，慈禧和荣禄都对列强的肆意欺凌已经到了无可忍耐的程度。

三月二十六、二十七、二十八日，袁军分三批开拔。二十八日，徐世昌日记云："晨起，送慰廷起节，奉旨赴德州一带操演行军，弹压地方，所部各营（出八成队），分三日已开拔矣。留余督率操练所留二成队伍并照料一切。武卫中军四营亦暂归管辖。"[②]按照计划，袁世凯只带走八成的兵马，其余二成留在小站由徐世昌督率操练。舆论对

---

① 本书信为原件，李观雪先生藏。"蔚廷"即袁世凯（字慰廷）。

② 《徐世昌日记》第 21 册，第 10376 页。

袁军的出行也有详细报道：

天津访事友人云：三月二十六日，袁慰廷侍郎所统新建陆军奉命调赴山东德州，藉资防御，下令马、步、炮各队分三日登程，均以八成赴防，而以二成仍守小站旧垒。临行戮大辟囚四人行祭纛礼。每勇一名带洋枪一杆，药弹一百四十枚，铁锹一柄，棉衣一件，馒首二斤及两日所用之粮食。每起军士，凡第一日行四十里者，次日须行六十里；第一日行六十里者，次日只行四十里，计程八日可抵德州。其随军之粮台、军械所、工程营、营务处、官医局亦先后开行，沿途安设马拨，每十里一拨，以便递送公文，先期派测绘师前赴山东，勘定安营之所。转危为安，因祸为福，在此行也。此军其勉乎哉？①

这是新建陆军首次远程出行，表现出与练勇迥然不同的风貌，临行时还"戮大辟囚四人行祭纛礼"。四月初四日，袁世凯率部抵达德州。初七日，致函徐世昌叙说军中情形：

此来将士均甚高兴，志在一打，如又了事，必挫锐气。德人兵力有限，应不至谋我后路，伊必专力谋山东，各守瓜分之界。今之时局，诚所走一步说一步也，断难想好处设想。昨见东文，饬各营禁练洋操，专练刀矛棍棒。可惜以国家难措之饷，供此班糊涂人任意掷费，不胜愤闷。②

袁世凯打算与德国人一决高下的决心跃然纸上，"志在一打"既

---

① 《调勇赴防》，《申报》1899 年 5 月 23 日，第 1 版，第 9375 期。

② 《致新建陆军总理营务处徐世昌函》，光绪二十五年四月初七日，《袁世凯全集》第 4 卷，第 319 页。

可打击列强侵略的气焰，也可检验数年练兵的实效。不过，慈禧、荣禄却不愿冒险。“如又了事，必挫锐气”一句表明袁世凯对朝廷见好就收的决策并不以为然。他对山东巡抚毓贤这个“糊涂人”严饬各营禁练洋操、专练刀矛棍棒的做法更是愤懑。受此刺激，四月十一日，他在军营中上奏，重申用西法练兵的重要性。在缕述列强掀起瓜分之势的严峻形势后，强调“有兵不练与无兵同，练不如法与不练同”。对于练兵一事，“舍认真以练洋操之外，固别无善策以处此也。”并以甲午战争中日军“以步武洋操，试锋于我，遂以雄视亚洲”和聂士成部因参用西法而迭有击败日军的实例，证明非洋操无以成劲旅的道理。呼吁朝廷饬下统兵大臣，参仿各国戎政，详拟练兵章程，并派大员随时抽查校阅。十五日，光绪帝颁布上谕，肯定了袁世凯的说法，命袁将新建陆军平日训练情形详细陈奏，并将各种操法绘图进呈备览①。这自然是荣禄极力推动的结果。

袁世凯此时正驻军德州，强调西法练兵，明显针对毓贤。同样，对方也不示弱，处处挑袁的毛病。袁世凯告知徐世昌：“毓贤秘派两员，札发各条，饬来查本军有无滋扰情事，其预有成见，故来吹求，拟移安、连，固恐久处不便，今果然矣，可笑可恶。已详告略公。”②“略公”即荣禄（号略园），袁氏将毓贤刻意寻衅之事禀报荣禄。十三日，荣禄来函，劝袁部撤回小站时绕道大名，避免与毓贤有新的冲突。但袁没有接受劝告，称“大名在极南，再跑一次尤无谓也（已商请免），且士卒必更疲病”③。比起荣禄巧于趋避的个性，这里显示出袁氏性情中坚韧倔强的一面，即使荣禄从中调解，也绝不妥协。

---

① 中国第一历史档案馆编：《光绪宣统两朝上谕档》第 25 册，第 110 页。

② 《致新建陆军总理营务处徐世昌函》，光绪二十五年四月十二日，《袁世凯全集》第 4 卷，第 323 页。

③ 《致新建陆军总理营务处徐世昌函》，光绪二十五年四月十四日，《袁世凯全集》第 4 卷，第 324 页。

另有一封荣禄致袁世凯信札也写于这个时期(原信无具体时间),函云:

蔚廷仁弟大人麾下:连奉手书及各探电,均备悉矣。即念勋劳茂著,即事多忻为祝。德人无理取闹,不尽发指。海靖昨在总署与竹篔、燕谋订明铁路,当欲回国矣。《劝兵歌》一事,亦只得如此答之而已。东抚自莅任以来,于吏治、军务二事尚未见何善政,或大才外示镇定后当展布耶?奏请按营置备大车一折,已奉朱批,准其先设一半,俟有战事再为添办,谅已接阅矣。阁下暂扎安陵,昨已面陈。至佐臣是否以洋操为然,亦自可由他,我则当如何自如何耳。倘德人逼人太甚,亦唯有决裂一战,兄必督师前往,以我五大军总统五君,皆绝无假有之大英雄,断不能似甲午、甲午之役,可操左券,就是近日湘淮各军,虽曰暮气,然亦看何人统属耳。兄识短才薄,无一所长,幸人缘尚好,或亦可得资臂助耶!手此,即颂近佳不尽。兄荣禄顿首。[①]

这里所说的"奏请按营设置大车一折",系指袁世凯四月初九日上奏请拨款添办行军需用随营车辆一折,奉朱批"所请车骡价银,为数太多,著准其置办一半。设有军务,应须添置之处,再行酌核,奏明办理"[②]。海靖昨在总署订明铁路一事,系指光绪二十五年四月十三日,清廷委派津镇铁路督办大臣许景澄(字竹篔)、帮办大臣张翼(字燕谋)与德华及汇丰银行等订立津镇铁路借款草合同。由此可证,此信写于四月十四日。

荣禄告诫袁氏只管自己练好新军,"至佐臣(毓贤)是否以洋操为

① 本书信为原件,李观雪先生藏。

② 《请拨款添办行军需用随营车辆折》,光绪二十五年四月初九日,《袁世凯全集》第4卷,第319—320页。

然，亦自可由他”，并对武卫五军的实力颇具信心。如果德人逼人太甚，他会亲自督师前往，并自恃“人缘尚好”，能够团结将士，必定不会走甲午中日战争之旧辙。正是由于清廷态度强硬，不仅意大利放弃了索求三门湾的无理要求，德兵也开始逐渐撤回青岛，沿海局势暂时得以缓和。四月二十一日，袁世凯自安陵回小站[①]。这一次对外示威，使荣禄数年来的练兵活动首次取得成效，至少所发生的威慑作用一时颇为鼓舞人心。五月初九日，光绪帝发布上谕，袁世凯补授工部右侍郎兼管钱法堂事务，但仍督练武卫右军。此次补缺，与袁氏率部前往山东的功劳不无关系。此时，刚毅已离京前往江南查办事件，枢中也不会有任何阻力。这次擢升使袁世凯具备了调任巡抚的品级和资格。

三、署理山东巡抚前的活动踪迹

学界以往对于袁世凯署理山东巡抚前夕的活动情形，虽有所涉猎，却不够细致，现据袁氏全集，结合徐世昌日记和其他书信资料略作梳理。

补授工部右侍郎后，袁世凯于五月二十七日上折建言，对如何防范德国、稳定山东局势建言献策，他提出“慎选守令”“讲求约章”“分巡驻兵”“遴员驻胶”等四项措施，作为治理山东的基本策略。疏上，暂被“留中”[②]。不过，数日后，清廷还是将袁的奏折发给毓贤，令其参照办理[③]。可见，袁对山东形势的判断已经得到慈禧和荣禄的完全认可。此后，袁世凯将主要精力放在编纂各种新军训练操法书籍方面。据沈祖宪、吴闿生编《容庵弟子记》称：“五月杪回营，开局纂述

---

① 《徐世昌日记》第 21 册，第 10378 页。

② 《德夷构衅侵权亟宜防范折》，光绪二十五年五月二十七日，《袁世凯全集》第 4 卷，第 325—326 页。

③ 中国第一历史档案馆编：《光绪宣统两朝上谕档》第 25 册，第 170 页。

练兵图说，公(袁)督幕僚编写，其条例论说皆手定之。”[①]六月，他与从弟袁世承的信函交流中，也提到“连日赶修操书”，“连天大雨，方以修辑兵书为忙”[②]。现存他给幕宾言敦源关于操练图书文字修订的便函，也足以反映出他对此事的专注和细心[③]。七月十八日，《操法情形详细图说图册》抄毕，装箱进呈[④]。

这个时期袁世凯的人际交往活动也值得关注。八月十五日，袁世凯接待了自京城而来的提督苏元春(子熙)、张俊(杰三)等人。苏氏经荣禄保荐，奉旨往淮、徐一带照南北洋操练新法编练武卫先锋军(仍归北洋节制)；张俊则是武卫中军翼长，他们都是荣禄信任的将领。次日，袁世凯陪同苏、张等视察新军练操[⑤]。八月二十六日，徐世昌乘火车抵京，留京四日。此次来京，他似乎带着袁世凯的某项使命而来，并见过荣禄，惟日记中未记一字[⑥]。九月初九日，袁世凯写信给已抵定兴的徐世昌说：“荣相既欲再谈，可再往一谈。赴都之行，恐为时太久，未能即回。拟请先回小站晤商后再定。现在时局也非急切所能下手者也。”[⑦]所言“下手”何事，今天无法判定，从袁的语气看，徐此前到京确与荣禄有过一次会晤，并商议过“要下手”之事。徐世昌是袁氏最信任的人，派他联络荣禄，才能让袁最放心。九月二十九日，袁氏又致函徐，称：“荣相来书，传旨著来京请安等谕(为祝嘏而往)。惟未得军机处寄谕，似不便具折奏报起程。去冬宋祝帅(即宋

---

① 沈祖宪、吴闿生编《容庵弟子记》卷二，页十一，民国刊本。

② 《致从弟袁世承函》，光绪二十五年六月十八、二十三日，《袁世凯全集》第4卷，第328页。

③ 《致幕宾言敦源便函三则》，见《袁世凯全集》第4卷，第711页。

④ 《徐世昌日记》第21册，第10385页。

⑤ 《徐世昌日记》第21册，第10387页。

⑥ 《徐世昌日记》第21册，第10388页。

⑦ 《致新建陆军总理营务处徐世昌函》，光绪二十五年九月初九日，《袁世凯全集》第4卷，第712页。

庆，字祝三）亦由荣相传谕赴京，未报起程，此似可援。”[①]荣禄可事先传来慈禧命袁来京祝嘏的消息，而军机处的谕旨尚未到来，其权势煊赫可见一斑。很快军机处发来谕旨。十月初一日申初，徐世昌匆忙从定兴回到天津，袁世凯早已迫不及待。徐日记云：“慰廷已遣马车在津站等候，即登车，二更后到小站。至慰寓久坐，回营已三更矣。”[②]接回徐世昌后，袁与徐夤夜密谈，将营务暂交徐氏照料，次日，匆匆乘车入京。

这次进京为慈禧祝嘏，对袁世凯的仕途转折至关重要。十月初五日，他受到两宫召见，懿旨命其初九日至十一日赏座听戏，这是外臣很少能得到的恩遇。在京活动数日后，十六日，袁世凯陛辞请训。当时，山东民教冲突，日甚一日，巡抚毓贤平日仇视外人，偏袒拳民，致使教案迭出，激起列强频频抗议。十九日，上谕命袁世凯酌拨所部各营，选派得力将官，统带军队先赴德州，迤逦而前，绕往沂州一带，相机屯扎，随时操练。二十一日，袁世凯自京中归，即派全军翼长姜桂题督率步队三营、马兵两队、炮兵一队，共计3500人，于二十八、二十九日分两批开拔前往[③]。殊不知，这正是袁世凯接替山东巡抚的信号。

十一月初四日，光绪帝发布上谕：毓贤著来京陛见，山东巡抚著袁世凯署理，即行来京请训。初七日，袁世凯再次抵京，初八日召见。十六日，两宫召见武卫军将领董福祥、聂士成、袁世凯、马玉昆、张俊[④]。可见，当时山东民教冲突严重，唯恐引起中外冲突，清廷对此十分重视。十七日袁世凯返回津，料理布置好营务，即起程赴济南，于二十三

---

① 《致新建陆军总理营务处徐世昌函》，光绪二十五年九月二十九日，《袁世凯全集》第4卷，第712页。

② 《徐世昌日记》第21册，第10392页。

③ 《遵旨操练行队折》，光绪二十五年十月二十九日，《袁世凯全集》第4卷，第714页。

④ 《光绪二十五年十月十六日京报全录》，《申报》1899年11月27日，第13版，第9563期。

日行抵济南，次日，毓贤委派济南知府将关防送来，袁氏开始任事[①]。袁世凯得以主政山东，是荣禄与刚毅较量中的一次小胜。事实证明，此事对庚子年政局以及后来袁氏政治地位的骤升具有非同一般的意义。

袁世凯署理山东巡抚后，将武卫右军全部由小站开往山东。但是，刚毅、毓贤一派，对袁抚东并不甘心，很快发动言官伺机攻击，说袁世凯“一味主剿，致滋事端”。十一月二十七日，清廷致电袁世凯，告诫他不可徒恃兵力，一意剿击，激成大祸[②]。到任才十几天，便有人一再参劾，袁认定“必有居心倾排者在内”，不过，他向徐世昌表示：“如能将弟援出苦海或放归田里，讵非幸大事，又何足计较，但行其在我而已。”[③]十二月十三日，袁世凯上奏“调和民教”“绥靖地方”的抚东策略，为自己辩解[④]。同日，又附片陈奏堂叔袁保纯是否需要回避[⑤]，尽量避免被政敌抓住把柄。不久，上谕又命将平原教案中镇压拳民的袁世敦驱逐出山东，这也是刚毅、毓贤等排挤袁世凯的暗中动作。可惜，此时已经无法撼动袁在山东的地位了，庚子年(1900)二月十四日，清廷颁布上谕，袁世凯实授山东巡抚。

（原载《广东社会科学》2017 年第 5 期）

---

① 《恭报抵东接署抚篆折》，光绪二十五年十一月二十四日，《袁世凯全集》第 5 卷，第 4 页。

② 《附 军机处寄电旨》，光绪二十五年十一月二十七日，《袁世凯全集》第 5 卷，第 33 页。

③ 《致新建陆军营务处徐世昌函》，光绪二十五年十二月十六日，《袁世凯全集》第 5 卷，第 87 页。

④ 《覆陈办理民教情形折》，光绪二十五年十二月十三日，《袁世凯全集》第 5 卷，第 59—60 页。

⑤ 《堂叔袁保纯等应否回避片》，光绪二十五年十二月十三日，《袁世凯全集》第 5 卷，第 62 页。

丁未政潮后梁鼎芬参劾奕劻、袁世凯史实考订

清季光绪年间梁鼎芬(字星海,号节庵)以参劾李鸿章、庆亲王奕劻、袁世凯等权贵而名扬天下,时人以"梁疯子"称之。有关光绪十年(1884)梁氏参劾李鸿章之事,史实基本清晰,勿需多论;至于光绪三十三年丁未(1907)参劾庆王奕劻和袁世凯一事,内情仍然模糊。吴天任编《梁鼎芬先生年谱》和严昌洪先生撰《张梁交谊与晚清湖北政局》一文,对该问题都有涉猎,分析也有精辟独到之处;或因第一手资料限制,一些细节仍不甚准确[①]。本文拟利用清宫档案和中国社会科学院近代史所藏张之洞档案等原始文献,对该问题再予梳理和补充。事实上,丁未政潮后梁鼎芬曾参劾庆、袁两次,第一次是在七月,在张之洞入枢之前,应系张授意者;第二次系在九月,虽与张无关,却导致已入枢辅政的张之洞处境尴尬,梁、张关系也因此而疏远。可见,参劾庆、袁不只是梁氏忠耿直言的个人行为,更需要从派系斗争和政局变迁的角度来做全面考察。

一、张之洞对梁鼎芬的赏识与提携

梁鼎芬是张之洞幕府中的重要成员。光绪十一年(1885),梁氏因参劾李鸿章落职回乡不久,即入两广总督幕府,后追随张香帅,由

① 参见吴天任:《梁鼎芬先生年谱》,台北艺文印书馆 1979 年版;严昌洪:《张梁交谊与晚清湖北政局》,见陈锋、张笃勤主编:《张之洞与武汉早期现代化》,中国社会科学出版社 2004 年版。

粤而楚，由楚而宁，再由宁返楚，二十多年不弃不离，备受张氏礼遇和赏识。甲午战后，维新议起，经梁介绍，张之洞与康有为结识，并通过支持康开上海强学会、刊行《强学报》，俨然以江南的新党领袖自居；后因时局变化及政见分歧，又撰写《劝学篇》，极力攻康学，借以撇清与康的瓜葛。在此过程中，梁鼎芬不惜鞍前马后，尽心效力。戊戌政变后，梁撰《驳叛犯康有为书》发表于《申报》，揭露康、梁"谋逆"罪行；又撰《康有为事实》经日本驻沪领事小田切万寿之助转交日本政要，推动日本政府驱逐康、梁①。可见，对于张之洞来说，梁鼎芬绝非一般幕僚，而是谊在师友之间的心腹至交；为报答张氏知遇之恩，梁氏更是忠心耿耿，不惜赴汤蹈火。

正因为如此，寻找机会，设法让清廷尽早起用受黜的梁鼎芬一直是张之洞的夙愿。光绪二十五年(1899)三月，因清廷的抗议和交涉，"逆党"头目康有为离开日本赴美，英、日各国也都开始疏远康、梁。清廷上下遏止、打击康党的努力初见成效。同年六月十七日，张之洞专门上疏保举梁鼎芬，称梁因参劾疆臣，措辞偶有过当，被降五级调用，然"该员清操笃行，才识闳通，平素究心经世之学，自被议后即回广东原籍，主讲省城、肇庆、惠州各书院，从学者砥砺奋兴，士习一变……确有实效可观"。他特别强调指出：

> 近数年来康有为邪说盛行，臣知其学术不正，必有世道之忧，每与僚友谈论及书院，章程、函牍、牌示悬为厉禁。该员亦深恶康有为之为人，知其种种邪说诐行，为害甚巨，与臣适有同心，切戒诸生不准沾染康学一字，正论危言，力辟其谬，于是院内诸

① 相关研究参见李吉奎：《因政见不同而影响私交的近代典型——康有为梁鼎芬关系索隐》，《广东社会科学》2006 年第 2 期；孔祥吉、村田雄二郎：《对毕永年〈诡谋直纪〉疑点的考察—— 兼论小田切与张之洞之关系及其进呈〈诡谋直纪〉的动机》，《广东社会科学》2008 年第 2 期。

生，以及院外人士，无一人附入康党者……其教生徒必以根本忠孝、报国救时为宗旨，至于中外大势，经济要端，该员皆能切实考求，而持论通达，不涉拘迂，阅历渐深，不为高论。①

所以，建议将梁交吏部带领引见，破格擢用。这是张之洞在梁氏入幕十多年后首次正式保举这位忠心耿耿的下属，奏疏对梁评价甚高，特别强调梁抵制、揭批康学方面的作为和整饬书院、兴办学堂的成绩。如此措辞，也是揣摩到慈禧对康梁切齿痛恨的心理。奏折发出后，七月初五日，张之洞又发密电给总理衙门大臣袁昶、许景澄，称："鄙人疏荐梁星海，请送都引见，数日内可行，恐有人沮忌。渠系阁下同门，素承奖许，与云门亦系旧交相好，望速商云门设法赞成，至祷。"②袁、许是张之洞主持浙江乡试时取中的门生，樊增祥（号云门）当时正在荣禄武卫军幕府中，故张命袁、许通过樊"设法赞成"，实际上是想走荣禄的门路。所谓"恐有人沮忌"，似指刚毅而言。不幸的是，奏折抵京即被"留中"，慈禧似乎对梁仍有成见。得知消息，七月十三日，张之洞再次发电袁、许，询问"究因何故"③，但并无下文。张氏始终耿耿于怀，不放过任何机会促动此事。光绪二十六年（1900）正月，新任安徽巡抚王之春奉旨到京陛见，张之洞闻讯，急忙致电称："有数语不便作函，请晤荣相斟酌言之。梁星海端介忠纯，才长经济，上海康党横行，诋毁时政，梁力加攻驳，致为康党所深诋。近来火气

---

① 《湖广总督张之洞奏为保举降调翰林院编修梁鼎芬送部引见事》，光绪二十五年六月十七日，录副奏折，中国第一历史档案馆藏，档案号：03—5377—049；缩微号：406—1433。

② 《致总理衙门袁、许电》，己亥七月初五日午发，《张之洞电稿》（光绪二十五年正月至七月），中国社会科学院近代史研究所中国近代史档案馆藏"张之洞档案"（下同），档案号：甲 182—456。

③ 《致总理衙门袁、许电》，己亥七月十三日寅刻发，《张之洞电稿》（光绪二十五年二月至十二月），档案号：甲 182—457。

渐平，论事切实，断不至妄发谬论，望恳其为力……此三事，相机言之，不必言鄙意也。”①在张氏所托三事中，第一件就是请王向荣禄为梁鼎芬说项，可见他对梁复出的重视，不过，从实际情况看，即使王之春完成了使命，当时似乎也未见成效，保荐梁鼎芬的谋划再次落空。

二、庚子后的政局及张、梁的应对

梁鼎芬仕途出现转机已在庚子事件之后。光绪二十六年(1900)夏，义和团开始在山东、直隶蔓延，并逐渐进入京师，清廷在载漪、刚毅等顽固势力操控下，实行“联拳反洋”方针，八国联军兵临京城。张之洞与两江总督刘坤一在盛宣怀策划下，与列强达成协议，实行“东南互保”，南北形势迥异。七月二十日，联军攻入北京，慈禧太后挟光绪帝西逃。“东南互保”对于稳定全局至关重要，慈禧对张之洞的态度由此有所改变，梁鼎芬的机遇也随之而来。

庚子时期梁鼎芬一直为张献计献策。行在抵达西安后，梁鼎芬首倡呈进方物之议，借此表达对清廷的衷心拥护，并提供紧缺物资、解决行在的燃眉之急。粤籍绅商借机向行在运输了大批“方物”，深得慈禧欢心。在张之洞授意下，这年十二月，湖北学政王同愈上奏称，梁鼎芬任两湖书院院长，“训课精勤、卓著成效”，特请赏还原衔。得旨获准②。这意味着梁降五级调用的处分在15年后终于得以开复。

二十七年(1901)三月，张之洞再次保荐梁鼎芬：“品行方严，才力强果，心存忠爱，出于至诚，平日讲求经济之学，尤能通达时势，不为

---

① 《致上海安徽抚台王爵三电》，正月初五日卯刻发，《张之洞电稿》(光绪二十五年正月至七月)，档案号：甲182—456。按，该电是庚子正月所发，编入光绪二十五年份。

② 中国第一历史档案馆编：《光绪宣统两朝上谕档》第26册，第473页。

迂谈，在湖北主讲书院有年，崇尚品行，力求实学，造就人材不少，众论翕然。该员前以言事降调，本无大咎，近经湖北学政王同愈奏荐，蒙恩赏还原衔。当此时局需才，投闲实觉可惜。拟恳恩送部引见，优予录用。”[①]此次疏荐，终于有了结果，两宫允准梁氏参加“引见”。八月初二日，抵达行在的梁鼎芬受到慈禧召见。召对中他极力称颂张之洞，称“张办事忠苦，近岁须发俱白，自上岁五月后焦劳筹兵饷，寝食废，七月复闻驾西行，忧辱彷徨”。慈禧也附和说：“实在亏他，上岁若无刘、张，东南各省就乱了……全靠他二人，我母子在此稍安。”[②]数日后，梁鼎芬奉旨补湖北武昌府知府。这自然是两宫送给张之洞的顺水人情。八月二十日，梁鼎芬陛辞谢恩，再次受到召见，两宫对其有“声名甚好、说话明白、留心时事之褒”。此次慈禧允梁来京参加引见并召见两次，并非真的对梁有多么欣赏，她表面上善待梁氏主要还是为了笼络张之洞。不久，梁氏返回武昌，历任武昌、汉阳知府，三署盐法武昌道，尤其在湖北兴办学务方面，秉承总督旨意，开展得有声有色，成为湖广总督身边最受宠信的地方官员。

不过，与梁鼎芬的时来运转相比，庚子之后的张之洞仍然命运多舛。虽因“东南互保”之功，受到慈禧赞誉，但除了赐封“宫保”的虚衔外，其仕途依旧不顺。光绪二十八年(1902)九月，刘坤一病逝，为了稳定大局，清廷再命张署理两江，然遭到很多江南官员的反对。数月后，张之洞奉旨进京陛见，时人传闻将入枢垣，或长学部，张氏幕僚也期待甚殷。不料，入京后只是奉命参与中外商约交涉、主持制定学堂章程，年底完成后，仍奉旨回湖广总督原任。乘兴而来，败兴而归，张氏及其幕僚心中大有怨气。梁鼎芬曾直言：“宪台(按，指张之洞)为

---

① 张之洞：《保荐人才折并清单》，光绪二十七年三月二十五日，赵德馨主编：《张之洞全集》第4册，武汉出版社2008年版，第1页。

② 《梁太史西安来电》，八月十二日寅刻发，十三日未刻到，《张之洞存各处来电稿》(光绪二十七年正月至十二月)，档案号：甲182—435。

群小所侮,闲坐一年,大局已不可收拾。但添得文数卷诗一卷耳。”[①]他为幕主帮腔,攻击庆王等当权者便是在这种心态下开始的。

二十九年(1903)八月,张之洞还在京城时,梁就致电说:“近见某父子权盛,心事举动皆足亡大清国,再有一年圣明恐亦不能救。宪台忠直有声三十年矣,切望别时或面或疏,痛斥其罪以救大清国之危,否则此父子全揽大权,亡可立待。追亡救火,毅然为之,宪台如不肯为,烈愿具疏痛劾,请宪台代奏,身家性命非所计也。”[②]这封电报中“烈”是梁鼎芬的代号(字星海,又字伯烈),“某父子”即指奕劻、载振父子。因为张之洞曾计划八月回任,梁氏建议张离京陛辞时当面或上折参劾庆王,如果张不愿为,他本人愿意不惜身家性命,“具疏痛劾,请宪台代奏”。这是梁鼎芬首次表达要参劾庆王的决心。年底,心情郁闷的张之洞正在南返途中,梁鼎芬又他发密电说:“深识之士,日读汉卓、晋裕、唐温各传,心骨悲愤,毛发洒淅,未知有同心否?”[③]这里又将庆王等比拟成历史上篡逆的权臣董卓、刘裕、朱温等,借以表达对朝局的不满。

光绪三十一年(1905)三月,梁鼎芬补授湖北安襄郧荆道[④]。九月署理湖北按察使。三十二年(1906)七月,又补授湖北按察使[⑤]。在谢恩折中,梁鼎芬称:“俯念臣去京二十二年之久,恋阙微诚有如一

①③ 《梁太史来电》,十二月初四日酉刻发,初五日辰刻到。《张之洞存各处来电》(光绪二十九年九月至三十年三月),档案号:甲 182—166。

② 《梁太史来电》,八月十一日酉刻发,十二日申刻到,《张之洞存各处来电》(光绪二十九年七月至八月),档案号:甲 182—165。

④ 《署理湖北按察使梁鼎芬奏报到任接印日期事》,光绪三十一年九月二十四日,录副奏折,中国第一历史档案馆藏,档案号:03—5450—077;缩微号:412—0436。

⑤ 《湖北按察使梁鼎芬奏为奉旨补授湖北按察使谢恩并请陛见事》,光绪三十二年八月十四日,录副奏折,档案号:03—5575—016;缩微号:420—2679。

日，准臣来京陛见，亲聆训诲，庶得有所遵循。”[①]疏上获允。十一月，梁鼎芬抵京，又获得两次召见。召对时，梁鼎芬仍不忘为幕主张之洞抱屈。据他自称，曾面劾庆王“卖督抚甚多……贿赂公行，不加惩治，我大清国深仁厚泽必败坏于奕劻一人之手。”慈禧也称其“直言，不欺我，心在朝廷”[②]。“陛辞日赏赐福字，恩施逾格，训诲周详”。慈禧不过是用了些惯用的敷衍、笼络臣僚的手法，梁鼎芬竟然已经欣喜难掩。事实上，对梁氏十一月二十二日递上的折片[③]，慈禧一律“留中”，根本就没有送到军机处进入办理的程序中。这也不奇怪，除张扬孔教的主张，梁氏折片主要是呼吁重新起用或加恩当年因故遭黜的清流旧僚，这岂是慈禧内心所愿之事？十二月十二日，梁鼎芬在郁郁中返回武昌[④]。此行对梁氏而言，并未达到预期的政治目的。

但是，机会总是不期而至。光绪三十三年(1907)春夏发生的丁未政潮，为梁鼎芬参劾庆、袁提供了新契机。自二十九年(1903)三月

---

① 梁鼎芬:《奏为补授湖北按察使谢恩并请陛见事》，光绪三十二年八月十四日，录副奏折，档案号:03—5575—016;缩微号:420—2679。

② 《梁太守来电》，十一月十七日午刻发，十八日亥刻到，《张之洞存来往电稿》(光绪三十二年八月至十二月)，所藏档案号:甲 182—442。

③ 根据军机处随手登记档和录副档，光绪三十二年十一月二十二日梁鼎芬在京师所递折片共6件，它们是《奏请建曲阜学堂事》《奏请尊崇提倡孔子之教国势必强事》《奏请追录黄体芳等员生平事实宣付史馆事》《奏为前国子监祭酒王先谦等三员忠爱不衰精力皆健请特旨饬令来京预备召见听候录用事》《奏为鄂省两湖书院经学教习马贞榆等通经守正请建曲阜学堂研究孔学事》《奏请饬张之洞重修孔学书刊以章孔教数事》。吴天任编《梁谱》光绪三十二年条收录梁鼎芬参劾袁世凯的附片一件，见该书第228页。此片不见于随手登记档，可能没有递上，或另有原因，待考。

④ 《梁鼎芬奏报回任日期事》，光绪三十二年十二月二十日，录副奏折，档案号:03—5575—137;缩微号:420—2959。

荣禄病逝后，直隶总督袁世凯，倾心笼络接替荣禄执掌枢垣的庆王奕劻，隐操政柄，扩展北洋势力；军机大臣瞿鸿禨则与两广总督岑春煊互通声气，联络清议，与庆、袁相对垒。丁未年初，邮传部尚书张百熙病故，遗缺为各派所垂涎。不久，东三省官制出台，袁系之徐世昌、唐绍仪、朱家宝、段芝贵分任督抚，上谕一出，舆论大哗。在瞿鸿禨暗中援引下，新任四川总督岑春煊于三月十五日由汉口乘火车突然进京，面见慈禧，参劾侍郎朱家宝，并责斥奕劻贪墨，经慈禧允准，留京任邮传部尚书。与此同时，三月二十五日，御史赵启霖上疏严参段芝贵买妓赠载振、并贿赂奕劻得黑龙江巡抚差之事，旨命查覆。后来虽以参奏不实罢赵职，载振也被迫吁请开缺。经过几番博弈，庆、袁等乃设计，以镇压广东匪乱为由，劝慈禧命岑春煊重回两广总督任，五月岑氏离京后，庆、袁又授意恽毓鼎参瞿鸿禨暗通报馆，将其罢职；七月初三日，岑春煊又开缺，庆、袁一派大获全胜①。

对于京城发生的政争，身在武昌的张之洞全面关注，虽然他对庆、袁把持朝政的局面早已不满，对岑的举动不无赞同，但事关全局，他宁愿身处局外，静观其变。五月十一日，张之洞奉旨以湖广总督协办大学士，这是瞿鸿禨开缺后遗留之缺；六月，升体仁阁大学士。七月初二日，奉旨迅速来京陛见，有面询事件。这一系列的恩遇表明，动荡不定的时局，迫使慈禧开始考虑借重这位以往并不想重用的老臣来平衡政争。但是，鉴于以前入枢的传闻屡屡落空，张之洞对此次慈禧的用意仍不能确定。因此，他采取拖延之术，迟迟不北上。许同莘《张文襄公年谱》称："丁未六月，传闻项城入军机，端忠敏（端方）督直隶，公调两江，已内定矣。公电致鹿文端（传霖）云：鄂省十八年心力，抛于一旦，衰病侵寻岂能再创新居？惟有乞退而已。因即日具疏

---

① 关于丁未政潮的原委，可参见郭卫东：《论丁未政潮》，《近代史研究》1989 年第 5 期。

请假二十日。其隐辞两江而不辞枢府者。”[1]由于张之洞通过鹿传霖表达了自己的意向,两江总督的职位已经不能满足香帅的胃口。七月二十七日上谕宣布张之洞补授军机大臣,不过同时入枢的还有袁世凯(兼外务部尚书),这是慈禧审时度势,顺势而为,并以张制袁的谋略体现。八月初二日,张之洞交卸篆务,次日渡江北上,初五日抵京,初七日召对,即日入直。十五日又奉旨管理学部事务。显然,张之洞不动声色,应对变局,是丁未政潮后的最大的受益者。梁鼎芬第一次参劾庆、袁正是在此过程中发生的,且与张的政治谋略相关。

三、梁鼎芬第一次参劾庆、袁

从目前档案反映的情况看,丁未年梁氏上疏参劾庆、袁共有两次:一次是七月初七日发出,七月二十日到京的奏折,此时张之洞尚未入枢;第二次是九月初五日发出,九月二十日到京的奏折,此时,张已参枢务月余。可能因为上述折片全被留中,局外人不知就里,大多将两次参劾混为一谈。其实,两次参劾因政局的演变,效果截然不同。

梁鼎芬七月初七日所上奏折和附片皆已从档案中找到。其奏折称:

> 奏为敬陈预备立宪第一要义,恭折仰祈圣鉴事:臣窃见近日议论纷纭,人心不定,敬念我皇太后、皇上忧劳国事,宵旰弗遑,诏旨屡颁,至为迫切,臣每读一次,此心多一次徬徨,补救无方,实深愧悚。外间闻有新内阁之设,未知其详。愚见今天下臣民所仰望者在预备立宪,而预备立宪一事则责在庆亲王奕劻。该亲王历事三朝,办事最久,高年硕望,夙夜在公,虽屡次陈请开去

① 许同莘编著:《张文襄公年谱》,台湾商务印书馆1969年版,第206页。

要差，而朝廷任用亲贤，慰留至再，自必守鞠躬之义，无退位之思。臣闻该亲王府中用度甚繁，所有每年廉俸及新加军机大臣、外务部养廉银两不敷尚多，于是袁世凯、周馥、杨士骧、陈夔龙等本系平日交好，见该亲王平日用度不足，时有应酬。臣愚以为今日要政既责在奕劻一身，内外臣工奉为标准，似不可以日用微末之事致分贤王谋画大事之心，仰恳皇太后、皇上每月加奕劻养廉银三万两，由度支部发给，看似为数甚巨，实则所全甚多。奕劻得此养廉巨款，自可专心筹办大事，不顾其他；京外各官从前或有应酬，均于此次认真停止，派员监察。朝廷待奕劻甚厚，奕劻自待必甚严，无论立宪之迟速、新内阁之成否，皆以奕劻有极优养廉为第一要义，此若不定，恐有他事为外人所笑。盖地球各国政府大臣，既无薄薪，亦无受人馈赠者。高明之地，万目所瞻，大法小廉，古训俱在，风气所关，人才所出，非细事也。是否有当；伏乞圣鉴训示施行。谨奏。①

正当朝政纷然，慈禧左右为难之际，梁鼎芬竟然儿戏般地建议月加庆王养廉银三万金以免收受袁世凯等人贿赂，并视此为"预备立宪第一要义"，言辞傲慢，并带有挑衅的意味。他对袁世凯的参劾也是如此。在附片中称：

再，直隶总督袁世凯，少不读书，专好骑马试剑，雄才大略，瞻瞩不凡，以浙江温处道，钻营得骤升侍郎、巡抚，抚山东日，能办事，安奠境内，有声于时。我皇太后、皇上回銮，迎驾有功，擢至今职。其人权谋迈众，城府阻深，能谄人，又能用人，卒皆为其

① 《湖北按察使梁鼎芬奏为敬陈预备立宪第一要义事》，光绪三十三年七月初七日，朱批奏折，档案号：04—01—01—1082—042；缩微号：04—01—01—165—0665。

所卖。初投拜荣禄门下，荣禄殁后，庆亲王奕劻在政府，三谒不得见，甚恐，得杨士骧引荐，或云以重金数万，又投拜奕劻门下，不知果有此事否？然自见奕劻后，交形日密，言无不从，袁世凯之权力，遂为我朝二百余年满汉疆臣所未有。奕劻本老实无能之人，当用度浩繁之日，袁世凯遂利用之，老实无能则侮之以智术，日用浩繁则济之以金钱，于是前任山东学政荣庆，北洋练兵委员徐世昌，袁世凯皆以私交荐为军机大臣矣。枢府要密，出自特简，而袁世凯言之，奕劻行之，贪昏谬劣、衣冠败类之周馥，袁世凯之儿女姻亲也，奢侈无度、声名至劣之唐绍仪，市井小人、胆大无耻之杨士琦，卑下昏聩之吴重熹，亦皆袁世凯之私交也。使之为总督，为巡抚，为侍郎，袁世凯言之，奕劻行之。尤可骇者，徐世昌无资望，无功绩，忽为东三省总督，其权大于各省总督数倍。朱家宝一直隶知县耳，不数年署吉林巡抚，皆袁世凯为之也。袁世凯自握北洋大臣、直隶总督重权，又使其党在奉天、吉林皆有兵权、财权。赵尔巽在东时，与日人所争之事，徐世昌到后，慨然与之，以实行其媚外营私之计，置大局于不问。皇太后、皇上试思，自直隶而奉天而吉林，皆袁世凯兵力所可到之地，能不寒心乎？幸段芝贵未到黑龙江耳。袁世凯挥金如土，交结朝官过客与出洋学生，有直隶赈款数百万两，铁路余款数百万两，供其挥霍，故人人称之。臣尝读史记汉晋之事，往往流涕，如汉末曹操一世之雄，当为汉臣时，有大功于天下，不知篡汉者操也。晋末刘裕，才与操埒，当其北伐时，亦有大功于天下，不知篡晋者裕也。前者微臣来京赐对之时，亲闻皇太后皇上屡称《资治通鉴》，其书最好，时时阅看，今此两朝事，其治乱兴亡之故，粲然具在，开卷可得也。袁世凯之雄，不及操、裕，而就今日疆臣而论，其办事之才，恐无有出其上者，如此之人，乃令狼抗朝列，虎步京师，臣实忧之。且闻其党羽颇众，时有探访，故无有敢声言其罪者，今新内阁将成，时日无多，安危在目，臣不敢自爱其官职，不自爱其性命，无所畏惧，谨披沥密陈，伏乞圣鉴，谨奏。[1]

附片中进一步揭露袁世凯密结庆王、植党营私的种种行迹，将其比为曹操、刘裕等谋朝篡位的奸雄，又称袁“狼抗朝列，虎步京师，臣实忧之”。鉴于当时传闻袁将进入军机处，梁上此片或有借此阻遏的意思。

从种种迹象判断，梁鼎芬参奏庆袁，张之洞应该是知情的。当时瞿、岑等人已经败北，梁鼎芬上这样的奏折，明显是试探慈禧的态度，名义上是梁上疏，反映的却是张的意向。同时递上的还有《奏为遵旨筹议变通化除满汉畛域事》[2]：此前清廷将臣工有关化除满汉畛域的21件折件，发交各省督抚、藩臬认真研究并提出一己之见，梁鼎芬以朝廷已经成立变通旗制处，责有专司，对此事轻描淡写，并无具体建议。看来，参劾庆王、袁世凯才是他不惜笔墨要上达天听的主题。不过，七月二十日这些折片到京后，全部“未发下”，慈禧暂时采取了忍让和置之不理的态度。她当然知道张之洞在这件事情背后的作用。

---

① 《奏为密陈直隶总督袁世凯狼抗朝列、虎步京师事》，原片无上奏人姓名，也无上奏时间，档案号：04—01—13—0429—058；缩微号：04—01—13—035—1379。根据内容看，即梁鼎芬光绪三十三年七月初七日所上附片。另，吴天任编《梁鼎芬先生年谱》收入了该片（第227—228页），或根据梁氏所存稿本，个别字有差异。

② 该折云：“恭奉本月初四日上谕：设立变通旗制处一事，前降谕旨未尽宣示明白，现在朝廷一视同仁，勤求治理，慈特谕知该处王大臣等，其宗旨在于变通应改之制度，尽量妥筹教养之方及一切生计，总期自强自立之意，等因。钦此。仰见圣谟深远，务以根本为先。臣处历交内外条陈，似乎谕旨变通应改制度、妥筹教养之方不无关系。现经奉旨设立变通旗制处，责有专司，应将前件汇交该处筹办，以资采择而归画一。谨附片陈明，伏乞圣鉴。谨奏。”见《湖北按察使梁鼎芬奏为遵旨筹议变通化除满汉畛域事》（附片），光绪三十三年七月初七日，朱批奏折，档案号：04—01—01—1082—037。

既然其中有张的政治诉求，自然会影响慈禧进一步的决策。

同月二十七日，张之洞补授军机大臣。这是君臣间不断博弈的结果。张之洞的拖延之术终于收获了成效。次日，他便上疏保奖属员，梁即列其中："湖北按察使梁鼎芬，前主讲两湖书院，嗣蒙简放武昌府知府，历升今职。当时未设提学司，所有湖北学务均委该员办理。该臬司学术纯正，待士肫诚，于教育事务大纲细目擘画精详，任事多年，勤劳最著……请赏给二品衔。"[①]八月初八日，此折到京，奉朱批"梁鼎芬著赏给二品衔"。此时，张之洞已入直枢垣，慈禧再一次做了顺水人情。本来，一场好戏即将收场，没想到梁鼎芬画蛇添足，又掀起一场风波。这就是九月他擅自行动，对庆、袁的第二次参劾。

四、梁氏第二次参劾袁党

原来，张之洞离开武昌赴京前，清廷已经任命赵尔巽接任湖广总督，在赵抵达前，由布政使李岷琛护理总督，臬司梁鼎芬兼署布政使。九月初，赵尔巽莅任，李、梁各自回原任，照例署理布政使结束，梁鼎芬要上奏禀报；同时，张之洞请赏加梁二品衔获准，梁氏也须上折谢恩。为此，梁鼎芬将禀报交卸署藩和谢恩二事合于一折奏上。折云：

窃臣于光绪三十三年九月初三日接奉湖广督臣赵尔巽饬知交卸兼署藩司篆务，遵于是日交卸。初四日又奉督臣赵尔巽行知吏部咨开光绪三十三年八月十一日由内阁抄出张之洞片奏湖北按察使梁鼎芬办理湖北学务，心术纯正，待士肫诚，任事多年，勤劳最著，恳请奖励。八月初八日奉朱批：梁鼎芬著赏加二品衔，钦此。臣当即恭设香案，望阙叩头，换顶戴谢恩。

伏念臣少失父母，家世清贫，依于龙氏姑姊妹家读书，稍长

① 张之洞：《请奖梁鼎芬片》，光绪三十三年七月二十八日，见赵德馨主编：《张之洞全集》第4册，第333页。

从游五品卿衔陈澧之门，与同学生陈树镛互相砥砺，日以报国显亲为志，资性狭隘，有愧古人。年二十二滥列翰林，又四年以时事日棘，疏劾大学士李鸿章，仰蒙皇太后、皇上天恩，不加罚责；又一年始薄谴回里。自是课士阅二十年，学疏行劣，不足为诸生模范。但滋内疚，安有成劳？今年六月奏陈化除满汉畛域一折，蒙恩饬下会议；七月疏劾庆亲王、袁世凯折，复蒙皇太后、皇上圣明鉴察，特予优容，双印加衔，隆施叠下。扶持名教，日思整宁之兴微贱行名尚辱御屏之记。酬恩何日，感涕终生。所有微臣交卸兼署藩篆日期并叩谢天恩，谨恭折具奏，伏乞皇太后、皇上圣鉴。谨奏。①

禀报交卸职务和谢恩折本是例行公事，一般叙事简明，并不夹杂他事。而梁鼎芬此折不仅重提参劾李鸿章受黜之事，又将七月参劾庆、袁事与"双印加衔"的恩赏相联系。尤为怪异的是，梁鼎芬又另附一片：

再，臣闻美国新舰队五年内成，日本新舰队三年内成，此皆谋我者也。又闻英日俄法协约定议，将以中国为三等国，归其保护，心中惊疑，因晤日本将官铸方德藏，以婉言词问之，总不吐实，复坚问之，乃云保全中国领土耳。中国此时若认真办事，尚来得及。臣知其保全即保护耳，真可痛可耻也。臣前又闻朝廷拟改东三省官制时，日本颇动心，将开彼之御前议会，以问奉天领事荻原守一。未几，徐世昌授东三省总督矣，守一报其国政府

① 《湖北按察使梁鼎芬奏报交卸兼署藩篆日期并奉旨赏加二品衔谢恩事》，光绪三十三年九月初五日，录副奏折，档案号：03—5490—52；缩微号：415—0344。而军机处随手登记档九月二十日记该片事由是《奏内外大臣政以贿成由》。

云，此辈以贿进，不足畏，荻原一人当之足矣。徐世昌本袁世凯私人，又夤缘奕劻、载振父子，得此大官大权，我皇太后皇上或未尽知之，而日本之君臣知之矣，真可痛可耻也。总之，今日时局危迫已极，挽回之法，莫急于严禁贿赂，杜绝请托，自来国家兴亡，靡不由此。乃杨士骧、陈夔龙等，以贪邪小人，各任兼圻，人人骇笑。而梁如浩放上海道，蔡绍基放津海关道，刘燕翼放镇江道，政以贿成，私人充斥，天良澌灭，纲纪荡然，恐自是以后，人人皆知有奕劻、袁世凯，不知有我皇太后、皇上矣。臣上年到京于奕劻处未投一刺，袁世凯也不□识，且皆无怨嫌，实见外人势力欺我大清国至此以极，奕劻、袁世凯贪私负我大清国至此已极。臣但有一日之官，即尽一日之心，言尽有泪，泪尽有血，奕劻、袁世凯若怙恶不悛，有贪私等事，臣随时奏劾以报天恩。福祸不动其初心，强权或屈于清议。臣性至愚，不敢不勉。谨附片再陈，伏乞圣鉴，谨奏。[①]

这件附片再次抨击徐世昌夤援奕劻、载振父子，庆、袁贪私结党，政以贿成，辞连陈夔龙、杨士骧等一批袁党分子。另一方面，又自表忠心，“但有一日之官，即尽一日之心，言尽有泪，泪尽有血”，表达忠直敢言的气概。

梁鼎芬锲而不舍、接二连三抨击庆王奕劻、袁世凯，且牵连徐世昌、陈夔龙等显宦，言辞刻薄，且讥且讽，终于引起慈禧的强烈不满。九月二十日朱批：“谢恩折件，夹片奏事，已属不合，且当此时局日棘，

---

① 《湖北按察使梁鼎芬奏为东三省总督徐世昌等要员任用私人政以贿成严禁贿赂杜绝请托事》，光绪三十三年九月二十日，录副奏片，档案号03—5490—053，缩微号415—0347。此处“九月二十日”是奉朱批的时间，原折撰写应是九月初五日。此片又见吴天任编：《梁鼎芬先生年谱》，第238—239页。但内容似不全。

乃不察时势之危迫，不谅任事之艰苦，辄有意沽名，摭拾空言，肆意弹劾，尤属非是，著传旨申饬。钦此。”[①]“有意沽名，摭拾空言，肆意弹劾”，在慈禧眼中，这是昔日清流的老毛病，她对梁终于失去了耐心。

梁鼎芬在谢恩折中加附片再次劾庆、袁，属于自主行为，在京的张之洞并不知道。直到军机处收到折件，张才感到自己所处的尴尬境地。九月廿四日辰刻，张之洞发密电给其侄婿、湖北提学使黄绍箕，令其转交梁鼎芬。电报说：

> 日前折上，慈圣甚怒，谓为搅局，经鄙人极力解说，乃已。慈意谓政府纷扰，外人益将生心，深恐朝局扰乱，致于大局有碍，言之至于泣下。次日又面谕云：两月以来，心中稍宽，饭量颇进，因此事心中昏乱，一夜气闷不眠，半日未进膳。似此毫无益处，徒伤圣怀，为臣子者于心何安？以后万万不可如此。切嘱。且若辈疑为鄙人主使，营救甚难措词。鄙人入枢以来，相机斡旋，似觉补救不少，此后形迹益深，鄙人殊难措手矣。为之顿足叹惜。且奏内先叙本案鄙人保奖，继云六月上疏劾贵人，继又云双印崇衔联翻而至，同列解之曰因其前疏参入故以署藩司及二品衔奖之也。且讥且笑，似此措词真可怪而难解。明年鄙人必将乞退，节庵必欲促之，何也？[②]

这封由黄绍箕转给梁鼎芬的电报，充满了责难，希望梁反省。“前日折”指二十日所见梁氏谢恩折及参劾奕劻等人的附片。张之洞称慈

---

① 《湖北按察使梁鼎芬奏为东三省总督徐世昌等要员任用私人政以贿成严禁贿赂杜绝请托事》，光绪三十三年九月二十日，录副奏片。

② 《致武昌黄学台》，丁未九月廿四日辰刻发，《张之洞存往来电稿原件》（光绪三十一年），所藏档案号：甲 182—389。按，原来编排时间有误，应是光绪三十三年，下同。

禧为此甚怒，视为“搅局”，以为两月以来，心中稍宽，见梁折“心中昏乱，一夜气闷不眠，半日未进膳”。可见，慈禧对于梁鼎芬参庆、袁之愤怒，也可知对梁七月参劾已是隐忍有时。对于梁之鲁莽行为导致自己被怀疑是幕后主使，张同样愠怒不已。奕劻等甚至讥讽梁鼎芬获得二品衔系因七月参劾之故，“且讥且笑”，也令荐主感到难堪。张之洞称梁鼎芬此举是逼他出枢“乞退”，口气显得十分严厉。

张之洞的责难显然给梁带来了压力。也许他高估了张之洞进入中枢后的影响力，追随二十多年的幕主非但不能为自己说话，反而站在庆、袁立场上怪罪自己，这是梁所无法接受的。悲伤之余，不免心灰意冷，于是作出辞官的决定。某日，梁在朋僚聚宴时忽然“昏厥”，次日即告假，请代奏开缺。张之洞闻讯，于十月十三日发电问候：“闻阁下日前忽患昏晕之症，极为驰念，近想已全愈，盼详切电复。”[①]十一月廿四日，梁鼎芬致电张之洞说：“芬久病难愈，前月请开缺，补宪未准，屡说屡驳，屡来谈。后芬说若请准，我做鬼亦感激，补宪无法，昨始奏明必上。芬转动皆晕，万万不能做官，敬求宪台当鼎芬系已死之人，但得开缺，他生犬马以报。”[②]文中的“补宪”即新任总督赵尔巽。“求宪台当鼎芬系已死之人，但得开缺，他生犬马以报”，语气如此决绝，看似表达自己开缺的决心，暗示着对张之洞未能挺身相救的不满。

据刘禺生回忆，光绪三十四年戊申（1908）春季在武昌见到梁鼎

---

① 《致武昌梁臬台》，丁未十月十三日午刻发，《张之洞存往来电稿原件》（光绪三十一年），所藏档案号：甲182—389。

② 《梁鼎芬来电》，十一月廿四日未刻发，戌刻到，《张之洞存各处来电稿》（光绪卅三年七月至十二月），档案号：甲182—446。据清宫档案，梁鼎芬于十一月十三日呈请湖广总督赵尔巽代奏开缺，十二月二十六日上谕允准。次年正月二十四日，梁将鄂臬篆务交给署理臬司曾广镕。见《湖北按察使梁鼎芬奏报交卸湖北臬篆日期并谢恩事》，光绪三十四年正月二十四日，朱批奏折，档案号：04—01—30—0068—054；缩微号：04—01—30—006—1153。

芬时，“梁谓南皮不应赠袁世凯寿联以王商（联文为‘朝有王商威九夷’），嘱代达南皮”。张闻知后，以为“寿联乃普通应酬，既与袁同在枢垣，日日相见，讵能不敷衍之？……用典王商，不过切其外务部尚书耳”。相反，对梁鼎芬曾经谄媚端方的言行大加嘲讽[①]。可见，梁第二次参劾庆、袁的鲁莽行为彻底影响了二人的交谊。据称，“两宫升遐，（梁）奔赴哭临，越日即行，时之洞在枢垣，不一往谒也”[②]。宣统元年（1909）秋，张之洞病逝，梁鼎芬闻讯奔丧，并亲送葬南皮，时论颇赞其风义。据许宝蘅日记，梁氏还为编辑张文襄集献言献策[③]。这也算梁鼎芬为昔日幕主所能做的最后一件事情。

从梁鼎芬疏劾庆袁事件，可以看出梁、张交谊与政局的密切关系，以及二人秉性的差异。原本张、梁均属光绪初年清流一路人物，讲忠直，尚气节，与贪腐成性的浊流当权者势不两立，他们的思想本来多有一致的地方。但是，后来张之洞出任封疆二十载，屡经风波，早已成为知权达变的一代巧宦；而梁鼎芬依旧书生本色，迂钝耿直，嫉恶如仇，在复杂的政治斗争中难免成为牺牲品。当然，梁氏第二次疏劾，率意任性，大大出乎常理之外，身处中枢的张之洞确实爱莫能助了。

（原载《历史教学》2014 年第 10 期）

---

① 参见刘禺生：《世载堂杂记》，中华书局 1960 年版，第 67 页。

② 《梁鼎芬传》，《清史稿》第 42 册，第 12822 页。

③ 许恪儒整理：《许宝蘅日记》第 1 册，中华书局 2010 年版，第 268 页。

黄元蔚家书所见康、梁活动史迹

中国社会科学院近代史研究所中国近代史档案馆藏有近人黄元蔚的一批家书。黄元蔚（1886—1929），广东南海人，早年留学日本，北洋时期曾任北京政府财政部次长，其妻康同荷（字文漪）系戊戌维新志士康广仁的独生女儿。黄氏与康有为、康门弟子及其他清末民初的粤籍名流都有一定关系，家书中蕴含着丰富的历史信息，值得梳理和研究。本文将对其中涉及康、梁活动及民初政局的相关史料与史实，略作勾稽，供学界同仁参考。

一、黄元蔚及其家书

与近代史上的著名人物相比，黄元蔚算不上什么大人物，并不为人们所熟知。事实上，有关其生平、履历的资料也十分稀少。1920年出版的《最近官绅履历汇编》这样写道：

> 黄元蔚，年三十五岁，广东南海人，附生。日本同文书院毕业，日本国民英学会补习英文，早稻田大学大学部毕业，得政士学位。历充吉林公署三等秘书官，兼行政会议厅参事员，并筹备选举事务所参议，升充二等秘书并公署副提调；改任吉林公署秘书；任财政部荐任佥事、公债司办事兼驻外财政助理员，改派泉币司办事。①

① 敷文社编：《最近官绅履历汇编》第1集，敷文社1920年版，第172页。

这个小传大体概括了黄元蔚在清末民初的学历和仕途情况。据此推算，他出生于1886年，自幼接受旧学教育，庚子后留学日本。辛亥前回国，在吉林巡抚陈昭常幕中任事。民国初年，任职北洋政府财政部，后任财政次长和国务院参议。然而，后世对其家世和交游情况知之甚少，这里略作爬梳和考订。

黄元蔚，字君豪，也作君浩，号漱庵。他出身书香门第。兄长黄元直，字梅伯，也作枚伯，又名心龄，是粤东大儒陈澧的弟子，于1889年（光绪十五年）中式广东乡试，后多次赴京参加会试，皆未获售。黄元直与康有为、梁启超关系密切，在《马关条约》签订后的公车上书活动中，曾三次列名：1895年4月30日（光绪二十一年四月初六日）由都察院代递的广东举人陈景华领衔的条陈，署名第二的"黄心龄"即是其人；同年5月1日（四月初七日）由梁启超领衔的条陈，以及未能成功递上的康有为策划十八省举人的联合上书中也都有"黄心龄"的签名[①]，可见当时他与康、梁政见相近，交谊非浅。如此说来，后来黄元蔚、康同荷结缡，与两家世谊当有一定关系。

辛亥革命前黄元蔚回国投奔吉林巡抚陈昭常，也是有缘由的，陈、黄两家也是世交。陈昭常（1868—1914），字简墀，也作简持，广东新会人，1894年（光绪二十年）甲午科进士。屡经迁转，于1908年（光绪三十四年）7月署理吉林巡抚，1909年7月实授。昭常之侄陈洵（1870—1942），字述叔，号海绡，少随父在佛山经商，曾受业于学政吴道镕门下，补南海县生员。后由叔父陈昭常介绍给在江西瑞昌任知县的黄元直，充其家塾师，为其子黄子献、黄子静授读。陈洵与梅伯亦师亦友，切磋学问，后来成为闻名遐迩的岭南词人[②]。1910年

① 有关当时条陈签名人员的情况，可参见茅海建：《"公车上书"考证补》，《戊戌变法史事考二集》，生活·读书·新知三联书店2011年版，第88—99页。

② 参见陈洵著，刘斯翰笺注：《海绡词笺注》附录三《年谱简编》，上海古籍出版社2002年版，第506页。

(宣统二年),黄梅伯病逝南昌,陈昭常闻讯曾赋诗悼念[1]。大约此时,从日本留学归来的黄元蔚也抵达吉林谋职。1912 年民国建立,陈昭常任吉林都督兼署民政长,仍视元蔚为心腹。凡此种种,足以说明传统社会中乡谊世交在政治生活的重要意义。

1914 年 10 月,改任广东民政长的陈昭常尚未抵任,即病逝于上海,黄元蔚顿失靠山,只得另辟蹊径,投靠粤籍同乡梁士诒。梁士诒(1869—1933),字翼夫,号燕孙,广东省三水县人,早年就与黄元直、梁启超等切磋学问,堪称知己[2]。1894 年与陈昭常同年中进士;庚子后通过唐绍仪的引荐,受到直隶总督袁世凯的信任。民国成立后,出任总统府秘书长、署理财政部次长、交通银行经理、税务处督办等要职,成为"交通系"首脑。黄元蔚也得以进入北洋政府财政部就职,逐渐成为"交通系"成员。1916 年梁氏因在财政上支持袁氏称帝,被指为"帝制祸首",遭到通缉[3],被迫离京南下。1917 年,日本寺内正毅内阁认识到梁士诒在中国财政界的重要地位,积极邀请梁出访日本。这年 11 月初,黄元蔚与陈垣(字援庵,新会人)等人陪同梁氏抵日,与日本金融家、财阀、企业家广泛接触,谋求合作。第二年 1 月结束访问回国。不久,梁士诒参与"帝制"的罪责也被免于追究,并复出政坛[4]。此间,黄元蔚一直受到梁的器重和信任。1925 年 12 月 27 日,因陈锦涛(字澜生,番禺人)举荐,又被任命为北京政府财政部次长,次年 1 月 12 日因警卫司令部军官到部索薪,元蔚遭受侮辱,遂愤而辞职,同月 18 日获准,改任国务院参议[5]。1928 年黄元蔚因病辞官,

---

① 简盦(陈昭常):《南昌电来闻故人黄梅伯死耗书此志哀》,《国风报》第 1 年,第 33 期(宣统二年十二月初一日)"文苑"。

② 李吉奎整理:《三水梁燕孙年谱》,广东人民出版社 2015 年版,第 12 页。

③ 参见李吉奎:《梁士诒》,广东人民出版社 2005 年版,第 132—267 页。

④ 参见李吉奎:《梁士诒》,第 268—328 页。

⑤ 刘寿林等编:《民国职官年表》,第 31、1413 页,中华书局 1995 年版;《财次黄元蔚辞职》,《申报》1926 年 1 月 19 日,第 6 版,第 18999 期。

第二年 3 月，病逝于上海[①]。

中国近代史档案馆所藏黄元蔚书信三册，大部分是他写给妻子康同荷的家书，起止时间大约是 1913 年至 1917 年之间，内容涉及民初政局内情，不少有关康、梁活动的记载。另有一册《黄元蔚存日人函札》是他 1917 年陪同梁士诒访问日本时，作为翻译和随员保留下来的一些原始文献，反映了梁士诒与日本各界交往的一些情况[②]。尤为珍贵的是，黄元蔚家书中还保留下来康有为写于 1906 年的三封亲笔信函。这些原始资料对于考察清末民初康、梁的思想活动乃至政局内幕，都有无可替代的价值。

二、康有为责令侄女赴美留学

黄元蔚家书中保存的康有为书信，有两封是写给侄女康同荷的，另一封则写给康广仁（字幼博）之妻黄谨娱的，信中极力劝说同荷赴美游学，其中约略可见康氏对侄女的关爱及其执拗的个性。

康广仁是近代史上献身变法事业的英烈人物。戊戌政变后，梁启超在《清议报》撰文，宣传弘扬其政治思想和献身变法的精神[③]。1913 年 12 月 11 日，康广仁灵柩重新安葬之时，康有为也做《祭亡弟

---

① 关于黄元蔚去世的时间，据其外孙女庄毅女士告知，应是 1929 年 3 月。1931 年樊荫南所编《当代中国名人录》称："黄元蔚，年四十六岁……"（上海良友图书印刷公司 1931 年版，第 399 页）编者似乎不知黄氏已经去世，故有 46 岁之说，误。

② 参见马忠文：《近代史所藏黄元蔚档案中关于中日关系的史料》，见《中日韩三国东亚史料编纂机构联席会议第五届国际会议论文集》，东京大学，2016 年 11 月。

③ 梁启超：《康广仁传》，中国史学会主编：《戊戌变法》资料丛刊第 4 册，第 68—73 页。

康幼博文》，纪念英灵[①]。可是，对康广仁的家庭情况，康、梁却极少提及。广仁本名有溥，生于同治六年(1867)六月十三日[②]，其妻黄谨娱，南海人，二人何时成婚，时间不详。他们的独生女儿同荷则出生于1891年9月16日(光绪十七年八月十四日)[③]，政变发生时她只有7岁，与母黄谨娱随同祖母劳氏一起流亡香港、澳门[④]。

康同荷在康氏姐妹中大排行行五，父亲死难后即由伯父抚养，其人生抉择也受到伯父政治活动的影响。康有为先是流亡日本，1899年春因为清政府抗议，在日本人士劝说下离日前往美洲。抵达加拿大后，即与当地华侨创立保皇会，开展政治活动。为了培养人才，保皇会提供财力支持，选派一些康门子弟来欧美留学[⑤]。有资料显示，1903年初，康有为曾有计划命康同璧和康同荷来美留学。这年4月29日(四月初三日)，他在印度致函加拿大保皇会负责人李福基称："小女同璧、侄女同荷想已抵美，望招呼。闻同会诸君备极殷勤，不胜感激。"[⑥]可是，实际上因经费等原因，康氏姊妹抵日后，只有康同璧

---

① 上海市文物保管委员会编:《康有为遗稿 戊戌变法前后》，上海人民出版社1986年版，第639页。

② 楼宇烈整理:《康南海自编年谱(外二种)》，中华书局1992年版，第4页。

③ 周一川:《近代中国女性日本留学史(1872—1945)》，社会科学文献出版社2007年版，第202页。

④ 楼宇烈整理:《康南海自编年谱(外二种)》，第65页。

⑤ 已有学者对洛杉矶侨界领袖谭良(字张孝)资助学生留美的情况进行过详尽研究，兹不赘述。详见谭精意:《关于保皇会派学生出国留学的运动》，见王晓秋主编:《戊戌维新与近代中国的改革——戊戌维新一百周年国际学术讨论会论文集》，社会科学文献出版社2000年版，第473—485页。

⑥ 《康有为致李福基书》(1903年4月29日)，方志钦主编:《康梁与保皇会——谭良在美国所藏资料汇编》，香港银河出版社2008年版，第54页。

一人转赴美洲，同荷则滞留日本，后返回澳门，在华英女子学校读书[①]。种种迹象显示，赴美中止之事可能引起黄谨娱、康同荷母女的一些误会。

1905年4月，康同荷再次抵日，开始留学生活。此次抵日，很可能是与黄元蔚一起来的。这年6月1日（光绪三十一年四月二十九日）麦孟华在上海致信康有为说："荷世妹前月过此赴日本留学。顷得舍弟鼎华来书云，荷世妹已入东京涉谷实践女学校。"[②]6月7日（五月初六日），抵日后的康同荷也写信给康同璧称："今年荷再到日本留学，现入实践女校，在校内寄宿，同学十五人，支那学生颇不寂寞。"[③]似乎对自己的留学生活颇为满意。但是，身为家长的康有为并不赞同侄女在日求学，而是希望她来美，并借住门生谭良（字张孝）家读书。据称，这年5月30日（四月二十七日）谭良曾汇款300美金给同荷作为旅费[④]。然而，同荷并未遵命。对此，黄谨娱在次年

---

① 《康同荷致康同璧函》，1905年2月15日（光绪三十一年元月十二日），见张启礽编：《康同璧南温莎旧藏》（未刊），编号：B—69。该函云："二姐左右：开春伏想二姐身体平安。前来伯母函，知姐病，荷心甚不宁，不知涕泪几千回。自别二姐后，匆匆又二年余矣。但荷心未尝一日忘姐也。去岁交伯母付上两函，未悉收到否。荷心甚欲见，何时可以相见？今付来母亲信及年帖经悉。荷今年在澳华英女子学校读书，请勿念。母亲嘱笔问候。天时严寒，千祈保重珍摄为要。家中自祖母以下各人皆无恙，此问姐好。妹同荷于元月十二晚书。"感谢旅居加拿大学者张启礽先生提供该资料。

② 《麦孟华致康有为书》（1905年6月1日），方志钦主编：《康梁与保皇会——谭良在美国所藏资料汇编》，第319页。原文无年份，此系笔者考订。

③ 《朵云轩2014秋季艺术品拍卖会·康同璧旧藏康有为与保皇会文献专场》，编号：620。

④ 《信征录》，方志钦主编：《康梁与保皇会——谭良在美国所藏资料汇编》，第246页。需要说明的是，数年后康有为与谭良因为经济纠纷发生矛盾，还围绕这笔开销有所争论。康质问谭"据同荷信，分文未收，是汇何处？望代收回，即寄交卓如收。既未交同荷，望追还我。"见同书，第246页。

(1906年)8月致谭良妻子黄冰壶的信中做了解释。该信说:

> 冰壶宗世妹左右:得六月六日惠书,辱承厚爱……小女蒙许招待驻美游学,感何可言?氏本拟即令小女前来,俾得亲炙芳仪,以化小女气质。惟念其在日年余,小学程度尤未足,若遽然而行,即到美亦恐不能入中学,似是半途而废。现接小女书,称来年小学便可卒业,不若以俟其卒业后,乃令其来耳。无他意也。异日定令小女前来,以亲教诲。①

黄谨娱对女儿暂不欲赴美的一番解释似乎也在情理之中。但康有为坚持己见。同年9月8日(光绪三十二年七月二十日),正在瑞典游历的他,专门写信给侄女,表示近年已筹得巨款,自己又在墨西哥买卖土地获利,已经有足够的经费支持康同荷的学业,命她从速来美。该信云:

> 荷侄:年来绝不得汝一书,怪甚怪甚!累命汝来美学而不来,并几与伯父绝,真出意外。汝往时性情甚好,甚孝顺,今何如此?吾有万数款在卓如处,又去年特汇美银四百与汝为盘费(令谭张孝支),令卓如支汝学费,未知汝有收否?卓如甚紧,必须汝问之,否则不暇照料,惟汝收各费,抑应复我,有余不足亦应闻我乃合,吾与汝至亲,何得不问?今吾在墨西哥已为汝买地半博洛,值银数千,将来可值万矣。汝欲游学欧洲否?吾今在瑞典(细伯与复女同在此),汝可来游,并即在此读西文也。另付汝物□件,可查收。汝可谨身,勿妄交游,勉学自爱。
>
> 伯父示　七月廿日

---

① 《黄谨娱致黄冰壶函》,约1906年8月底,原件存美国加州大学洛杉矶分校,编号:TL146。该材料为张启礽先生提供。

> 吾因事多不暇，此后必须一信来，寄汝杂用银一百元，汝母杂用银一百元，可查收。此信即寄汝母并问近好。此后已交代复母，每月寄汝母子信物一次，可知吾意。[①]

信中提到前一年(1905)曾专门命谭张孝拨付400美金(一说300美金，详见前文)，作为康同荷赴美留学的旅费，又命梁启超付给同荷学费，足见对侄女的关爱之情。不料，同荷却置之不理。“汝可谨身，勿妄交游”一句，看似叮嘱之言，其实他已知侄女交游“不慎”了。过了一个多月，大约从谭良处得知黄谨娱致书婉拒的消息，10月27日(九月初十日)，康有为再次写信给同荷，责备她对长辈的指示不问不理，认定侄女拒绝资助，是因为受了“外人”的帮助。这次他不仅警告同荷，也开始责备弟妇黄谨娱。该信云：

> 荷侄：自汝往日本后，只得过汝一信，何也？吾令汝来美国学，乃极难之机会，极难之筹画，今乃得之，前书已告。嘱汝赶学期来，汝乃置若罔闻，亦不回复。给汝之学费、游费，存在同门谭张孝处，而汝竟不理。吾事多，非人有信来，吾答之，多不暇细及，汝之学费已贮谭张孝，汝问支与否？(又前从卓如处嘱交汝二百)吾未知也。然汝若不支此，从何处得学费来，学费年仍数百，汝母岂能供汝？若受外人招呼，则更大不可也。日本女学未善，美国为优，昔患无人招呼(故百思之，难遣汝来)，今有谭张孝，其人最明白又能招呼人，此机实不可失，乃汝置之不理，否则托于母命，汝母未知外事，其托与外人与托与同门孰宜？前令谭张孝寄款数百与汝，未知收否？又不复，几与我绝。吾今极责汝(并以严函责汝母矣)。吾在墨西哥买地，已以千元拨汝，并贮千

---

① 《康有为致康同荷信》，1906年9月8日(光绪三十二年七月二十日)，见《黄元蔚家书》，中国近代史档案馆藏，档案号：甲171，第2册，第56页。

数于谭张孝处，为汝学费。今决命汝来，汝不得再以母辞。汝若来，汝母必欢喜，否则惟我是问。且令我益责汝母而已。此次若再不听命，吾极怪责并益严责汝母。岂游日本数日即妄学自由耶？中国自有家规，切勿猖狂，为此严责（汝岂能遽与我绝耶？汝即猖狂自绝，我岂能绝汝？吾向来[甚]爱汝，汝何为此?）。谕知（并由此书寄汝母）。

伯父示　九月十日

汝若收到张孝寄之数百元（四五月时寄者），即以为盘费，若已为学费用尽，可问卓如或电张孝，否则电罗昌问我亦可，当即电汇。汝入美，先到加拿大，后乃入美，加拿大之李福基、巩庭之、叶惠伯，皆可托其以招呼上岸也。托卓如电告。又及。[①]

康有为推测同荷母女可能对三年前同璧独自赴美之事有误会，信中主动解释当初没有让同荷与同璧一起来美，是因为“无人招呼”；而现在既有经费保障又有谭张孝家人的照顾，可谓天赐良机，希望同荷从速来美。又称同荷在日本被“托与外人”不甚妥当。同时警告侄女：“岂游日本数日即妄学自由耶？中国自有家规，切勿猖狂。”语气很是严厉。与此同时，康有为也给黄谨娱写了一封措辞同样严厉的信，责令其劝女儿赴美游学。信云：

谨如弟妇：想安好。累书令荷来美国谭张孝门人处住而就学，已存款过千数于张孝，命张孝寄款数百于日本荷收，为学费游费，乃同荷一概违命不来，且置之不理，给信亦不覆，大怪大怪！我虽不德，然待荷甚爱之，何至与我绝若此，无情无理，事状新奇（向来无事，今必有人唆之者矣）。吾命同门诸人责荷，荷动托母命，则吾不能不责于弟妇也。吾自问亦未知何所得罪而至

① 见《黄元蔚家书》，档案号：甲 171，第 2 册，第 76—78 页。

决绝若此，背谬若此。若必一一抗命，既令恶声外播，吾亦必能听荷自由若此也。徒生事而已。弟妇可自思之。计吾去港时弟妇为荷事，尚有密言告我，则似我生平爱待弟妇母子之心事，弟妇似知之而非有他也。若因他小嫌而抗命生事，则甚不可也。璧昔来美时一文俱无（先与卓如约相待，而卓如先行，均无盘费），赖君勉（徐勤）令各埠招呼，仅能为一年之费，璧无如何而留下荷于日本，此实无如何之事。今则吾有款存张孝处，故今昔不同，弟妇若以昔事为嫌则不知事势矣。即今吾在墨西哥买地得款，故能以千元与弟妇，若在前时又何能耶？吾游美后即思为荷学计，而无人可托者（遍查深思皆无法），后见张孝夫人通于外事，明白能招呼人，以其能招呼薛锦琴知之，故召荷来。张孝既为同门，其舍其食又甚佳，故无美不备，然后决策，汝不知而轻视之，或因前璧事而怀嫌，不知吾经营布置之极难也。凡做事甚难（托少女尤难），少有不慎，后悔无穷，苟非有张孝家，吾亦得听荷走日本，但给学费而已。今若此万不可失，已累函相告，切勿再违，以为嫌，则解明；以为脾气，亦用尽（薛锦琴游美学至于作苦工，而后吾助养之于张孝处，谈何容易而使气）。吾又再三告诫，情意亦备至矣，若必再违命，是非家人也！何苦为此决裂，且荷岂可受他人供给，家声不可不顾，亲情岂可遂决？勉思我言，亟遣荷来张孝处学。切切无违。此问近好。

伯甦白　九月十日

吾与弟妇至亲廿年，未尝有一语相责，切勿以此生波。[①]

在给弟妇的信中，康有为似乎把有些问题说得更明了。不仅再次解释当初未能让同荷与同璧一同赴美的原因，希望彼此消除误解，

---

① 《黄元蔚函札（公函及家书）》，该册被收入《陈昭常存札》（共6册），中国近代史档案馆藏，档案号：甲80，第6册，第49—52页。

还摆出了封建家长的架势，对同荷违背“父命”的叛逆行为严行呵斥。他责备弟妇一味纵容女儿，指明“必有人唆之者”。并称：“荷岂可受他人供给，家声不可不顾，亲情岂可遂决？”在康有为看来，女儿被外人供养读书简直就是有辱门第的丑事。他可能从梁启超等旅日弟子中风闻了一些消息。从种种情况看，这个“外人”正是与康同荷一同来日留学的黄元蔚。应该说，因为黄的支持和照应，康同荷才敢于拒绝康有为的经济资助，坚持在日本留学。康有为“不顾家声”的责备，隐约流露出他们二人可能已有恋情[①]。

据现存日本的学籍资料，康同荷1905年夏入东京涉谷实践女校读书，1907年（明治四十年）3月31日卒业。同年5月12日进入日本女子大学校普通预科，第二年（1908）4月14日卒业；一年后再转入教育学部，于1911年（明治四十四年）卒业[②]。毕业之际，她翻译出版了日本摄影家田山宗尧编著的《环球游览图志》[③]。也算是当时学有所成、追求进步的新女性。至此时，黄元蔚已从早稻田大学毕业返回国内了。

由于违背伯父的意志，同荷与康氏家族的关系多少会受到影响。或因长期滞留日本，她与部分女革命党人也有密切往来。据《申报》报道，1911年4月，留日留学生组织国民会，进行反清活动，以唐群英为会长的女学会也乘机复生，邀康同荷参与。当时同荷稍有小恙，本不欲赴会，“谭女士（海军副大臣谭学衡之女）力促同往，以大义责之曰：汝父死于难，厥志未伸，汝今不继父志，非人子也。康女士乃力

---

① 笔者推测，康广仁之妻黄谨娱与黄元蔚或是同族姑侄关系，同荷与元蔚属姑表兄妹，两家世交，再次联姻很有可能。至少，没有密切的姻亲关系，是不可能让女儿独自来东留学的。惟此论仍待考。

② 参见周一川：《近代中国女性日本留学史（1872—1945）》，第202、316页。

③ 《朵云轩2014秋季艺术品拍卖会·康同璧旧藏康有为与保皇会文献专场》，编号：620。

疾赴会，痛陈国民军不可不速成立之原因，语极动人，合座拍掌。散会时谭、康两女士并各捐国民会公费十元以为男学生倡”[①]。革命党人抓住康同荷这次“力疾赴会”之事大做文章。6月29日，孤鸿（范鸿仙）在《民立报》撰文称：“康同荷，康广仁之女也。前日在东京，开会演说，鼓吹革命，并谓已与温生才（按，即刺杀广州将军孚琦的革命党人）大表同情。孤鸿曰：以康大圣人而有此侄女，是圣人之大不幸也；但圣人之教，且不能行于家庭，其圣亦可见也！”[②]烈士遗孤康同荷同情革命的举动，被革命党人用来抨击康、梁，乃伯的窘境可想而知，而这一切皆因同荷追随黄元蔚、背叛家族的人生选择而引起。尽管伯父并不能与侄女“决绝”，亲情关系还是受到了影响。后来，为了让康有为承认他们的婚事，黄元蔚、康同荷也是颇费心思（详后）。

三、对民国初年康、梁活动的反映和评价

黄元蔚家书中除了对家庭琐事的记述，还有不少对民国初年政局的观察和反映，以及身处乱世对自身出路的迷茫与抉择，特别是有不少有关康、梁活动的反映。他对梁启超与民初政局关系的分析和评价，因为其身份特殊，见解尤为独到。从后来的发展情况看，不少判断都有相当的预见性。

辛亥革命爆发后，袁世凯被清廷重新起用。随着政治局势的变化，康、梁也开始调整应对策略，参与国内的政治角逐。1912年10月20日，梁启超在原立宪党人的欢呼声中抵达北京，并与袁世凯举行密谈，虽然在京停留12天即返回天津，但是对政局的影响却与日俱增，他开始组织政党，试图通过竞选战胜革命党人。1913年3月，他加入共和党。4月，袁世凯派人到天津迎梁入京。5月，终于促成

① 《国民会最后之活动》，《申报》1911年4月21日，第5版，第13719期。

② 《康同荷》，《民立报》，1911年6月29日，转引自政协合肥市委员会文史资料委员会编：《范鸿仙》，安徽人民出版社1989年版，第202页。

共和党、民主党、统一党三党合并为一个大党——进步党，在国会两院中围绕制定宪法、大借款、宋教仁案等问题，与国民党针锋相对，支持袁世凯以武力镇压二次革命。7 月 31 日，熊希龄组阁，梁启超出任司法总长。梁、袁的合作也达到了高潮。

康有为也密切关注国内局势的变化。辛亥起义后，他因健康原因仍滞留日本，并命门人办《不忍》杂志，表达政见。当时有报纸报道康将归国，正在吉林任职的黄元蔚很不愿意妻子与伯父接近而受其影响。他在 1913 年 4 月 14 日写给康同荷的信中说：

> 今日阅英文报纸内载有更生（即康有为——引者按，下同）将经上海往山东曲阜，谒孔子之坟，想不久必到沪……君不可同行。张仲泽者，张荫桓之子，闻其偶言与康有为合同倒现政府，为政府所知，于前朝经已将其枪毙，此种情形如何我辈外人不得而知，唯与更生同行北上，于君实有种种不利。不宜同行，至嘱。……彼等于政治上实有密切关系之人，我辈不宜与之接近，接近则惹是非，于君于仆俱无益也。我辈须执超然主义，于党有涉者掩身而走也。①

黄元蔚希望妻子与伯父保持一定的距离，脱离政治矛盾以求自身安全。1913 年 7 月 8 日，康母劳氏卒于香港。康有为因手术之后尚需调养，滞留日本，10 月方回到香港为母料理丧事。同荷与伯父见面已不可免，黄元蔚只得顺势考虑调整与康有为的关系。

此时，黄元蔚也来到北京。原来，因遭到吉林地方官绅攻击，陈昭常于 1913 年 6 月 13 日辞去吉林都督兼署民政长，被袁世凯改任为广东民政长。7 月 8 日，抵达北京②。因广东革命党人激烈反对，

① 见《黄元蔚家书》，档案号：甲 171，第 3 册，第 18—19 页。

② 《专电 北京电》，《申报》1913 年 7 月 10 日，第 2 版，第 14520 期。

陈昭常又被迫滞留北京，此间黄元蔚一直追随左右。9月3日黄元蔚写信给上海的康同荷说：

> 昨日此间报纸已将君祖母长逝一事登诸广告栏内，在京代收赙礼者则罗昌也。以此情状度之，更生必已回港，若循守旧例，则七七以内，君母子必居港守孝无疑，七七以后能否回沪，望与君母商复。广东逃兵散扰四乡，大总统日间必催简帅（简持，即陈昭常）回粤办理善后，若果尔，则仆于阳历九月内，可到港矣。①

黄元蔚抵达北京时，熊希龄内阁已经成立。在10月份的家书中对梁启超入阁后的处境多有透露，并对时局的发展变化做了推测：

> 更生归时宜善为对待，因机应变，君母已有余，不劳仆赘陈也。百日后始返沪，亦甚佳。此后与更生可省去虚文来往，未尝非得策。卓如为保党旧人怂拥，与熊总理（熊希龄）联同一致，与大总统为难，闻已与大总统相争三次，内阁之倒不出半月，若徐世昌继熊希龄为总理，则简帅必入阁为总长，卓如可谓蠢极，扩张已党如此之速，未有不败者也。仆现随简帅闲居，将来与共进退，亦道德上亦然。（1913年10月3日）②

> 卓如等与袁总统冲突愈烈（据政界中人言），继之组织内阁者必徐世昌也。简帅与徐交好，简于前清被任为吉林巡抚者，即因徐所荐，此次若徐果入阁，则简帅必不能居闲养病矣。要卓如等于政治上经验太浅，作事轻率，必不能成功，凡人作事经渐进，

---

① 见《黄元蔚家书》，档案号：甲171，第1册，第61页。

② 见《黄元蔚家书》，档案号：甲171，第3册，第69页。

而于政治上为尤然。卓如等无识如此。从此声名一落千丈矣。可惜！(1913 年 10 月 11 日)[①]

近阅报纸言更生已回港，未审有何举动？卓如在京扩张势力太速，天怨人怒，不难成第二之戊戌。凡袁欲除其人，必先极力笼络。昨年对之孙、黄，即用此种手段，今又以此对付卓如。危乎哉，卓如也。而彼自身犹洋洋自然，殊可悲耳。(1913 年 10 月 28 日)[②]

黄元蔚认为梁启超的失败不可避免，对袁世凯"先极力笼络、再将其铲除"的政治诡谋做出睿智的判断，甚至认为只有徐世昌出来组阁才会有"长命内阁"，并将徐组阁、陈昭常入阁作为改变自己出路的良机。在 12 月 1 日的信中，他写道：

梁卓如不主张维护国会，本党力攻之，总统故意留之，使其内部不和，所以卓如近日声望一落千丈，此次若落台，后恐不易再有第二次飞跃矣。[③]

12 月 8 日信中又说：

徐世昌为总统至敬至信之人，或待局面稍定再为总理亦未定，因徐一人入阁必为长命内阁也。然熊内阁必不能久，继之者或李经羲(李鸿章之侄——原注，引者按)亦未定也。卓如辈大

① 《黄元蔚函札(公函及家书)》，见《陈昭常存札》，档案号：甲 80，第 6 册，第 44 页。

② 见《黄元蔚家书》，档案号：甲 171，第 1 册，第 59 页。

③ 见《黄元蔚家书》，档案号：甲 171，第 2 册，第 65 页。

率能言不能行，西人嘲之谓“文章总理”。[①]

次日信中又说：

熊希龄及卓如二人现为一般人所攻击，而总统故意留之，使众人恶之日深，欲其将来一蹶不复能振，而彼辈犹不知之(卓如近稍悟，颇有悔恨入阁之意云)，殊可怜也。[②]

1914年1月2日，黄元蔚在信中又告诉妻子：

徐内阁约阳历三月前后方能成立，简帅因病频作，医劝转地疗养，拟将民政长辞去(因总统欲本地人不作本地官之故也，伍献子等俱不久矣)，回港静养三数月再出，于阳历正月十四五便由此间出发，十六七可到上海。仆随之南下……简帅暂时退隐，仆亦暂时不入政界，彼此感情更为融洽。简帅一出仕，位置可突飞矣，且于道德上亦应同进退也。[③]

信中谈到了梁袁矛盾、袁的诡诈以及预言熊希龄内阁将要倒台，并对徐世昌出山翘首期盼，虽不免臆断之处，从后来情势发展看，多有应验。同年2月12日熊内阁终于倒台，随后孙宝琦接手组阁，到5月1日便辞职，果然由徐世昌出来支撑局面，直到1916年4月，比

---

① 《黄元蔚函札(公函及家书)》，见《陈昭常存札》，档案号：甲80，第6册，第46页。

② 《黄元蔚函札(公函及家书)》，见《陈昭常存札》，档案号：甲80，第6册，第20页。

③ 《黄元蔚函札(公函及家书)》，见《陈昭常存札》，档案号：甲80，第6册，第22—23页。

较而言算是一个“长命内阁”[1]。所不同的是，陈昭常因为健康原因，并未加入徐内阁，且于1914年10月病逝于上海。这使黄元蔚不得不在混乱的官场中另觅出路。

积极缓和与康有为的关系，也是黄元蔚颇费心思的一件事，毕竟他与康同荷的婚姻仍希望得到这位家长的承认和首肯。他在1913年12月6日家信中说：

> 简帅命作祭文以祭君祖母，仆以两晚之力成之，简帅大赞，后日便可写妥交罗昌（此人仆不识也）寄来。仆拟以隶书写之……简帅将来必居总长，不比卓如之短命内阁。彼为总长，仆必突飞无疑……婚事更生知否？[2]

“婚事更生知否”一句，表明他和康同荷的婚姻尚未得到康有为的认可。因此，尽快缓和与伯岳丈的关系就显得十分必要。在12月9日信中，黄氏写道：

> 今日为简帅（按，陈昭常）将祭君祖母之祭文写就，用隶书。罗瘿庵（按，罗惇曧）谓此祭文古雅已，必为第一，于君祖母吊祭文中云，仆自念殆非虚语。仆以两夜之力达旦不寐始作成之，他人为之，未必有此苦心也。此祭文将来挂于君祖母灵位之旁，君等必见，兹将原稿附寄上。其中用典太多，即汉文专家尚有未全懂者（此简帅之语），毋怪其然。君本治理科，于此祭文或未能尽明，将来晤时当详解之，其中“烈烈取义”“严严厥仲”二语，则指

① 当然，徐世昌组阁的形式也有所变化，设立政事堂，称国务卿，而且1915年10月至次年3月，也曾请假，由他人代署。大致而言，这个时期的政局相对稳定一些。

② 见《黄元蔚家书》，档案号：甲171，第2册，第6—7页。

君父殉难事，君须知之。此祭文如更生见之，当亦赞赏，如问谁作谁写者，君母以仆告之可也，于婚事前途，当有裨益（仆所以尽力为此文者，亦因此也）。留学生而能为如此文章者，殆不多矣。非仆自夸也。①

黄元蔚试图通过康有为对这份祭文的欣赏，取得康的谅解和信任，并请黄谨娱从中说合，以使他与同荷的婚事得到家长的认可。没有资料说明黄元蔚的预想是否实现，抑或木已成舟，家长只得默认这桩婚事？但是从现存数十封充满关爱和温情的家书来看，黄元蔚和康同荷这对经过自由恋爱的情侣终成眷属，这批家书便是他们忠贞爱情的最好见证。

（原载《北京师范大学学报》2018 年第 4 期）

---

① 《黄元蔚函札（公函及家书）》，见《陈昭常存札》，档案号：甲 80，第 6 册，第 18—19 页。

清季查办藏事大臣张荫棠的家世、宦迹与交游

清季粤籍官员张荫棠(1860—1935),于1906年奉命随唐绍仪赴印参与中英西藏交涉,后以钦差身份查办藏事、规划西藏新政,是中国近代边疆史上有过重要影响的人物[①]。不过,有关张荫棠的生平事迹,现有研究还不够充分,尤其是其家世、宦迹和交游情况,不少说法陈陈相因,多有讹传,需要做新的梳理和考辨。澄清史实讹误,有助于全面认识张荫棠在近代政治、外交史上的历史地位与影响。

一、籍贯新会而非南海

张荫棠,字朝弼,号憩伯。关于其籍贯,学界有两说:一说广东南海人,一说新会人[②]。其实,就研究治藏问题而言,籍贯何处似乎无关大体,故而许多研究边疆史的前辈学者对此细节也未加深究[③]。比较而言,更多学者采信"南海"之说。直到20世纪90年代,新会地

---

① 学界一般多将张荫棠作为清季驻藏大臣群体中的一员来研究,事实上,他只能算作钦差。光绪三十二年(1906)四月,清廷任命他以五品京堂候补、副都统衔的身份前往西藏查办事件,十月复任命为驻藏帮办大臣,只是他并未到任,便上奏婉辞,清廷很快收回成命,仍命他以钦差身份赴藏查办事件。参见苏发祥:《清代治藏政策研究》,民族出版社1999年版,第131页。

② 敷文社编:《最近官绅履历汇编》,敷文社1920年版,第235页;吴丰培、曾国庆编著:《清代驻藏大臣传略》,西藏人民出版社1988年版,第262页。

③ 如吴丰培、曾国庆《清代驻藏大臣传略》、冯明珠《张荫棠与西藏》(台北《故宫学术季刊》第17卷第2—3期)等著述,均称荫棠隶籍"南海"。

方志及地方文史资料所收传记资料，明确指出张荫棠是广东省新会县(今江门市新会区)双水镇豪山乡人①。同时，中国第一历史档案馆公布的光宣年间张荫棠自书履历，也为“新会”说再添铁证②。至此，这个争议算是已有分晓(尽管至今仍有学者沿用“南海”说)③。不过，仍然有必要稍费笔墨，对“南海”讹说的起因略作探讨。

张荫棠系“南海人”的说法，很大程度上与传言他是清季户部左侍郎、总理衙门大臣张荫桓之弟有关。张荫桓(1837—1900)，字皓峦，号樵野，广东南海人，捐班出身，是晚清颇具才干的洋务官员和外交家，戊戌变法期间曾秘密支持康、梁变法活动，政变后被革职流放新疆，1900年夏义和团兴起后在戍所被处死。张荫棠与张荫桓大约同朝为官，同为粤人，名字只差一字，且“桓”“棠”皆从“木”，十分符合旧时兄弟排行取名的习惯，有人揣断他们是“兄弟”自是难免。可是，细究起来，毕竟二人籍贯不同，总是难以自圆其说。

已故赵立人教授是国内较早全面研究张荫棠生平的学者，在谈到二张关系时，他指出荫棠是“广东新会泷水乡(今双水镇，盖此处

---

① 《新会县志续编》卷4《张荫棠传》，广东人民出版社1998年版，第586页；张锦标：《张荫棠传略》，《葵乡俊彦列传》第2辑，新会市政协学习文史社会法制工作委员会1998年版，第15—19页。按，作者系清季浙江提督张其光之孙，张荫棠之侄。

② 秦国经主编：《清代官员履历档案全编》第8册，华东师范大学出版社1997年版，第291页。

③ 许广智：《张荫棠“查办藏事”始末》，《西藏研究》1988年第2期；陈玉堂编著：《中国近现代人物名号大辞典》，浙江古籍出版社1993年版，第459页；曾国庆：《清代藏史研究》，西藏人民出版社、齐鲁书社1999年版，第37页；陈鹏辉：《张荫棠遭弹劾考释》，《中国藏学》2012年第2期；赵云田：《清代西藏史研究》，社会科学文献出版社2014年版，第137页；康欣平：《〈有泰驻藏日记〉研究——驻藏大臣有泰的思想、行为与心态》，民族出版社2015年版，第187页；另有一些研究者论及张荫棠籍贯，将南海、新会二者并列，兹不详举。

‘泷’读作‘双’音——作者原注）人，清末户部侍郎张荫桓的族弟”。为何如此说？因为荫桓的祖籍也是“新会”，只是从其祖父开始才迁入南海佛山[①]。这种说法既修订了荫棠籍贯“南海”之误，也对二张的“兄弟”关系做了近乎合理的解释。笔者推断，其依据可能是近人张祖廉所撰《户部侍郎张公神道碑铭》[②]。不过，将张荫桓说成祖籍“新会”的说法也还值得商榷。

近人蔡乃煌也是粤籍人士，他在所撰《故光禄大夫尚书衔户部左侍郎南海张公事状》中说：“公讳荫桓，字皓峦，号樵野。祖籍鹤山，至公高祖始徙居南海佛山镇，遂为南海县人。”[③]这里又说张荫桓祖籍鹤山，后迁到南海。此说在新发现的张氏家族资料中得到证实。笔者近年所见张荫桓次子张琬徵定亲时的婚约（乾谱）中详细提到张氏的籍贯和家族情况：琬徵“籍贯广东肇庆府鹤山县，世居广州府南海县佛山镇。曾祖考讳世康，号鼎臣；曾祖妣吕氏；祖考讳永禧，号竹生，祖妣李氏。先考讳荫桓，号樵野，先妣林氏，庶母梁氏，生张恺徵，号仲宅；三弟纪徵，号台彦”[④]。按，鹤山县，系清雍正九年（1731）将广州府新会县和肇庆府开平县两县部分辖区析治而设的，隶属肇庆府。张氏后人称祖籍鹤山，自然比张祖廉“新会”说更准确。或许，张氏祖居地小范里在雍正前隶属新会，亦未可知，但是，到光绪末年，还说荫桓先祖自“新会迁至佛山”，恐怕已经不妥。换言之，即使荫桓远祖隶籍新会，雍正以后隶鹤山，经历了百余年，两家族源的亲疏其实已很难证实了。

---

① 赵立人：《查办藏事大臣张荫棠》，《粤海史事新说》，广东人民出版社2017年版，第167页。

② 该碑传称：“公讳荫桓，先世自新会小范里徙居佛山镇，遂为南海人。”见闵尔昌：《碑传集补》卷6，民国刊本。

③ 国家图书馆分馆编：《中华历史人物别传集》第61册，线装书局2003年版，第25—26页。

④ 该文献复制件系张荫桓曾外孙黄先生（现居香港）所赠。

更有说服力的是，现存张荫桓日记、往来书信等原始文献中，尤其存量较多的张氏家书中，几乎没有任何关于荫桓、荫棠有往来的反映。已刊张荫桓日记，始于1886年他出使美、日、秘三国之际，止于戊戌年(1898)七月，虽然中间有所缺失，前后也有十多年间的内容，如果荫棠是其弟，何至于只字未提？张氏诗文集中的酬唱之作也从未见过这位“族弟”的一丝踪迹。另一方面，倒是有资料证明，张荫桓有一弟名叫张桐华(字子豫)，张氏称为“豫弟”，曾任清廷驻日本长崎的领事[①]。看来，说荫棠是“族弟”，并无确证可言。

那么，近代以来把荫棠说成是荫桓之弟，进而说张荫棠是“南海人”的讹言，究竟是如何出现和流传开的呢？笔者认为，时人因姓名相近而认为二张为“兄弟”，尚属于不经意的臆断，更重要的还有清季派系斗争中有人刻意制造流言的政治因素。众所周知，岭南沿海的粤籍人士在近代中国融入世界的历史进程中，开风气之先，始终扮演着先行者的角色。戊戌变法中的康、梁及其幕后支持者张荫桓，以及甲午后的革命党人孙中山，都是独步一时的进步人物。以至于在戊戌政变后的朝局中，凡是主张新政、与康梁等政见接近的粤籍人士，很容易被守旧分子一股脑儿地指为“粤党”“康党”“革命党”，加以诋毁、攻击。有证据表明，张荫棠就是因为庚子后在西藏参劾腐败误国的驻藏大臣有泰、大胆推行新政而被污为“康党”“革命党”的，他与“逆党”分子张荫桓的“兄弟”关系也因此得到强化。

有泰(1844—1910)，字梦琴，姓卓特氏，蒙古正黄旗人。祖父富

---

① 《豫弟藩侄在长崎兼程追送豫弟南返藩侄随戍别于龙树寺时戊戌九月朔日也》，孔繁文、任青整理：《张荫桓集》，中华书局2012年版，第166页；所谓“豫弟”即张桐华，他在光绪十七年(1891)二月至二十七年(1901)十二月间(甲午战期间、己亥年夏秋间曾一度撤回)担任驻长崎领事长达10年，见故宫博物院明清档案部、福建师范大学历史系合编：《清季中外使领年表》，中华书局1985年版，第78页。

俊，历仕乾嘉道三朝，官至理藩院尚书、协办大学士；其兄升泰也曾授驻藏大臣；其妻弟为崇绮，表弟为宗室溥頲，姻亲皆贵胄。有泰于光绪二十八年(1902)十一月被赏给副都统衔，派为驻藏大臣，次年十二月抵达拉萨。光绪三十年(1904)英军入侵拉萨，达赖喇嘛逃亡，有泰开门揖盗，与英军签订《第二次拉萨条约》。1906年奉旨入藏查办事件的张荫棠参其"庸懦无能，颟顸误国"，有泰先被革职，后发往张家口军台效力。因此，有泰对荫棠十分仇视。光绪三十三年(1907)四月初八日，在罢官返回内地途中，有泰在日记中写道："弁兵接藏内来信，不知为谁所发，乃俚歌一纸，大骂张憩伯(按，即荫棠)，钞存以作笑话观可也。"[①]这份俚歌被有泰认真抄录后保留了下来：

自从英兵入西藏，明知藏中不投降。回去聘来一康党，其人就是张荫棠。伊子外国为降将，伊妻广东做洋娼。得了英金几百磅，来藏作事报英王。参了汉官去汉党，参赞随从作主张。番官也被谎本上，恐吓还要绑杀场……[②]

当时张荫棠在西藏努力推行改良民俗的新政措施，确有脱离实际之处，遂引发不少藏民的抵触和敌视，于是出现不少诋毁张氏为"汉奸"的言论。罪咎在身的有泰，虽批评歌谣"鄙俚不堪"，还是将这段充满恶意的俚歌"钞存以作笑话观"，足见其幸灾乐祸的泄愤心理。同年五月十七日，有泰写信给其表弟溥頲说："建侯(按，即联豫，字建

① 康欣平整理：《有泰日记》下册，凤凰出版社2018年版，第713页。该条记载后又注："后又接藏友信，此歌遍处皆有，张又奉旨不准离藏，当如之何？"字里行间充满幸灾乐祸之意。见该书同页。

② 吴丰培辑：《有泰驻藏日记》，全国图书馆文献缩微复制中心1991年版，第290页。这段资料最先被康欣平先生注意到，参见所著《〈有泰驻藏日记〉研究——驻藏大臣有泰的思想、行为与心态》，第205—206页。下注亦同。

侯,继任驻藏大臣)对兄言,死一康广仁,欲令八旗人均给其偿命耶?"这番话反映了一些权贵对康党极端仇视痛恨并挑动满汉矛盾的心理。信中又写道:

> 现在革命党、排满党遍天下,大半广东人居多。曾与联(联豫——引者注)皆面询张(按,指荫棠),方知荫桓为其族兄,伊族甚大,同族不同县,人甚多。此为唐中丞绍仪所荐,与康、梁皆为广州府属,前恽毓鼎参唐绍仪之语,一字不虚。愚谓新政不可不办,乱党不可不防,吾弟以为然否?兄蒙恩宥死,且准效力于中土,比老康老梁屏诸四夷,大有间矣。[①]

信中所说恽毓鼎参唐绍仪之事,似是误传,应指光绪三十二年十二月十七日翰林院侍读马吉樟上疏严参唐氏之事。奏折称邮传部左侍郎唐绍仪用人"瞻徇情面,屡招物议",自其任侍郎后,所用丞参皆其同乡、亲戚,右丞陈昭常既是粤籍同乡,又曾随已革侍郎张荫桓出使过外洋,"论者谓邮传部为股分公司,可为广东会馆,非为无因"[②]。马吉樟由参劾唐、陈而将矛头直指整个"粤党"。该折后被刊载于光绪三十三年二月的《申报》[③],有泰远在边陲,消息不够灵通,难免误传误听。

从这封信看,有泰、联豫等守旧的满洲贵族对唐绍仪、张荫棠等

---

① 吴丰培辑:《有泰驻藏日记》,第302—304页。转引自康欣平:《〈有泰驻藏日记〉研究——驻藏大臣有泰的思想、行为与心态》,第207页。此次引文标点略有调整。

② 《翰林院侍读马吉樟奏为特参邮传部左侍郎唐绍仪等揽权纳贿植党营私依附钻营请旨予以严惩事》,光绪三十二年十二月十七日,录副奏折,中国第一历史档案馆藏,档案号:03—5472—012。

③ 《翰林院侍读马奏为大员揽权纳贿植党营私据实纠参折》,《申报》1907年4月10日,第4版。

"粤党"十分仇视，甚至煽动满汉仇恨，将粤党视同于"革命党""排满党"，甚至是"乱党"，大泄私愤。有泰自称曾与联豫面询张荫棠，知荫桓为"其族兄"，"同族不同县"，其真实与否，似可存疑。张荫桓祖籍鹤山，与新会张荫棠家族有无瓜葛并无确据可言（详前）。有泰这里刻意强调二张"同族"，主观动机很明显，就是想通过溥頲在京城高层散布荫棠勾结"康党"的舆论，除了泄愤，也有为自己脱罪张本之意。近代以来将荫棠籍贯讹为"南海"，与这种"兄弟"说的盛传有直接关系，有泰日记不过提供了一个生动的例证而已。

二、家世、生年与早期宦途

同样，以往研究注重张荫棠与藏务问题的关系，对其家世鲜有提及，一般辞书和著作往往一笔带过。直到 20 世纪 90 年代张氏后裔张锦标所撰《张其光传略》《张荫棠传略》刊布，才使世人对荫棠家世有了全新的了解。

据张锦标所述，张氏家族中最有功绩、职官最高的是张荫棠的叔父张其光（1831—1896）。检诸清代档案，也有不少记载。咸丰八年（1858），英法联军攻陷大沽炮台之际，其光在岳父莫载遐资助下，以布衣身份捐募粤勇 200 余人，率众由江门出海，投效浙江军营。后又屡返广东招募船艇、水手，训练成粤人为主干的浙江水师，缉捕海盗，攻剿太平军，在浙屡立战功。后擢至副将、总兵。同治十二年（1873），张其光调任台湾总兵；光绪五年（1879），调福建福定镇总兵；六年，署理浙江提督；次年，再调温州总兵。中法战争期间，总统全浙防务，节制水路各镇，力筹守御之策，成为清廷在东南沿海筹办海防事宜的重要将领。其弟张蓉光，即荫棠之生父，早年随兄来浙，统领水师船巡洋，积功升至副将，后回乡侍奉老母，于光绪十二年（1886）七月初六日在籍病逝。因母亲阮氏已 94 岁高龄，家无次丁，张其光只得奏请开缺，回籍侍亲，不久丁忧。光绪十九年（1893）服满，其光再授澎湖镇总兵，后经浙江巡抚谭钟麟奏调，回任温州总兵。二十年

(1894),甲午战争爆发,张其光积极筹办海防。二十二年(1896)十一月十九日,在营中病故。当时其长子二品荫生、外用通判张世铭在籍;次子一品荫生祖耀、三子祖浚、四子祖杰、五子祖荣均年幼,随侍在署。闽浙总督边宝泉奏达朝廷,奉旨依提督例赐恤,诸子荫叙有差[①]。可见,张其光虽出身卑微,却战功卓著,官至提督,地位在当时也属显赫,荫棠可算出身官宦之家,这是张荫桓寒门出身所无法比拟的。自然,叔父的地位和人脉关系对荫棠的人生道路显然有过重要影响。

从取名看,荫棠与他的几位堂弟排字并不一致,说明单纯以行派用字来断其是否兄弟关系的做法,并不可靠。值得注意的是,张锦标在《张荫棠传略》中提到荫棠是光绪八年(1882)的举人,并首次披露当年他应考的榜名并非荫棠,而是"灼文",这一点十分重要。根据这一线索,笔者果然在两种科举文献中找到了"张灼文"的记载。一是《壬午科十八省乡试同年录》(光绪刻本),另一个是《壬午科广东乡试题名录》(光绪刻本)[②]。张荫棠(灼文)这一年中本省乡试第二十四名举人。《题名录》中对张氏本人情况和张氏家族资料也有更详细的记载,兹补录如下。

张灼文,字朝芨,号少卿,行一。咸丰丁巳十二月十七日吉时生。系广东广州府新会县官附生,民籍。

曾祖讳明,字悠述,号诚徵。覃恩诰赠振威将军。妣氏黎,奉旨建坊旌表,覃恩诰赠一品太夫人。

---

① 参见张锦标:《张其光传略》,《葵乡俊彦列传》第2辑,第5—10页;《闽浙总督边宝泉奏为浙江提督张其光因病出缺日期请旨简放等事》,光绪二十二年十二月初八日,朱批奏折,中国第一历史档案馆藏,档案号:04—01—12—0578—004。

② 大连的马睿先生为笔者提供了这份珍贵资料,特此表示感谢!

祖父讳如山，字传嵩，号中岳。公早孤，家贫，母黎太夫人挈之外氏，以养以教。及长，食力奉养，曲体亲心。太夫人既没，四时祭祀，追慕流涕，里人咸称孝焉。覃恩诰赠振威将军。祖母氏阮，覃恩诰封一品太夫人。

父讳同，字威千，壮岁从戎，殁于王事，覃恩貤赠振威将军。母氏谭，覃恩貤赠一品夫人。

本生父名蓉光，字仁千，号芙卿。由军功历保，留浙尽先副将，奉旨实授花翎，统领浙江巡洋师船。本生母氏莫，诰赠夫人。继慈氏钟，诰封夫人。庶母氏梁、廖。

胞叔名其光，字信千，别字奎垣（履历略——引者）；元亨，字健千，军功五品蓝翎拔补把总，军营积劳病故，奉旨优恤，世袭云骑尉罔替。

本生胞弟梓材，出继二胞叔，承袭二品荫生；梓渠，俱业儒。

妻聘陈族……廪贡生名仲焘公之六女……癸酉科举人名文灿公之胞妹。

题名录所见家族资料，可以补充张锦标所撰传记之不足。首先，荫棠父辈有四人，张同、张蓉光、张其光、张元亨，似均在浙江水师效力并获得功名；荫棠为蓉光长子，出嗣张同为子；弟弟梓材又出嗣二叔父元亨。曾祖父母、祖父母获得覃恩封赠，或与张其光官居一品武职的身份有关。张荫棠此时尚未成婚，已聘举人陈文灿之妹为妻。

需要注意的是，这个《题名录》记张灼文（张荫棠）生于“咸丰七年丁巳年十二月十七日（1858 年 1 月 31 日）”，这与目前各种著述的记载有很大歧异。有关荫棠生年，张锦标说他生于 1864 年[①]，新编方

① 张锦标：《张荫棠传略》，《葵乡俊彦列传》第 2 辑，第 15 页；康欣平：《〈有泰驻藏日记〉研究——驻藏大臣有泰的思想、行为与心态》，第 187 页。

志则说他生于 1866 年[①]。相比而言，张荫棠自己另有说法，应更为可信。光绪三十四年(1908)九月，张荫棠奉旨照料达赖喇嘛时所书履历，自称 49 岁[②]，以周岁 48 计，他应生于咸丰年九年己未十二月十七日(1860 年 1 月 9 日)。还有一条珍贵的证据：民国学者胡适在 1924 年 1 月 13 日见到张希伯(憩伯)时，说他 65 岁[③]。这一天是癸亥年腊月初八日，离张荫棠生日——腊月十七日只差数天。他对年轻朋友谈自己的年龄，恐怕没有隐瞒的理由，以 64 周岁推之，他的生日也是咸丰九年己未腊月十七日，也即 1860 年 1 月 9 日。联系到旧时科举有“官年”“实年”之别，隐瞒一两岁也是常见之事，张荫棠在科举考试时可能隐瞒年龄，报大了 2 岁，这就是《题名录》写生于咸丰七年丁巳年的原因。

从张荫棠履历看，他于光绪八年(1882)中举人，遵例报捐内阁中书，次年三月到阁，数年后派充海军衙门船政股章京，并充该衙门撰文。这项差事，大概与其叔父张其光长期统率浙江水师的人脉关系有因由。二十年(1894)正月，荫棠又派充万寿庆典撰文并缮写恩诏，二月派充总办万寿庆典点景。这些都是海军衙门的优差，足以说明举人出身的张荫棠善于撰述，确实是该衙门里有才干、受重用的小京官[④]。这年六月，甲午战争爆发，不仅改变了国家的命运，也改变了

---

① 《新会县志续编》卷 4，第 586 页。

② 秦国经主编：《清代官员履历档案全编》第 8 册，第 291 页。

③ 胡适在 1924 年 1 月 13 的日记中写道：“与梦麟、任光、余文灿、张希伯(荫棠)同游西山。希伯先生年六十五，精神尚好。他有别墅在玉泉山之南，名‘石居’，旧为和珅弟之家庙，很精致。我们在石居吃饭，饭后游西山，回来又到石居吃晚饭，饭后回城。”这里将“憩伯”写作“希伯”。胡适和朋友与张荫棠发生联系，可能与荫棠之子张谦同属庚款留美学生的身份，以及在美期间他们有过交往有关。见曹伯言整理：《胡适日记全集》第 4 册，台北联经出版公司 2005 年版，第 236 页。感谢宋广波先生提供该版本的日记引文。

④ 秦国经主编：《清代官员履历档案全编》第 8 册，第 51—52 页。

张荫棠的人生轨迹。海军衙门在威海之战后被裁撤，荫棠主要工作又转回内阁，十一月派充管理中书科事务，兼办诰敕房事务，再次沉沦于冗滞平淡的京曹生活中。

不过，局势的变化，特别是叔父的病逝，迫使张荫棠寻找新的政治出路。甲午之败，京官士人纷纷讲求西学，探讨自强之道。是年冬，荫棠与粤籍同乡官员陈昭常、何藻翔、曾习经及自幼生长岭南的浙江海盐人张元济等结“健社”，取《易经》“天行健，君子以自强不息”之意，相约探讨实学，以自相勉[①]。后张元济等筹设西学堂（后改名通艺学堂），招收京官及子弟习英文、天算、舆地，荫棠也曾与议，算得上是京城中适应时代潮流的趋新官员[②]。

光绪二十二年（1896）十一月，经粤籍同乡、出使美、日、秘国大臣伍廷芳奏调，张荫棠奉旨随使出洋，开始涉足外交，开启新的人生旅程。次年（1897）正月，奏准为美使署三等参赞官，三月随伍使抵达华盛顿。九月兼充驻美旧金山总领事官。二十四年（1898）闰三月，抵达马德里。四月，以“明敏干练”，经伍廷芳奏报，改任驻日国二等参赞官[③]，代办驻日出使事务。直到庚子（1900）事变前，张荫棠一直为驻外领事。一些传记称张荫棠“曾任总理衙门员外郎”，“且与维新派领袖康有为、梁启超和支持改革的户部侍郎张荫桓等有来往，戊戌变法失败后，因涉嫌参与维新派‘逆党’而被罢职”[④]。或言张氏“以员外郎在总理衙门管理对英交涉事务。戊戌政变后，因其兄张荫桓被

① 参见张元济：《送简庵入滇序》（1897 年）、《戊戌政变的回忆》（1949 年 9 月），《张元济诗文》，商务印书馆 1986 年版，第 169、234 页。

② 参见刘德麟：《从健社到通艺学堂》，海盐县政协文史资料委员会、张元济图书馆编：《出版大家张元济——张元济研究论文集》，学林出版社 2006 年版，第 253—267 页。

③ 《奏报调派参赞等官折》（1898 年 6 月 15 日），丁贤俊、喻作凤编：《伍廷芳集》上册，中华书局 1993 年版，第 58 页。

④ 《新会县志续编》卷 4，第 586 页。

革职，牵连辞免"[1]。这些说法并无根据，大概是受到二张系"兄弟"讹传影响而衍生出来的。从其履历可以看出，荫棠从未在总理衙门供职；甲午战后的张荫桓权势显赫，实际掌管总理衙门，伍廷芳带荫棠出使，是否确有荫桓的推动，亦可再考；不过，戊戌变法时荫棠已出洋在外，根本谈不上受党案牵连。即便他后来因为在西藏推动新政而被守旧者诋为"新党"，与戊戌康、梁党案也扯不上半点瓜葛，这是无可怀疑的。

三、外交生涯及交游

光绪二十六年(1900)夏，义和团兴起，朝中顽固当政，政出多门，竟有撤使之议，中外交涉陷入混乱。六月，在西班牙任代办的张荫棠交卸回籍。直到二十七年(1901)底，两宫回銮，清廷推行新政，时局渐渐安定。张荫棠又开始了崭新的仕宦历程。

是年，张荫棠报捐知府，分发试用，并奖戴花翎。次年(1902)七月，经前驻美公使伍廷芳奏保，因出使美、日劳绩，荫棠免补本班，以道员分省补用，并请赏加布政使衔[2]。三十年(1904)八月，粤籍官员、天津海关道唐绍仪，奉命以三品京堂候补、副都统衔前往西藏查办事件，后赴加尔各答与英印谈判，经其举荐，荫棠与梁士诒一起奉命同任议约参赞随往。当时西藏交涉问题备受朝野各界关注，张荫棠也渐渐成为舆论聚焦的要角。荫棠查办藏事、以钦差推动西藏新政以及宣统末年出任驻美公使等情形，目前的研究成果已经非常丰厚，兹不赘述。这里仅就他与其他粤籍官员的乡党关系略加补述。

抛开有泰等人攻击张荫棠与唐绍仪等粤人"结党"的私人动机不言，严格说来，当时确实存在"粤党"势力。荫棠进入外交领域并跻身

---

① 陈旭麓等主编:《中国近代史词典》"张荫棠"条，上海辞书出版社 1982 年版，第 408 页。

② 秦国经主编:《清代官员履历档案全编》第 8 册，第 291 页。

清末政坛，仕途上的每一次进步都离不开粤籍同乡的提携。庚子事变后，粤籍官员互通声气，相互援引，形成一股影响时局和外交的重要力量。近人胡思敬在《国闻备乘》中说：“邮传部尚书唐绍仪……与同乡张荫棠、陈昭常、梁敦彦、伍廷芳、梁士诒等结盟为兄弟……粤人因戏以‘十姊妹’呼之。宣统初年联美之策，即其党所主持也。”[①]称唐绍仪等人“结拜兄弟”恐非事实，毕竟这些人中伍廷芳是德高望重的前辈，其他人或留洋归来，或出身翰林，地位均高于张荫棠，称兄道弟，未必真实，但这些粤籍官员互相引重、结为乡党，非但引起满洲贵族忌恨，京城中也是妇孺皆知。唐绍仪等人对荫棠的提携也毋庸否认。办理藏事结束后，坊间还有张荫棠将接任梁敦彦（也是粤人）为外务部尚书的传闻，后因外务部侍郎邹嘉来“运动甚力，而某枢臣又从旁力保”，尚书终由邹接任。这个传闻内容未必可信，但出现此类传闻本身足以说明，“粤党”已渐成气候，并引起其他政治派系的警惕和防范[②]。

当然，获得当朝要员的支持也十分重要。有证据反映，张荫棠的仕途通达，与外务部尚书那桐的赏识大有关系。据那桐日记，光绪三十年（1904）二月十三日，由关伯衡介绍荫棠拜见那桐[③]。后荫棠在藏推行新政，参劾原驻藏大臣有泰，有泰极力在京疏通关系，那桐曾居中为之调解。有泰在光绪三十三年（1907）正月二十四日日记中转述他人的话说：“张（荫棠）云，接那相（那桐）信，案子须平和了，并不

① 胡思敬：《国闻备乘》，上海书店出版社 1997 年版，第 89—90 页。

② 《外部尚书之逐鹿者》，《申报》1908 年 6 月 8 日，第 4 版。

③ 那桐日记云：“布政使衔分省补用道张荫棠，号憩伯，行一，广东新会人，壬午举人，年四十六岁，曾在海军衙门、内阁当差，前浙江提督之子，出美国参赞差，人阅历有为，关伯衡介绍来拜门，畅谈。”见北京市档案馆编：《那桐日记》上册，新华出版社 2006 年版，第 498 页。关伯衡即关冕钧，字耀芹，号伯衡，广西苍梧人，与梁士诒、陈昭常同中甲午科进士，翰林院编修。

准虚张声势，总要谨慎等语。”并说，“张为那相及门”[1]，可见荫棠与那桐的关系确实非同寻常，否则不会如此重视那桐的意见。

宣统元年(1909)正月，荫棠补授外务部左丞。六月二十七日，奉旨补授驻美国、墨西哥、秘鲁钦差大臣，接替第二次出任驻美公使、即将任满的伍廷芳。显然，张荫棠办理藏事与对英交涉活动得到清廷认可。恽毓鼎在这年七月的日记中写道：“新会张憩伯同年(荫棠)出使美国，持所撰《使藏纪事》稿本六巨册索序于余。憩伯曾充驻藏大臣，正值英师入藏之际，折冲樽俎，卒退英兵。书中详录一时公牍，英谋之狡，藏番之愚，情势了如指掌，筹藏最要之编也。”[2]可见他对张氏之推崇。八月初四日(9月17日)上午四点钟，张荫棠乘专车出京，经天津，在大沽搭轮船出洋。这天前来送行者有外务部尚书梁敦彦、外部左右侍郎、各丞参，邮传部左丞梁士诒及天津知府凌福彭等[3]。其中二梁与凌福彭(民国女作家凌叔华之父)皆粤人中之重量级人物。十一月，荫棠抵达华盛顿，到任后即展开交涉，努力维护在美侨胞利益，只因美国顽固推行排华政策，其后来的交涉成效甚微[4]。

这时，唐绍仪与张荫棠也由同僚发展到亲家关系。荫棠之子张谦与唐绍仪次女订婚，二人也随同来美，并在清廷驻美公使署举行婚礼，用中国礼式。据说，张钦使之夫人及其女公子暨唐绍仪之女平日皆文明装束[5]。所谓文明装束，大约是指西式女装之类。在接受容

---

① 康欣平整理：《有泰日记》下册，第698页。

② 史晓风整理：《恽毓鼎澄斋日记》(2)，浙江古籍出版社2004年版，第452页。

③ 《张钦使出京赴美》，《申报》1909年9月23日，第4版。

④ 有关张荫棠出任驻美公使的经历和贡献，梁碧莹教授近年做过专门研究，参见所著《艰难的外交——晚清驻美公使研究》第11章，天津古籍出版社2004年版。

⑤ 《新旧驻美钦使纪事》，《申报》1910年1月25日，第6版。

纳西方文明的过程中，粤人与京城里保守颟顸的满洲权贵可谓格格不入。

宣统二年（1910）夏，墨西哥爆发革命，迪亚斯政权被推翻，三年（1911）春，革军攻下北部城市托雷翁（Torreon，旧译“莱苑”）后，发生抢掠、屠杀华人的惨案，革军与暴民“明目张胆，专事搜杀华人，肆行抢掠”，无论老幼，见即屠戮[①]，致使300多华人丧生。张荫棠奉命向墨方提出抗议和交涉。六月，他偕随员自华盛顿赴墨，办理“华侨偿失赈抚事宜”[②]，并与墨西哥新政权展开惩凶、赔偿交涉。荫棠注重调查，以确凿材料作证，持中墨条约为交涉依据，几经辩驳，墨方最终允诺派员缉凶，并赔偿各类损失总计310万墨元。随后，荫棠与墨官员签订《中墨赔款证明书》[③]。

荫棠持节海外期间，正值清廷预备立宪开展之时，故亦随时上奏，表达主张。宣统三年（1911）二月，荫棠奏请任命大臣授权组织内阁，明定责任，表明政治，实行法制以图自强，并建议酌改内外文职官制，考量分权、集权之利弊，裁撤巡抚等官缺，设立不隶内阁之大审及会计、检查两院，实现完全的司法独立和财政考核体制。这套建议，可能是他亲身体验美国宪政制度后受到启发的结果。疏上，奉旨命交宪政编查馆与政务处[④]。七月，以时局艰危，革命风潮频起，深感

① 《美使张荫棠为莱苑华工被害事呈外务部函》，宣统三年七月十一日，陈翰笙主编：《华工出国史料汇编》第1辑第3册，中华书局1985年版，第1286页。

② 《美使张荫棠致外部报赴墨办理华侨赈抚事宜电》，宣统二年六月初一日，王彦威纂辑：《清季外交史料》第4册，书目文献出版社1987年版，第3898页。

③ 王铁崖编：《中外旧约章汇编》第2册，生活·读书·新知三联书店1959年版，第775—776页。

④ 《出使美墨秘古国大臣张荫棠奏内阁总理应由朝廷任命并请早定宪法速开国会折》《出使美墨秘古国大臣张荫棠奏陈设责任内阁裁巡抚等六项文职官制折》，宣统三年二月初十日，故宫博物院明清档案部编：《清末筹备立宪档案史料》上册，中华书局1979年版，第554—555、549—553页。

“存亡绝续，在此数年，非进则退，非富强则灭亡，势不苟安”，又上疏恳请清廷尽早厉行宪政，“持急进以救危殆”[①]。八月，辛亥革命爆发，遂称病辞去公使职务[②]。

1912年元旦，中华民国临时政府成立，委张荫棠为驻美外交代表。他亲自约见顾维钧，劝他接受新政府邀请，回国效力。同年3月袁世凯接任临时大总统，12月任命荫棠为驻美公使。1913年6月，荫棠辞职。1914年5月，又被任命为参政院参政，6月又辞去，绝不接受袁世凯的笼络[③]。此后便远离政坛，深居简出，彻底赋闲了，只是偶尔参与一些乡谊活动而已。1925年3月，孙中山逝世，他赠送挽联：“富有独立性，绝无依赖心，时势造成乃大英雄本色；理论做先锋，民气做后盾，艰危挽救是新中华一人。”[④]立场和观点全然超越了清廷旧臣的界限。1935年，张荫棠病逝于北平寓所[⑤]。

需要补充的是，张荫棠的外交事业则由其长子张谦继承下来。张谦(1888—?)，字公㧑，也作公挥，庚款留美学生，毕业于美国宾夕法尼亚大学，获法学学士，曾任驻美使馆秘书，驻美国教育调查团秘书长，回国后应学部考试，授法科举人。入民国，居天津，任东方(远东)储蓄银行经理、天津华人租界华人董事。从1929年8月始，先后出任南京国民政府驻旧金山总领事、纽约总领事、智利公使。1941

---

① 《出使美墨秘古国大臣张荫棠为时局危亟请速行宪政折》，宣统三年七月十五日，故宫博物院明清档案部编：《清末筹备立宪档案史料》上册，第360、359页。

② 《使美张荫棠奏敬陈外交事宜并请开缺简授贤能折》，宣统二年六月初一日，王彦威纂辑：《清季外交史料》第4册，第3941页。

③ 辛亥革命后张荫棠的政治活动和任职主要根据《申报》这一时期刊载的政府电文整理概括。

④ 刘作忠选编：《挽孙中山先生联选》，兰州大学出版社2000年版，第293页。

⑤ 有关张荫棠去世的具体日期，仍缺乏确凿证据，这里仍沿用习惯说法。

年11月，内调外交部美洲司司长。1943年9月，改任驻葡萄牙公使。1944年2月，抗战胜利前夕，张谦向民国政府外交部提出收回澳门主权的建议和具体办法。1945年8月日本投降后，又向葡萄牙政府提出放弃在华领事裁判权要求，并继续推动收回澳门[①]。1946年1月，张谦出席联合国代表大会，任中国代表团秘书长，首席代表则为顾维钧。11月，改任驻荷兰大使，1947年6月抵任。张谦是唐绍仪之婿，而唐氏另外两婿顾维钧、诸昌年，都是民国时期的外交家。由乡谊而姻谊，子(婿)承父业，交织着地缘、姻缘、血缘关系的近代家族势力对社会变迁的影响，从张荫棠、唐绍仪家族的历史中便可看出典型意义。

（原载《学术研究》2019年第6期）

① 参见左双文：《华南抗战史》，广东高等教育出版社2015年版，第230—236页。另，有关张谦外交职务的任命与变动，主要根据《申报》刊载的政府电文整理概括，特此说明。

民初遗老郭则沄在天津的活动

——读《龙顾山人年谱》札记

近人郭则沄虽在民国任官，却以清朝遗老自居，是民国时期享誉一时的学者和诗人。学界对他的研究多集中在诗词结社活动及遗民思想方面。有关其一生事迹的总体性研究尚未见到。虽有几篇碑传文字传世①，仍不足以使人们对其生平行谊有全面了解。值得庆幸的是，郭则沄手撰《龙顾山人年谱》稿本，历经劫难，由谱主哲孙郭久祺先生保存下来，即将刊行②。本文将结合年谱内容，对郭则沄的经历及其在天津的遗老活动等略作介绍和分析，以就教于学界同仁。

一、郭则沄生平及著述

郭则沄，字养云，号筱陆，又号桂严；又字蛰云，号啸麓，晚号龙顾山人。福建侯官人。生于光绪八年壬午八月二十八日（1882 年 10 月 9 日），卒于丙戌十二月十七日（1947 年 1 月 8 日），享年 65 岁。

---

① 参见刘承干：《清故诰授光禄大夫头品顶戴赏戴花翎署浙江提学使司提学使侯官郭公墓志铭》，见于平：《中国历代墓志选编》第 10 册，天津古籍出版社 2005 年版，第 188 页；许钟璐：《清故诰授光禄大夫头品顶戴赏戴花翎署浙江提学使司提学使侯官郭公墓表》，见卞孝萱、唐文权：《辛亥人物碑传集》，团结出版社 1991 年版，第 783—784 页。

② 该书改名《郭则沄自订年谱》，由马忠文、张求会整理，收入张剑、徐雁平、彭国忠主编的《中国近现代稀见史料丛刊》（第 5 辑）中，已由凤凰出版社于 2018 年出版。

年谱纪事从谱主出生始，止于六十岁时(1941 年，辛巳)[①]。

侯官郭氏，自清朝道光以降，代有名流。郭则沄曾祖郭柏荫，字远堂，道光十二年(1832)进士，官至广西、湖北巡抚，署理湖广总督。祖父郭式昌，字谷斋，举人出身，官浙江金衢严道，署浙江按察使。父郭曾炘，字春榆，号匏庵，晚号遯叟，光绪六年(1880 年)进士，官至礼部右侍郎、典礼院副掌院学士。郭氏数代皆正途出身，各有建树，堪称福建世家巨族。

郭则沄自幼生长于京城，因父亲长期充任军机章京，与京内外官员多有往还，故谙熟清季人物与掌故。戊戌变法期间，曾入张元济等人创办的通艺学堂读书，后肄业于京师大学堂，较早接受新式教育。庚子义和团事件后，清廷再次举办新政，开经济特科，选拔人才，则沄也在推荐之列。光绪二十八年(1902)郭则沄参加本省乡试中举人，次年赴开封参加癸卯科会试，得中进士，改翰林院庶吉士。光绪三十年(1904)，入教习进士馆学习法政，两年后毕业。光绪三十三年(1907)，被派往日本考察，著有《瀛海采风记》二卷。不久，徐世昌任东三省总督，奏调郭氏回国，命掌幕中机密文电，兼治奏草。其间，郭则沄参与了所谓“间岛”问题交涉。光绪三十四年(1908)底，由醇亲王载沣提名，补浙江省温处道，待延吉边务交涉结束后，于宣统元年(1909)夏赴任，兼瓯海关监督。次年，署理浙江提学使。宣统三年(1911)，辛亥革命爆发，离职抵沪。

民国建立后，派系林立，政局混乱，郭则沄追随徐世昌，以定出

---

① 关于郭则沄之生年，其朱卷自报“光绪甲申年八月二十八日吉时生”，盖从俗虚报年龄，小两岁填报，称之为“官年”，其实出生于壬午年。参见来新夏：《清代科举人物家传资料汇编》第 22 册，学苑出版社 2006 年版，第 305 页。关于郭氏之卒年，一些辞书或文章多写作“1946 年”，或因旧历丙戌(民国 35 年)大致对应公元 1946 年，实则郭氏病逝于旧历十二月十七日，系公元 1947 年 1 月 8 日。

处。先以徐氏幕僚身份任国务院机要局帮办、参议，不久任政事堂礼制馆提调、铨叙局局长等职。袁世凯加紧帝制活动期间，遂自动离职。另一方面，他与乃父郭曾炘以遗老自居，与逊清小朝廷始终保持着密切关系，1917年参与丁巳复辟活动。1918年，徐世昌当选总统，郭则沄再次受命，任国务院秘书长，然与徐政见屡有不和，1921年改任侨务局总裁，置于闲散。次年第一次直奉战争后，徐去职，则沄亦辞职①。从此脱离宦海，隐居天津、北京家中，彻底以遗老身份著书讲学，结诗社、词社，吟诗作赋，不时寻访古迹名胜，游览山水，观赏花木。经常与郭则沄诗文唱和的遗老名流，有樊增祥、陈宝琛、陈曾寿、夏孙桐、郑孝胥、胡嗣瑗、林葆恒、杨寿枬等，他们在天津仿照南宋遗民谢翱、林景熙等入元后结汐社之例，创设须社，抒发故国之思。1931年，溥仪在日本胁迫下建立"伪满洲国"，郭则沄忠于逊清朝廷的政治信念遭遇重挫，故最后十多年倾心学术研究，留下了丰硕的成果。

郭则沄的文字中虽充满浓厚的遗老思想，立场不免保守，但其学术贡献难以泯灭，对后世影响甚巨。他著有《十朝诗乘》《清词玉屑》《旧德述闻》《遁圃詹言》《竹轩摭录》《庚子诗鉴》《南屋述闻》《灵洞小志》《灵洞续志》《红楼真梦》等。平生所作诗文，先后辑成《龙顾山房诗集》《龙顾山房诗续集》《龙顾山房诗余》《龙顾山房诗余续集》《龙顾山房骈体文钞》《龙顾山房骈体文续钞》《龙顾山房诗赘集》等，俱已刊行。他又辑有《侯官郭氏家集汇刻》，将曾祖郭柏荫、祖父郭式昌、叔祖郭传昌、父亲郭曾炘的诗文著作集中刊印。此外，他将须社唱酬词作结集为《烟沽渔唱》七卷刊行，又与老友们将聚谈时的掌故内容汇编为《知寒轩谈荟》四卷，分上下册油印，内容涉及史事、掌故、礼制、

---

① 虽然徐世昌与郭则沄关系密切，但是现存《徐世昌日记》的记载十分简略，这主要与徐日记记事过简有关。参见《徐世昌日记》第22—24册的相关记述。

科举、藏书、碑帖字画等，每条末尾注明叙述者的名号，这些都是可供今天学术研究的珍稀资料①。

稿本《龙顾山人年谱》对庚子事件、辛亥革命、袁世凯称帝、丁巳复辟等重大历史事件均有详尽反映。谱主在清末身为清廷官员，亲历了鼎革动荡的年代；入民国虽以遗民自居，仍对政治难以忘情，民初也曾参与中枢，又因其友朋多在政界，年谱中对北洋时期派系斗争内情有所揭示；特别是对 20 世纪 20 年代至 40 年代北京、天津遗老群体的文化活动记载尤详，诸如清史馆修史、北京北海团城古学院，以及天津冰社、须社、俦社、北京钵社、律社的活动反映较多。这些不仅对于了解郭氏生平、解读其作品有很重要的参考价值，对于观察清遗民群体的生活样态同样是珍贵的原始资料。以下仅就年谱中反映的民初政局及郭氏在天津的遗老活动情况略作评议。

二、年谱对民初政局的反映

1911 年秋，郭则沄在辛亥起义爆发、讹言纷纷的情况下，联合当地士绅，极力维持地方局面。事态稳定后，坚辞众人拥戴为“都督”的请求，经上海回到北京。抵京之日，已是清帝逊位，民国建立之际，袁世凯继任临时大总统，政局一新。对他而言，如何决定出处，颇费踌躇。年谱 1912 年条下，郭氏写到了他为何出仕民国的理由，以及与袁世凯的对话内容。年谱写道：

其冬，同年张乾若(按：张国淦)长秘书省，邀余为秘书，行止两难，踌躇累夕，计余积不能支一岁，而衰亲困悴，忍计孤全？悔不如鹿城一死矣。或曰：“秘书，幕职也，君以此养亲而终守夙

① 关于郭则沄著述的内容、版本及价值，其孙郭久祺所撰《郭则沄传略》中有概括介绍，参见郭久祺：《郭则沄传略》，《北京文史资料》第 57 辑，北京出版社 1998 年版，第 150—153 页。

> 心，臣事故主，或于中尚有得当之报，不亦善乎？"山人不得已从之。十月入都，初居芳盛园，时尚无例谒之制，因与乾若约不面白官，不与外间接洽，但为任笔札之役。既而项城（按：袁世凯）必欲见之，乾若强山人同入谒，项城曰："君官为革党所革矣，极彼所为，不至于土匪国、禽兽国不止，其不终沦于土匪、禽兽者，犹赖吾辈努力图之，但使国事转旋，尺蠖之伸，何患终屈？"山人进曰："公言良允，然国家不沦于土匪、禽兽者，必赖纲纪维之，公诚以振导纲纪风示天下，颓波可立挽也。"项城问振导之方，山人曰："民国之成，实本于孝定景皇后之让德，中外所公认也。为公计，惟有尊崇皇室而巩固之，俾天下知纲纪之重，皇室固，则民国亦安矣。"项城嘿然久之，复周旋数语而出。自是以迄项城之逝，无复私谒。而项城已潜忌之，山人不自知也。[1]

这段记述已在郭氏晚年，其遗老思想更加坚定之时，可能有夸大和渲染之处。按照他自己的解释，他在民国做秘书，视为幕职，仅仅是赚钱养亲而已，"终守夙心，臣事故主"的信念并没有改变。他向袁世凯表明心迹，建议袁尊崇皇室，振兴纲纪，但未被袁所接受，甚至引起袁的猜忌，这其中多少有些自我表白的倾向。1913年条又记：

> 时北省官制未改，吉林提学使缺出，乾若推山人任之。山人固辞，又强之，则曰："吾以佣书养亲耳，岂慕官职哉？"适吉省电保郭謌白，乃得解。厥后乾若长农商部，强山人任次长，山人辞益坚，乾若怫然曰："君岂能一世不为总、次长乎？"山人笑曰："是吾志也，苟为总、次长者，君勿以人类齿之。"坐是，与乾若失欢。

---

① 见《龙顾山人年谱》。因原稿本不分卷，故未有卷数、页码。以下引文凡未注明出处者均出自该年谱，只标明所系年份。

这里再一次表白“不食周粟”的初衷，以至因赌咒发誓的极端做法开罪了同僚张国淦。郭氏拒绝使用民国纪年，但也不像其他遗老继续使用“宣统”纪年[①]，自1912年开始用“宣统逊政后一年”“二年”直到“后二十九年”(1941)，这些是他表明遗民身份的显著标志。

郭则沄在民国初年的政治活动大致是随徐世昌一同进退的。1914年，徐世昌出山组阁，制度变革，设政事堂，徐任国务卿，对郭十分信任，一力援引。郭以“私交不能却”为由，进入中枢机构服务。年谱云：

> 内阁改组，仲恕(按：陈敬第)辞秘书省事，以山人自代，不就。寻菊师(按：徐世昌)出任国务卿，以政事堂公所为私邸，强山人襄其幕府。政事堂设左、右丞，为杨杏城(按：杨士琦)、钱幹臣(按：钱能训)，与山人夙厚，复邀之协同签拟。山人以私交不能却，名曰帮办机要局，核其名实固无当也。于是凌晨入府，橐笔役役，午后则至菊师邸。菊师念其劳，言于项城，置之参议之列。项城初不可，固言之，乃许。然每召议，皆不及山人，山人处之泊然……

进入中枢的郭则沄，不仅受到徐世昌的庇荫，也有一批文人旧僚相往来，业余时间编书酬唱，有过一度惬意的官僚生活。特别是身在机要部门，比局外人更多了解一些政情内幕。但与袁世凯的关系仍不谐。1915年条记载袁世凯称帝的情形，即有为一般史料所未及者。兹引述如下：

---

① 像梁鼎芬、林纾等人入民国后仍继续使用宣统纪年。林纾撰《御书记》末款题“宣统十四年三月十五日臣林纾记”，见薛绥之、张俊才：《林纾研究资料》，福建人民出版社1982年版，第98页。

其时帝议制已起，盖有潜主之者，而趋炎之士竞推波助澜，以希荣宠。项城语人曰："历来帝王子孙结局必归残僇，且吾长子残废，次子为名士，三子更趋下流，余子尚幼，孰能继者？"论似近诚，而以闻自左右丞者，窥其意旨，殊不尽合。一日，坐后乐堂，雨中沉寂，念及是事，即取案头红格手折率书说帖，举四端讽之……既而异论渐喧，河间（按：冯国璋）入见，询果有是事否，项城力辟其妄，若矢天日。河间亦信之。迨筹安之论渐见事实，始悟其外己。合肥（按：段祺瑞）时推服菊师，以师不主是议，亦阴附之，且与河间结合，其言曰："今事未成，已见忌，若此设果成者，吾属安有噍类乎？"然菊师深沉自晦，至事迫，始引疾乞退，项城使左右丞慰留之，辞益坚。一日，诣政事堂公所，直造师病榻，久谈至二时。及归，始允其请，以陆子欣代之。

自述中难免有自我表扬的嫌疑，郭氏是否亲自呈递禀文劝止袁称帝，一面之词尚可存疑。身为局内人，他说徐世昌开始"不主是议，亦阴附之"，"至事迫，始引疾乞退"，袁世凯百般挽留，甚至到徐病榻前劝说，亦未奏效，可见徐之坚定。护国运动爆发后，袁氏陷入危机。年谱1916年条记载了袁责难徐世昌的言论：

时西南诸省树异帜，连及两粤，项城咄咄不怡，语杏城曰："谓吾非帝王才，古来开国之主，胜于我者安在？谓吾不当叛民国，微吾，安有民国哉？谓吾世臣不当叛清，吾当服罪，然为此言者，亦必清之大臣乃可。徐某诚大臣，非吾之力，彼何由致之？"其衔怨菊师者深矣，亦深忌山人。

这段言论颇见袁氏之自负及其众叛亲离之际内心的苦楚，即使他自负如故，也无法挽回大厦将倾的局面。衔怨徐世昌应无疑问，是否及之"山人"，则未必。这里又流露出谱主自我渲染的倾向。

三、在天津的遗老生活

年谱中对丁巳年(1917)张勋复辟的前后原委也着笔甚多,对张氏仓促起事持批评态度。尽管郭则沄对清宫旧主充满眷恋,并获命在"小朝廷"行走,入内办事,但他还是指责此次鲁莽的举动,为君上带来了危难。年谱写道:"山人忍泪谓同列曰:'此何等事,而儿戏举之,设以此累及孤儿寡妇,吾侪虽粉身碎骨,奚足自赎?今当谋所以安皇室者,曹出曹入,无益也。'……山人有《过南河沿绍卿故宅》,句云'坐叹粗材能慷慨,终成轻举误徘徊',盖有深慨。"

对旧主的殷殷"眷怀",并不影响郭则沄再次入仕民国。他在1918年徐世昌当选大总统后,仍旧"委屈"地投身幕府予以帮助。年谱"后七年戊午(1918)"记:

> 段合肥既复共和,迎冯河间以副总统,代行大总统事,久之,亦积不相能。迨改选国会成,以河间代行期满,由国会选菊师代之,师请命于皇室,得旨乃就任,仍臣事如故。时幹臣为阁,强山人领秘书厅事,师亦令佐其幕府。山人劝及是时为皇室规久远之策,于国政则实行军民分治,于外交则乘协约国之战胜,更定故约,悉复主权。前二者师皆不能行,惟争回于华府会议者数端为可纪也。

按照他的解释,他是被"强领秘书厅事"(国务院秘书长),又为总统徐世昌做"幕僚"。因为徐任总统曾请命"皇室",自己做事当然也就心安理得了。这同样是郭氏为自己"入仕"民国所做的解释。在他看来,他是"幕职",与国务院各部院的部长、次长意义不同,后者便属于食"周粟"了。次年,第二届国会解散,靳云鹏再次组阁,欲以郭为阁员长部,了解郭氏的徐世昌说:"啸麓岂肯为总长者?殊可不必。"郭则沄对此极为感激,年谱中有"师真知我哉"的感叹。当然,这番解释有些自自欺欺人了。相比于既服务于民国，又要保持“遗老”身份的尴尬，1922 年直奉大战后，随着徐世昌的下台，郭则沄也彻底离开了浑浊的官场，可以堂堂正正做“遗老”了。

1925 年，废帝溥仪居住张园。郭则沄也常去天津，并在津构筑栩楼，作为接待友朋之地。他觐见溥仪，与很多遗老密切往还，组织诗社，酬唱交流，这是他遗民情结加深的转折性年代。年谱记云：

> 是夏，于栩楼拓建数椽，为游宴地，庭有隙地，垒石补花，有亭有池，宜于散步……时郑太夷（按：郑孝胥）丈亦居津，山人慕其才略，意或足当大事，因屡就深谈，且从之学诗。久之，所持论乃相左，盖太夷欲尽弃前此之典章制度，山人则以典制为重，必不可保者乃变通之。然太夷特心折山人，其赠山人句云“平生词客饶相识，独为斯人惜霸才”，盖栩楼酒坐之作，倾倒之意见于言外。山人和其《九日李公祠》句云“微吟世或关忧乐，勇退身犹系重轻”，亦寓深旨。

这里记述了他与同乡前辈郑孝胥的交往。此后，每年新春，郭氏都去给溥仪请安叩贺。年谱 1928 年记：

> 元旦，诣行园叩贺。凡来贺者，上各赐以大吉春条，皆临时濡笔，内侍捧以下，鸾龙络绎，墨瀋犹未干也。陈弢丈、郑太夷、郭诇白与山人皆有纪恩之作，上微闻之，翊日命各录以进。山人有句云“为想清时存典则，因窥圣学极精微”，太夷称其颂扬得体。

有关围绕在废帝身边的众遗老内部的分歧和矛盾，郭则沄也时有表达。年谱 1930 年曾详细记录了一段与溥仪的谈话：

一日，上宣召，遣使传谕至再，山人执礼固辞。上必欲见之，曰："此非承平时可比，独不闻古人墨绖之义乎？"因颁赐冠服、御容及御书旄邱诗幅，命以谢恩入对，山人不得已，乃趋谢。上赐坐，咨询周至，山人历举所知以对。中询及相才，山人曰："枢臣之才则有之，如某某皆是；若相臣，则难乎其选，以臣所知，殆无足肩巨任者。若时势所需，朝廷因而用之，是又当别论矣。"上问曰："郑某如何？"山人曰："斯人负才略而近疏，且乏知人之识，易为人所欺，前此受诳事，上当知之，臣不复赘陈。今后事机益迫，毫发千里，设受欺而累及君上，则上之地位岌岌矣。愿陛下慎之。"上闻言愕然，嘿对良久，乃复言他事。是日奏对至二时许，内直者皆惶惶，必欲询奏对何语，山人诡词答之，众不信，追询未已，弢傅遣人再四来询，山人终守温树不言之义。

当时，郭则沄之父病逝，他还在丁忧，不能奉承王命，所以"执礼固辞"。但最终还是觐见了溥仪，并建言献策。这里已经透露出对郑孝胥影响废帝的不满情绪和担忧心理。次年，郭则沄 50 岁生日，溥仪恩遇有加。他写道："上先日颁赐'德诵清芬'匾额，盖自出狩后不复颁赐物品，凡赐旧臣，皆以宸翰。山人诣谢，上召对，赐坐，慰谕有加，且曰：'朕望汝常来，勿畏谤引嫌。自来肩大任者必持以毅力，嫌谤不足避也。异日来，朕尚有所语。'山人谨诺。"凡此种种，表现得似乎很是信任。但是，很快，在日本人的胁迫和郑孝胥等人的引诱下，溥仪选择了一条背叛民族和国家利益的不归之路。

必须指出的是，郭则沄在这个问题上表现出了坚守民族大义的可贵立场。他在年谱中写道：

未几而津变起，郑太夷父子奉帝幸大连，山人欲有所陈而入对不及，耿然忧之……嗣闻事机急切，时苍虬（按：陈曾寿）条举必当坚持者数事，上以授太夷，使秉此为鹄。迨议定，而此数事曾未言及，于是满洲新局成，上遂为执政矣。时汪衮甫（按：汪荣宝）归自东瀛，居都下，感愤时事，颇有故国之思。山人屡过深谈，至是复相与欷歔累叹。衮甫曰："异时有编纲目者，必大书曰：'帝为满洲国执政，清亡。'是大清不亡于辛亥，而亡于今日也。"山人不敢置一词，然自是寸怀灰槁，有闭户著书之志矣。

在与汪荣宝的交流中，郭则沄其实也是认同"帝为满洲国执政而清亡"这一说法的。否则，也不会"寸怀灰槁"，从此要闭户著书了。1934年，溥仪在长春由"满洲国"执政称帝。郭氏写道：

逊帝即满洲国皇帝位，不嗣大清，不立九庙，不认皇族爵位，盖其制曰创而不曰因，异日亿万其年，必肇源于此。旅津旧臣将具贺表，使山人属草，周熙师（按：周登皞，字熙民）来言之。山人叹曰："吾侪大清世臣也，若具表者，必称旧臣；否则，何以别于新邦臣庶？"众不谓然而止。

这里，郭氏显然认为溥仪的"满洲国"已经不嗣大清了，而他是清朝的世臣，与郑孝胥这帮"新邦臣庶"不同，他的看法得到了同侪的认同。后来他在编写年谱时不用宣统纪年而用"后××年"的形式，与此也大有关系。

读书著述和诗词唱和也是郭则沄在天津生活的重要组成部分，遗老之间的诗文唱和往往也是他们取得共鸣和交流思想、感情的重要方式和途径。刚到天津，他参加遗老们的"冰社"雅集，1928年领衔创建词学社团"须社"，有社长之名，该社是当时天津乃至全国很有影响的文学雅集活动。须社集会100次，郭则沄参加了80次，社课达87首，成为参加次数和填词数量都最多的社员①。有关情况，郭氏自订年谱中也有详细记述，可谓为研究词学结社提供第一手材料：

> 山人早岁尝为长短句，此调不弹久矣。是夏，复与同人约为词社，仍七日一集，与是集者，周熙民（登暤）师、陈止存（思澍）丈、查峻丞（尔崇）、李子申（孺）、章霜根（钰）、白栗斋（廷夔）、杨苓泉（寿枏）、林忉盦（葆恒）、王薇庵（承垣）、郭詷白（宗熙）、徐芷升（沅）、陈䂀公（实铭）、周息厂（学渊）、许辛盦（钟璐）、胡愔仲（嗣瑗）、陈苍虬（曾寿）、李又尘（书勋）、唐立厂（兰）、周君适（伟）。每集皆命题限调，于次集汇录之，公推数人以五色笔评点，虽不尽协四声，要必合于红友《词律》。渐而社外和作纷投，若铜山洛钟之应。樊樊山（增祥）、夏闰枝（孙桐）、陈徵宇（懋鼎）、陈郇庐（毅）、高远香（德馨）、邵倬盦（章）、夏剑丞（敬观）、姚景之（亶素）、万公雨（绳栻）、袁伯夔（思亮）、钟子年（刚中）、黄䏼庵（孝纾），分居南北，邮筒不绝。而陈弢庵太傅每集必作，几与在社无异。凡百集而止。同人于社课外，亦多纪游遣兴之作，山人萃录成帙，先后乞朱彊村、夏闰枝二公选定，刊为《烟沽渔唱》四卷。初，社名仍从"冰社"，芷升欲易为"须社"，示河清之有待，同人皆曰善，遂从之。

年谱中还有其他有关诗词结社情况的记述，可补其他著述的不足。如1935年年谱记云："冬归栩楼，沽上人士有为城南吟社者，欲

---

① 郭则沄等遗老的词学创作活动，堪称民国词学史的重要课题，引起不少学者关注。参见林立：《沧海遗音：民国时期清遗民词研究》，香港中文大学出版社2012年版，第276—317页；袁志成：《晚清民国福建词学研究》，福建人民出版社2013年版，第82—84页；袁志成：《晚清民国词人结社与词风演变》，湖南师范大学出版社2015年版，第148—164页。

招山人入社，山人以兰艾杂淆，执不可。复约为饮社，山人不得已从之……是冬，与顾寿人、胡楚卿、朱燮丞、徐贞孺、许辛盦、张麟青、王彦超等约为消寒之饮，皆君子人也。”次年又记：“正月，复举蛰园诗社为击钵吟，以春灯为彩，与者二十余人，以元夕集唱蛰园，分灯而散。冬，归栩楼。尝与乡榜同年宴集津市，遇周斗钦太守，以近著互质；又与章一山、杨味云、顾寿人、胡楚卿、朱燮丞、徐贞孺、许辛盦、陈踽公、王彦超为消寒之饮。一日集栩楼，山人语及身世之艰，至求死所而不可得，不觉痛哭，众为酸鼻，一山掩面避之。”看来，郭氏在溥仪前往东北后十分失意，既绝望于民国，又失望于逊帝，其心情压抑，苦闷不已，也只能在遗民同志的雅集中才会语及“身世之艰”“求死不能”的矛盾心情。

但是，由于家世和身世之缘故，其眷恋旧主的情怀始终难以割舍。溥仪抵达东北后，郭则沄仍不时与逊帝身边的许宝蘅、胡嗣瑗等旧友通信，关心东北的动态。许宝蘅（1875—1961），字季湘，浙江仁和人，举人出身，清季任军机章京，民国后也在北京政府供职，后因溥仪召唤，前往伪满洲国，任职宫内府。他与郭则沄皆为俞陛云（字阶青）之婿，故交谊尤厚。据许宝蘅日记，1944 年 11 月 13 日，胡嗣瑗（号愔仲）“以啸麓所托杨荫北前辈遗摺及公呈存古院进书摺交之”。1945 年 4 月 21 日，许又接到郭则沄从北京来信，乞“为书生圹志”，大概许氏对此略有异见，故有“此公急谋身后名”的评断[1]。1945 年 8 月，许宝蘅返回北京，10 月 12 日，与郭晤面，许日记云：“啸麓写示赠诗：先去非逃死，余生尚恋恩。忆当辞绝塞，犹及别修门。叩寂支形影，沈哀赘笑言。有涯除是醉，终惜搁芳尊。”[2]再一次流露出淡淡的旧主之思。据说，郭则沄闻听溥仪被苏联红军俘获的消息，仍不忘克尽臣节，联络“南朔耆旧，驰书当轴，力事营护”，希望能将“旧主”营

① 许恪儒整理：《许宝蘅日记》第 3 册，中华书局 2010 年版，第 1409 页。

② 许恪儒整理：《许宝蘅日记》第 3 册，第 1435 页。

救出来[①]。当然，这只能是幻想而已。1947 年 1 月 8 日(丙戌十二月十七日)，郭则沄突然病逝。许宝蘅在第二天的日记中写道："接郭家报丧单，啸麓昨日去世。午后二时往唁其夫人，入视不觉泪下，二子一在沪，一在兰州均未归，知其十四日尚出门，日记写至十五日止。五时大殓，殓以朝服。"2 月 12 日，他为郭则沄撰挽联云："累世托交亲，文采风流吾弗逮；残年伤急景，平生怀抱复谁知。"[②]一方面赞誉了郭氏的文艺成就，同时也哀叹其衰年丧子及留恋旧主的落落情怀。以清代朝服装殓本身就说明其至死不渝的遗老情结。

生活在政治动荡年代，郭则沄虽然思想保守，却始终大义在胸。1938 年，汉奸王揖唐邀请郭则沄出任华北伪政府"秘书长"，遭到拒绝。1942 年，周作人(启明)又出面请他任"华北教育总署署长"，郭则沄写了一篇骈体文的《致周启明却聘书》，发表于《国学丛刊》第 11 册，以明心迹[③]。他的一生充满了强烈的遗老情结，在诗文中也随处可见抒发和标榜，不免自炫的色彩，但总体而言，郭则沄仍不失为一位深受儒家正统思想浸润、具有民族大义和气节的爱国学者。

(原载《天津师范大学学报》2018 年第 4 期)

---

① 许钟璐：《清故诰授光禄大夫头品顶戴赏戴花翎署浙江提学使司提学使侯官郭公墓表》，见卞孝萱、唐文权编：《辛亥人物碑传集》，团结出版社 1991 年版，第 784 页。

② 许恪儒整理：《许宝蘅日记》第 3 册，第 1491 页。

③ 郭久祺：《郭则沄传略》，《北京文史资料》第 57 辑，第 147—149 页。

同光之际的地方社会与政治

——张荫桓致赵新、刘传桢书札释读

清季粤籍官员张荫桓是近代史上一位富有传奇色彩的人物。他从咸同军兴时代的捐班知县起家，凭借非凡的才干，从流品繁杂的候补官员中脱颖而出，由道府擢监司，位列京卿，持节海外。光绪中回国后再入总理衙门，参与清廷外交决策，并以户部左侍郎管理三库，掌管朝廷财政，成为甲午前朝中举足轻重的实权人物之一。甲午战争后，国事艰危，张荫桓颇受光绪皇帝信任，又得帝师翁同龢倚重，近人黄濬称其为"甲午至戊戌间之幕后大人物"[1]。戊戌年康有为就是在张的暗中策动下，逐渐被光绪皇帝发现、赏识，成为搅动风云的政治新秀[2]。比较而言，张氏早年的历史，或因缺乏可信翔实的资料，人们还不甚了了。有幸的是，李经国先生收藏多年的一批张荫桓早年书札即将刊行[3]，为了解这位杂佐出身的底层官员当年的活动、心迹和思想历程，提供了鲜活的史料。这批书信也透视出同光之际地

---

① 黄濬著，李吉奎整理：《花随人圣庵摭忆》下册，中华书局 2013 年版，第 687 页。

② 有关谁向光绪皇帝举荐康有为的问题，近代以来争议不断，笔者认为主要还是张荫桓发挥的作用，尽管康、梁后来一直极力掩饰这个秘密。详见马忠文：《张荫桓、翁同龢与戊戌年康有为进用之关系》，《近代史研究》2012 年第 1 期。

③ 该书出版时取名《同光之际的地方社会与政治——张荫桓致赵新、刘传桢书札释读》，由马忠文、林锐编著，北京联合出版公司 2019 年版（因疫情原因，延至 2020 年 12 月才正式印制面世）。

方社会政治生态和官场生活的多重面向，对研究近代政治史、社会史裨益良多。

一

张荫桓(1837—1900)，字皓峦，号樵野，又号红棉居士，晚号芋盦，广东南海人。同治元年(1862)，以监生捐赀知县，指省山东，先后为两任山东巡抚阎敬铭(字丹初)、丁宝桢(字稚黄)聘入幕府，执掌文牍，总办营务，十分倚重。屡经保荐，由同知、知府升道员，同治八年(1869)前往湖北候补。同治十三年(1874)，经丁宝桢奏调返鲁，次年抵达，参与筹办山东机器局及烟台海防事宜，并留于山东仍归原班补用。光绪二年(1876)署登莱青道。五年，周恒祺任巡抚，复委办营务处，兼洋务总文案，依为左右手。七年二月，委署山东盐运使，四月交卸；九月，张荫桓奉旨补授安徽徽宁池太广道。至此，他才成为一名实缺道员，结束了十多年候补委署官员的漂泊生涯。

光绪八年(1882)正月，张荫桓抵达芜湖接任，兼管芜湖关。十年(1884)正月，署理安徽按察使，二月奉旨来京引见，五月抵京，蒙恩召见，旋开缺，赏给三品卿衔，在总理各国事务衙门学习行走，六月补授太常寺少卿。七月，因受到参劾，奉旨退出总理衙门。九月，左迁直隶大顺广道。十一年(1885)六月，经李鸿章等举荐，以三品京堂候补，充任出使美国、日斯巴弥亚(西班牙)、秘鲁三国钦差大臣，从此开始外交生涯。

光绪十二年(1886)二月，张荫桓自香港展轮放洋，持节三年后，于十五年(1889)十一月任满回国。短暂乡居后，次年二月回京复命。驻外期间，他已补授太仆寺卿。闰二月，奉旨在总理衙门大臣上行走，重返总署。同年十二月，补大理寺卿。十七年(1891)七月，擢都察院左副都御史。十八年(1892)六月，转户部右侍郎，同年八月改户部左侍郎，成为参与清廷外交、财政决策的二品大员。戊戌政变后，遭革职，流戍新疆，庚子年七月在戍所被杀。二十七年(1901)十月，因为美英驻华公使要求，经李鸿章奏请，清廷为之平反，复原官。

缕述张荫桓的仕宦经历，不难看出，光绪十年（甲申）是他人生的最大拐点。这一年，就外交来说，中法因为越南问题的交涉和争议引发中外关注，成为远东外交关系中的焦点事件；就内政而言，慈禧太后极度伸张自己的权威，采取全班更换枢臣的极端形式，重组枢垣，罢黜恭亲王，令醇亲王掌控朝政，开启了一个新的政治时代。张荫桓的命运也正是在这朝局动荡的年度出现了转折：虽然他入值总署后不久，因言官参劾，左迁直隶道员，但是，这只是其宦海生涯中一次暂时的挫折。原来，甲申易枢中，最早在山东赏识张荫桓的阎敬铭，在赋闲多年后，以户部尚书之职在军机大臣上行走；而同时入枢学习行走的工部左侍郎孙毓汶，后来也成为张氏积极攀附的政治靠山。概言之，到了光绪十年，张荫桓已然鹤立鸡群，全面超越当年那批候补同僚，仕途从此一帆风顺。

因为有官方档案以及张氏本人部分日记存世，学界对其甲申后的活动已有较多研究，诸如充任驻美、西、秘公使阶段的华工交涉、甲午战争期间的对日交涉、战后对外借款以及戊戌年秘密支持康、梁变法等问题，都有专门论述①。有关张荫桓成为京官前的早期历史，限于材料，只有《清史稿·张荫桓传》《南海县志·张荫桓传》等几篇传记中大略提及而已。而张氏从同治初年开始，先后在山东、湖北、安徽各地的官宦生活，长达20多年，奔波之艰辛，经历之坎坷，以往人

---

① 相关研究可参见板野正高：《清季一个外交家的西洋社会观——张荫桓撰〈三洲日记〉札记》，收入中华书局编辑部编：《纪念辛亥革命七十周年学术讨论会论文集》，中华书局1983年版；戚其章：《论张、邵东渡与日本广岛拒使》，《齐鲁学刊》1989年第5期；李吉奎：《张荫桓与戊戌变法》，收入王晓秋主编：《戊戌维新与近代中国的改革》，社会科学文献出版社2000年版；马忠文：《旅大租借交涉中李鸿章、张荫桓的"受贿"问题》，《学术界》2003年第2期；孔祥吉：《掀开历史人物的面纱——读〈张荫桓日记〉有感》，《福建论坛》2007年第11期；等等。

们鲜有了解。经国先生收藏这批张荫桓书札，反映的正是这个时期一位在地方拼搏、积极进取的候补官员的形象：机敏、勤奋、干练、自信，从朋友间的“私房话”中，多少也流露出他自私、偏执的一面。

此次刊行的书札包括张荫桓写给同僚和朋友赵新的38封书信以及写给安徽候补道刘传桢的6封书信。时间起于同治五年(1866)十月，止于光绪十年(1884)四月，前后跨越18年，正是张荫桓做地方官的时期。

赵新(1820—1881)，字晴岚，直隶天津人，道光癸卯(1843)科举人。大挑知县，签掣四川，以亲老告近，改掣山东，咸丰五年(1855)到省，历署利津、武城、邹平知县，同治二年(1863)实授知县。四年署理德州知州。后署沂州知府，补曹州知府。同治十三年(1874)丁忧去官，服阕后仍以道员在山东候补，他是张荫桓一生中十分要好的朋友。刘传桢(1838—1891)，字文枬，号守斋，江苏上元人。咸丰间太平军攻陷江宁，父母死难，乃投身军旅，从袁甲三转战皖北，后投靠曾国荃、福明阿。安徽巡抚乔松年赏其才，调回皖，因军功，以知府留安徽候补，权知广德州。继任巡抚英翰又信任有加，以镇压捻军之功，数荐刘氏以道员记名用。同治十三年，英翰调任两广总督，刘传桢也相随岭南，次年八月，英翰罢职，传桢遂赋闲扬州。数年后重返安徽，做候补道员。张荫桓写给刘传桢的书札原是周绍良先生的旧藏，后附近代名流赵椿年、陈龢年所题跋语两篇。现在张氏致赵、刘书札皆由经国先生珍藏。

考虑到内容的关联性，整理这批书信时，我们又搜罗了近年拍卖市场出现的其他两种张氏早期书札作为附录。一种是张荫桓写给赵新的一封书信和两件抄录的诗稿，共计9页，时间、内容恰与经国先生收藏的信函相衔接，堪称合璧①。另一种是张氏在光绪元年

① 详见广东崇正2017年春季拍卖会的拍卖图录《古逸清芬》。

(1875)到光绪三年之间写给湖北地方官员潘康保的书信，共3封，26页[①]。潘康保(1834—1881)，原名圭生，字良士，号秋谷，江苏吴县人。咸丰五年(1855)举人。他是清季名臣潘祖荫(字伯寅)的族弟，潘遵祁次子。曾任湖北嘉鱼、钟祥等县知县，与张荫桓有同僚之谊。这三封信主要谈到张氏光绪元年(1875)重返山东后对东省地方政务和人事的评议和叙说，可与上述其他书信互证，进一步丰富人们对张氏早期历史的认识。

二

山东是张荫桓仕途的起点，其仕宦道路和处世性格的养成，都与早年在山东的生活不无关联，乃至他成为京官后一直对山东地方有一定程度的影响，也与早年的经历难脱瓜葛。

同治初年张荫桓来到山东，主要是投靠他的舅父李宗岱(字山农)，谋求庇护。在李的帮助下，报捐知县。当时山东辖十府二州(直隶州)，地处畿辅屏障，又是连接江南的水陆通衢，咸同之际马贼、捻军、盐枭纷纷出没，匪患十分严重。特别是同治三年(1864)清军攻破江宁后，太平天国主力失败，捻军从河南、安徽和江苏越过黄河故道北上，逼近并进入山东，甚至窜入直隶境内，这令清朝统治者极度恐慌。两任山东巡抚阎敬铭和丁宝桢都将职守重心放在运河两岸的"剿捻"上。由于捻军分股行动，来去迅速，在豫、皖、苏、鲁交界处迂回窜行，各省地方文武官员顾此失彼，苦无良策。同治四年(1865)四月，清军统帅僧格林沁在与捻军作战时被打死，清廷命两江总督曾国藩以钦差大臣督办直隶、山东、河南三省军务，主持剿捻，江苏巡抚李鸿章署理两江总督，直隶总督刘长佑、三口通商大臣崇厚也驻守大名、景州，共同防范捻军，以维护京畿安全，足见清廷对此事的极度重视。直到同治七年(1868)六月西捻军覆灭为止，清廷几次更换主持

---

① 详见广东崇正2017年秋季拍卖会的拍卖图录《古逸清芬》。

剿捻的钦差大臣,先是以李鸿章取代曾国藩,又任命陕甘总督左宗棠为钦差大臣,镇压窜入陕西的捻军,因对湘淮军统帅不甚信任,面对捻军和直隶枭匪逼近津京的险情,清廷命恭亲王奕訢会同神机营王大臣筹划京城巡防事宜,又命盛京将军都兴阿管理神机营事务,授钦差大臣赴天津"办理剿捻",由崇厚帮办军务。对此,左宗棠抱怨说:"捻事本可早蒇,而数百里之内,大臣三,总督一,巡抚三,侍郎二,将军一,而又以邸营加之,禀命专命,均有不可,束缚驰骤,奚以为功?"[①]除捻军流窜作战的特性外,从统治者决策来看,清廷任人不专,政出多门,各满汉大臣钩心斗角,推诿牵制,也是导致镇压捻军难以迅速取得成效的原因。最终,经李鸿章、左宗棠督饬淮军、湘军,与山东巡抚丁宝桢指挥地方绿营军,制定防堵计划,在运河与黄河之间合围捻军,才将西捻军张宗禹部在徒骇河边围歼,耗时数年的"平捻"活动终于结束。

张荫桓自始至终参与了山东镇压捻军和直枭的活动。他被时任山东布政使(后升任巡抚)的丁宝桢委派管理营务处,负责联络后勤,与各方接洽,练就了娴熟干练的办事能力。写给同僚好友、德州知州赵新的大部分通信,都与车马安排、军粮发放、饷银垫付、迎来送往等军务琐事有关。当然,二人既是朋友,也有不少知心话,甚至品评上司的言论。这些书信中透露的细节对研究清廷镇压捻军及山东地方社会、军事都很有参考价值。兹选取重要内容略作点评。

(一) 攻剿黄崖山寨。同治五年(1866)九月,巡抚阎敬铭闻儒士张积中(信奉太谷学派)聚众数千人,在长清与肥城之间的黄崖山筑寨自卫,恐其"图谋不轨",命其出山投案对质,遭到拒绝。当时西捻军活动频繁,山东境内"匪团"比比皆是,一些士绅依靠武装抗官抗粮,每每引起官府的恐惧。由于传言张积中与盐枭有勾结,阎敬铭与

---

① 《答杨石泉》,刘泱泱点校:《左宗棠全集》书信(二),岳麓书社 2014 年版,第 99 页。

幕僚商议后，决定派兵攻剿黄崖山寨。不料张积中率众拒降，以致清军攻入山寨，杀寨民千余人，张积中父子也自焚而死，情形十分惨烈。时论对此颇有异议，尤其是鲁籍京官议论纷纷，参与剿攻计划的张荫桓则极力为阎敬铭辩护。他在这年十月十一日写给赵新的信中说："黄崖招祸之烈，我军攻克之神，均出意外，因悟伪学足以乱世；伪才足以杀身。积中父子簪缨华胄，自负名儒而乃为此叛逆之举，殊可寒心。"张荫桓还说，从山上"起出旗帜、号衣等物，均有'太平天国天将天兵'字样。逆巢陈设均用黄幔，殊可骇也。"这些当是官方将张氏父子定为"教匪""谋反"的罪证。信中也写道："寨中约千余人，得逃生者无几耳。惟救出老弱、妇女，均交长清、肥城两大令，分别饬保。弟随节登山，目击情形，可为浩叹。"[①]不管原因如何，屠杀千余人是事实，张氏亲眼所见，并不讳言。十月二十七日的信中又写道："张积中事前函已累陈梗概，中丞（按，指阎敬铭）复据实通饬全省，尊处当已奉到，无烦赘渎也。此事骇人听闻，不图华胄才人，甘为罪魁逆首。"[②]事后论功行赏，张荫桓在此"教匪"保案中又得到一次保举，他极力贬斥张积中父子、为阎敬铭评功摆好，也就在所难免了。

（二）前往黑龙江招募马队。同治六年（1867）春，张荫桓和李宗岱、惠庆、刘时霖奉檄出关，前往黑龙江招募马队，带回山东用以镇压捻军。张氏自幼生长于岭南，却不顾辛劳，北上出关，颇见几分丈夫气概。这段经历以往只见于张氏本人的诗作中[③]，详情难知。他于

---

① 《张荫桓致赵新书札》，同治五年十月十一日，马忠文、林锐编著：《同光之际的地方社会与政治——张荫桓致赵新、刘传桢书札释读》（以下简称《书札释读》），第 2、9 页。

② 《张荫桓致赵新书札》，同治五年十月二十七日，《书札释读》，第 13、14 页。

③ 张荫桓有《辽东募军行》一诗，记述此行，诗题云"丁卯募军辽东见军士别离之苦，补赋此诗"，应是后来补做的，见孔繁文、任青整理：《张荫桓集》，中华书局 2012 年版，第 15—16 页。

这年六月初八日从吉林写给赵新的信中说:“弟于五月十三行抵吉林,已挑备旗丁一千六百五十名,六月初八日起程,分三起行走,每起间两日,以便站车替换也。吉省向不产马,已赴黑龙江另购。俟江省旗丁回时,一丁二骑,不致疲误。”[①]为此,他请赵新在旗丁入境之后,联络招呼,妥善安置。吉林旗丁如期起程后,张荫桓又与刘时霖一起赶往黑龙江,与先期抵达那里的李宗岱、惠庆会合,购买马匹,招募旗丁,统率南下。据李宗岱说,由于“节节为黄水马贼所阻,迟至十二月杪始抵济垣”[②]。此次招募马队镇压捻军,是丁宝桢“平捻”事业取得成功的重要举措,通过此信可对其中细节有了更多了解。张荫桓还在信中抱怨,这次出关,不仅辛劳异常,还花光了所有积蓄,甚至到了无资度岁的地步,可见当时候补官员生计之艰难。

(三)参与捉拿安德海。同治八年(1869)太监安德海矫诏出京,打着钦差的名义,沿途索需,干扰地方,为德州知州赵新侦知,他密禀巡抚丁宝桢,上奏朝廷,奉旨密拿,于泰安将安德海拿获,解送济南正法。当时,已经决定赴湖北候补的张荫桓也因此而迁延半月,参与其中谋划。同治九年(1870)三月廿六日,已经抵达武昌的张荫桓致函赵新说:“自维居东七年,与台端共筹画者最多。出疆之顷,犹以安监一事,奉稚帅密谕筹拿,以此延留旬日。尊牍并已得读,于发奸摘伏之中,寓马艳班香之笔,必传之作也。幼石已存档,濒行又未及抄录,东幕故人寄来疏稿又未全叙,殊怅怅,愿暇时抄示也。”[③]此时,赵新已因安德海事件名扬天下,士林对其请捉拿安氏的“禀文”也极推崇,

---

① 《张荫桓致赵新书札》,同治六年六月初八日,《书札释读》,第29—33页。

② 《李宗岱致阎敬铭信》(之五),《清代名人书札》第6册,北京师范大学出版社2009年版,第1393页。

③ 《张荫桓致赵新书札》,同治九年三月二十六日,《书札释读》,第270—273页。

已离开山东的张荫桓也写信请求补抄寄回。往者有关参与捉拿安德海的丁氏幕僚，除了赵新，据说还有薛福保（字季怀）[①]，就此信来看，张荫桓也参与其中。

三

从同治八年（1869）七月十九日写给赵新的信看，张荫桓计划在七月二十四日“准行”。这次去湖北候补，先要到京城吏部投供，然后南下武昌，抵鄂可能已在十月底。此后他以候补道员在湖广总督李瀚章幕府服务五年之久。

同治九年（1870）三月廿六日张氏在给赵新的信中写道：“弟到鄂六阅月，初甚郁闷，近稍安之。细心讲求，其得力于胡文忠者仍不浅，其最善者，则官场尚俭，冠服舆马概不讲究（只繁文末节、官样排场，不及文忠黜文崇实之意）。且终年可不谯客。春酒之会，不过六次：同人公请两院及两院还席而已。正月督辕两寿，摊份九两余，此尤意外之喜。询之邻近豫、皖、湘、蜀等省，则天渊矣。持此可以藏拙，犹不幸中之幸耶。”[②]信中“文忠”指胡林翼，张氏认为李瀚章治下的湖北官场不求繁文缛节，不讲排场，值得赞赏，但比起胡林翼“黜文崇实”还有差距。当时吏治败坏，地方督抚与其配偶的“两寿”往往是地方道府官员借机贿赂上司和上司受贿的机会。从张荫桓的记述看，李瀚章似乎还算清廉，很是体恤候补官员的窘境，只收每人九两的份子；湖北官场的酒宴也不及山东那样多。同治十年（1871）腊月十八日，张荫桓在信中说：“月领银百五十九两、钱五十九千，委员二人、书席一人，差弁两名、书吏三名，薪俸盐粮之费，悉从此出。官场酬应、家人衣食，亦从此出。虽桑孔之才，亦不能不告乏也。所喜者宴会希

①② 《张荫桓致赵新书札》，同治九年三月二十六日，《书札释读》，第285—286页。

少，公寓亦毋须输租，此为差胜于东耳。”[①]这是一位候补官员在湖北的收入和生活情况，在张氏自己看来，境况似稍好于山东。

但是，他在李瀚章幕中并不愉快，甚至感到孤独。与友人的通信给他带来莫大的慰藉。他在给赵新的信中写道：“从前每得尊书，如见叔度。别后时时检阅，复读赠诗，始而闷，继而思，思而跃然，海内存知己，天涯若比邻，其此之谓耶？”[②]短短几句，二人的情谊笃厚便跃然纸上。读书、写字也是他主要的消遣方式：“心绪究不能欢，日惟杜门学书，或以《汉书》下酒，不然则更憔悴矣。”[③]同时代人误以张荫桓出身捐班，便以为他“不学无术”，其实不然，虽非正途出身，张氏折节读书，诗文俱佳，此处又添一例证。

张、赵两人的私密通信中，也有不少对老上级丁宝桢用人问题的评价。信中写道：“东省人才，当丹帅（按，指阎敬铭）时，君子多而小人少；近则参半矣。宫保（按，指丁宝桢）大度恢张，如河海之纳细流，然此中受累，亦复不浅。弟受恩深重，知无不言，而于用人一道，却不敢置喙。毛遂亦甘人之列，李斯在逐客之中，尚何议论之足重轻哉？”又言：“河东君（按，指薛福辰，谙医道）之赴津，闻为合肥（按，指李鸿章）介弟延医而去。宫保以为不世出之才，合肥但赏其岐黄之术耳，与宫保意大相左也。吾辈衡才，须具特识。拾人唾余以为上客，颇为宫保惜之。三凤（按，指薛福辰、福成、福保三兄弟，都曾入曾国藩、李鸿章的幕府）皆曾、李之余也。宫保抱负不凡，而见乃不及，此纪文达所云‘惟极聪明人能作极懵懂事’，信然。”[④]看得出，张荫桓对丁宝桢

① 《张荫桓致赵新书札》，同治十年腊月十八日，《书札释读》，第322—325页。

② 《张荫桓致赵新书札》，同治九年三月二十六日，《书札释读》，第286—289页。

③ 《张荫桓致赵新书札》，同治九年三月二十六日，《书札释读》，第289页。

④ 《张荫桓致赵新书札》，同治十二年五月十九日，《书札释读》，第354—361页。

用人（尤其是重用薛氏兄弟）大有微词。君子小人之喻，已有不敬之意，还引经据典，将丁说成“极聪明人能作极懵懂事”，可见胸臆之不平。这种意气，在重返山东后就更加严重了。

同治十三年（1874）十一月，丁宝桢遵旨筹议海防事宜，认为山东筹办海防以修筑炮台与创立机器局两事“为先务”，并奏调湖北候补道张荫桓回山东。称张“识力过人”“生长海隅，熟悉洋务，而于炮台、机器各事，在粤时常与西人讲求，见闻极多，足资襄赞”①。但是，第二年九月张荫桓抵达济南后，丁宝桢却改派从江南来的候选知县徐建寅主持山东机器制造各事，只将修建炮台的任务交予他承担。对此，张荫桓十分不满。他在光绪元年（1875）十月五日给赵新的信中说：

> 九月半返省，奉派总办海防，坚辞再三，乃添派蔼仁（按，指龚易图）会办。从前所禀商之机器局，另委薛季怀（按，即薛福保）所荐之候选同知徐建寅为总办，首道薛抚屏（按，即薛福辰）为会办。……弟闻之甚诧，所有半年奉札、奉批、奉函谕、面谕之言，均无所据。……十三年故吏，数千里相依，所遇如是，得非命运使然乎？承属令亲，自当位置。然机局已不容兼辖，骈联吉语，徒负褒嘉。只可徐待机缘，别筹报命。……此中境况，惟吾兄能谅之，亦惟吾兄能知之。弟自顾疏慵，无所损益，念帅座（按，指丁宝桢）举措若是，殊为盛德之累，所以郁郁者在此，并非牢骚之鸣，愿勿为外人道也。②

---

① 《调张荫桓、文天骏片》，同治十三年十一月二十日，《丁文诚公奏稿》，贵州历史文献研究会2000年版，第355—356页。

② 《张荫桓致赵新书札》，光绪元年十月五日，《书札释读》，第377—378、385—389页。

看得出来，张荫桓对丁宝桢任用薛氏兄弟始终心怀不满，只能私下里向老朋友抱怨几句，虽不甘心，也无可奈何。次年四月十二日，张荫桓在写给潘秋谷的信中又说：

> 稚帅设局制器，本拟沿海觅地基，续以近省便于稽核，遂毅然于鹊、华山麓购地设局。中有古坟三百余，须发掘迁厝，藩使与稚帅不洽，缄默不言；臬使言而不效；弟言之而依违两可。稚帅一意孤行，牢不可破。弟雅不愿以制器之微，竟作摸金校尉，尤不愿稚帅抚东十年，为此失民心之举。然言之无文，行之不远，惟深浩叹而已。该局今春动工，稚帅署中，两月四殇，始而幼子，而女孙，而侄女孙，而长孙夭折。至是乃郎垂涕而陈，始罢迁坟之令。①

信中"藩使""臬使"指当时山东布政使李元华和按察使陈士杰，对于制造局选址及迁坟之事，他人似有异词，但巡抚一意孤行，张氏本人也未能劝阻。信中将丁氏家运多舛与局址迁坟之举联系起来，可见时人迷信，连张荫桓这样的开明人士也难避免。进而言之，张氏对丁宝桢舍弃自己重用薛氏兄弟办理机器局之事，始终未能释怀。看来，张氏重返山东后，二人关系已发生微妙变化，似不及早期那么融洽。

虽仕途不顺，张荫桓在金石收藏方面倒是十分活跃，且有不少收获。光绪元年(1875)九月十二日他写给潘康保的信中写道：

> 陈寿卿所藏毛公鼎秘不示人，拓本亦不可得。闻将此器压于积谷之下，虑人偷拓也。前年有粤人携书画、古器来售者，寿

---

① 《张荫桓致潘康保书札》，光绪二年四月十二日，《书札释读》，第551—552页，附录。

翁与购汉印千余方及赵飞燕玉印、大痴山水等物三千余金，即延其人在寓。此君骨董鬼也，潜费五十金，募人拓毛公鼎两张。百计经营而得出。又散氏盘亦在寿翁处，此物更秘而不宣。弟夏间托人往拓其金石各器，自三代以下迄隋唐，但拓文字，尚未到手。除毛、散两器外，寿翁拓本亦尚易得。哲兄伯寅侍郎（即潘祖荫）频与通问，侍郎近刊印章，寿翁属记室代为刊送，金石之契则尤密，恐毛公鼎寿翁仍秘之也。家舅氏得召公器六件，铭字亦多。近欲仿西洋法照出，苦无大镜能照全器者。昨始购得一镜三百余金，拟携入省中照各器，当有精品寄呈雅赏也。寿卿所藏，弟当觅两分，以一自玩，一以分贻文坛。期以明年可如愿也。寿翁吝甚，乡里啧有烦言。惟耆古之怀则万金不惜。闻其乃郎非克家者，寿翁渐老，群从颇不相能，名德之后至为惋惜耳。①

潘康保、潘祖荫及吴大澂不仅同乡，且都擅金石收藏。信中说到大名鼎鼎的陈介祺（字寿卿）收藏毛公鼎及拓片的一些内幕，是研究近代金石学难得的珍贵资料。又言“家舅氏”在省城（济南）买大“镜”照各器之事，当是指为青铜器拍摄照片，这是来自广州富商家庭的李宗岱才有能力付诸实施的时尚爱好。看来，西方人发明的照相机很早就用到传统金石收藏领域了，只是以往缺乏材料，很少有学者关注这方面的细节问题。

四

张荫桓重返山东后，先奉委修筑烟台通伸岗等处炮台。光绪二年（1876），署理登莱青道，管辖三府二十八州县，政务殷繁，兼管关榷及华洋交涉事件，职责非轻。同年九月，丁宝桢调任四川总督，云南

---

① 《张荫桓致潘康保书札》，光绪元年九月十二日，《书札释读》，第535—540页，附录。

巡抚文格改任山东巡抚。直到光绪四年(1878)二月,新任登莱青道方汝冀抵任,张荫桓才交卸署任,返回济南,前后在烟台任职三年多。光绪五年(1879)三月,直隶布政使周恒祺升任山东巡抚,对张多有倚重。七年二月至四月,因盐运使林述训署理按察使,经周奏请,张荫桓以候补道署理山东盐运使。九月,张荫桓奉旨简授安徽徽宁池太广道,他在山东候补官员生活才告一段落。

从张氏书信透露的信息分析,张荫桓交卸署理山东盐运使事务后南下,这年腊月间始到江宁,除夕前一日赶到安庆缴凭,光绪八年(1882)正月初六日奉饬赴任,十一日禀辞就道,十三日抵达道署所在的芜湖县,正月十五日正式接任办事。张荫桓致刘传桢的四封信便是芜湖关道任上写的,时间是光绪八年五六月间。当时,长江沿线发生了严重洪涝灾害,据载,“淫雨为灾,江水盛涨,加以山洪暴发,沿江各州县圩堤漫决殆尽。怀宁、潜山、太湖、宿松、望江、歙县、婺源、祁门、绩溪、宣城、宁国、英山、霍山十三县均报有水冲、沙压田亩情事。当经安徽巡抚裕禄奏奉拨发帑银六万两赈灾”①。芜湖虽然灾情不重,也有险情。张荫桓在信中便提及芜湖灾情和赈济情况及署理直隶总督张树声派周金章(字裁五)携款来皖赈灾的情形。

另外两封给刘传桢的信,分别写于光绪十年(1884)四月初四日和初十日,当时,张荫桓已经奉旨进京预备召见,正在东行北上途中。原来,本年二月二十七日清廷发出廷寄:“江安粮道张富年、浙江宁绍台道薛福成、安徽徽宁池太广道张荫桓,著左宗棠、曾国荃、卫荣光、刘秉璋、裕禄将各该员送部引见,并饬该员等迅速由轮船赴京,将此各谕令知之。”②三月初八日,安徽巡抚裕禄奉到谕旨,急令署理按察使的张荫桓将臬司篆务交卸,尽早进京。二十二日交卸完毕,即刻起

① 冯煦主修,陈师礼总纂:《皖政辑要》,黄山书社 2005 年版,第 424 页。

② 中国第一历史档案馆编:《光绪宣统两朝上谕档》第 10 册,广西师范大学出版社 1996 年版,第 52 页。

行。张氏在四月四日给刘传桢的信中说：

别后，(三月)廿六午抵秣陵，谒沅帅(按，指曾国荃，字沅甫)。廿七八两日三谒沅帅，适美领事往商准用小轮船行驶江面，沅帅驳之。饬念(念，张荫桓藏有南海同乡吴荣光的斋名印"念初思满斋"，因敬仰吴氏，自称"念弟子"，这里代指张本人)为拟稿，函致各关。长裾频曳，谒谈于签押房，期许甚优，愧无以报……念初二抵沪，候屺堂(按，即张富年)自苏回，即便北发，抵津当再奉闻。孟尝君(按，指薛福成)已先就道矣。[①]

这里提及张荫桓代曾国荃起草与洋人交涉文稿的细节。在上海逗留期间，他见到了从京城南来赴任的粤海关监督海绪(字赞廷)和苏松太道邵友濂(字小村)，得知了一些有关甲申易枢的传闻，四月初十日信中写道：

又此间得晤粤海关部海赞廷，云五星更曜之事。元公初六上陵，十二旋返，十三早传召六部，临时又添传戈什按班，并无军机起，五星遂退。及诸老进见时，案上置红匣，谕伯邸开视，伯邸起而捧持，即时开阅，谕：且出去再开。此即十三日之上谕也。诸老请见四次，不可得。至第三次时，内间传谕问：不遵旨否？诸老答以并非不遵，特有面陈之语。随连衔递封，奏请收回成命，并请五星复位。携稿谒醇邸，奉谕：求退则可，若仍请复旧，必干圣怒。诸老遂将稿删改，十四日封递。是日召对，谕毋辞让，随即谢恩，并面陈补递谢摺云。此闻之海赞臣者也。又，邵小村言，阎、许之兼译署，系张副宪恳之醇邸，不允，继之以哭，醇

① 《张荫桓致刘传桢书札》，光绪十年四月四日，《书札释读》，第481、489—490页。

邸为之动，乃有是举云。

信中“五星更曜”是指易枢之事，提及人名较多：“元公”，乃西魏文帝之子，封吴王，与兄弟元儒同日封王，这里指代恭王奕訢；“伯邸”，即蒙古科尔沁亲王伯彦讷谟祜，系僧格林沁之子，时为御前大臣；“醇邸”指醇亲王奕譞；“阎、许”指新任军机大臣阎敬铭、许庚身；“张副宪”指左副都御史张佩纶（字幼樵）。近人笔记中有不少有关甲申易枢的记载，张荫桓从海绪这样一位内务府系统的满员口中听到的消息，自然比京城士大夫中的传言相对可信一些，至少增添了新材料，可为进一步的研究提供佐证。

张荫桓在上海候船数日后，北上到天津，再抵达京城。翁同龢日记四月三十日有张氏到其宅中拜访的记载[1]，则张荫桓抵京的时间应在四月下旬。五月十五日受到慈禧召见，被赏给三品卿在总署行走，翻开了他仕宦生涯新的一页。

（本文为马忠文、林锐编著《同光之际的地方社会与政治——张荫桓致赵新、刘传桢书札释读》一书的前言，收入本书时文字有所增删，为便于读者阅读，又补充了相关注释）

---

① 《张荫桓致刘传桢书札》，光绪十年四月十二日，《书札释读》，第 497—501 页。

李鸿章致李瀚章家书二通释读

顾廷龙、戴逸主编的新版《李鸿章全集》出版已过十年[①]，在晚清史研究中受到学界普遍重视。另一方面，“全集难全”，集外佚文也不断被发现和披露，这在史料整理和史学研究中并不鲜见。近日蒙苏州友人笃斋先生出示其所藏一批晚清名臣尺牍[②]，其中有两通同光时期李鸿章写给兄长李瀚章的家书，长达20多页，为新版《全集》所未收，其内容有关子弟教育、政局动态与人物品评，颇具史料价值，兹略作整理注释，或可为学界同仁提供一定参考。

一、同治八年正月十一日函

第一封信写于同治八年(1869)正月十一日。前一年六月捻军被镇压，李鸿章以湖广总督拜协办大学士，功高勋隆，朝野瞩目；八月初，奉旨北上入京陛见，两宫太后召见四次，询问军事甚详；又与枢臣讨论要政；九月十七日离京，沿运河南下，十月二十六日抵达江宁，与曾国藩讨论筹饷裁勇之事；年底在皖陪老母度岁，兄弟子侄团圆，新年过后便赴任武昌。该信即写于此时，时李瀚章在浙江巡抚任上。信云：

---

① 顾廷龙、戴逸主编：《李鸿章全集》(全39册)，安徽教育出版社2008年版。

② 这批珍贵的书信即将辑为《笃斋藏晚清名臣翰札》，由国家图书馆出版社影印出版。

哥哥大人左右：

新春惟福寿骈臻为祝。前接腊月初四日来书；幼弟廿一日至皖，又接手书；濒行复连奉腊月廿八九日两书，敬承一一。岁内皖省吴竹翁、殷谱翁及司道府各官预祝，送屏两座，面百席，搭棚唱戏（配以他物，嗣后与竹翁通问须道谢）。廿二日觞客，廿三家宴，应酬稍忙，直至开正，贺客盈门。幸即于初十日登舟，奉慈舆于十一日早开行，惟九小姐随去，幼弟送往鄂，俟过二月初三日再回。随从员弁、男女仆役过多，竟用大船六只，大轮船三只、小轮船二只拖带。弟素不喜奢华，乃一动则声势浩大，摆脱不清甚矣。统兵之累人，阔官之误人也。

旧时幕府能提笔者颇少，俱得保举而去，仅嘉兴李少石（文杏），涤师所荐鹤湘之子辅屏从焉。程伯旉催逼再四，于初九日到皖偕行，公事信与寻常折奏差可帮忙；蒋莼卿（嘉棫），约回苏后四月再来。又赵梓芳堂弟（行七，名复泰），书法品学尚好，亦邀去（梓芳有家事，不能远行）；桐城徐宗亮文笔颇佳，随后亦来。前托小宋代荐熟幕，据云现有汪、高两人，笔墨中等，可俟到鄂商订。如此杂凑，居然宾客满堂，谅无混不过去。兄所言绍兴朱姓，年高，未必能来。各处抚幕与敝处局面略异，鄂中情形亦生，弟最怕老幕闹空架而无真本领。军务仍系自办，地方照例公事自须熟手，临事略忝已见可耳。签押、家丁尚不要紧。弟拟诸事迁就，此局恐不能长，随俗浮沉一半年，再看动静。

鄂中去腊复奏厘饷，本省月需口粮十余万，拟敝军到后须筹六七万，尚留地步，未知批旨与部议如何？涤帅与毅山会奏请停川盐，经部议准，小宋等甚为着急，窃料川省先不能允，我与两江不能分家，未便发难，且须行之以渐，尚斋商请川淮各半，未知能做到否？申甫众谤沸腾，又由中发，廷寄不准化大为小，此事颇难了结。春帆前去密访，将来无以处中座与湘相耳。长江水师湘饷应派十六万，一文不认，强推至鄂，韫老风力不小，新亮吾宗从中抗执。弟近来学吃亏忍气，诚不欲管湘事，或谓莅任后内意欲令督办滇黔，似逼三使兼管，则或有发声征色之时耶？小宋未闻有退志，远堂应入觐，闻似晤商，似尚易与。南北文武衔名四折，仅备参考。王夔石拟交藩篆进京，湘薇终属此人。

承劝宜少说话以养气，当书诸绅处。熟人熟地，颇难缄默，生处或从简易。自去冬金陵发一折后迄无续奏（拟接印再具折）。月余未寄谕，年终例赏亦未奉到，四方无事诏书稀，洵属意外之幸。若左公西事稍起色，永无征调，滇黔不必兼顾，一两年徐撤所部，报销渐清，爽然一身，或有归农避贤之望。家居月余，静观默证，诸弟多为财累，我等实被官累。在台上不能筹及私计，如醉如梦，将何结局？能返初服，当唤醒多少痴迷，但恐无此日也。

省三不肯赴任，亦不肯赴直带队，涤帅此去不知如何密谋？省三正月底到鄂，尚要纠缠，复奏如何措词？琴轩母老丁单，久劳于军，强之西行，渠虽请假，并无去志，将来亦难复奏。海舲前在豫省攻圩一案，时因追贼时圩众先开枪炮，毙弁勇多名，往年已派员抚恤，子和久不具奏，忽于事竣后上劾，先奉褫革。淮将强弩之末，多无远志，军事甫平，又添波折，益令武人寒心。故弟但愿得渐摆脱，免致末路之隳。若脱不了，断无辞避之理，虽千万人吾往耳。

母亲精神饮食尚好，此番就养似尚如意，在鄂多一年，弟得多尽一日子职，否则径须回庐，诸弟惟和甫差能自立，性情亦渐和平，训子尚严。经世可望有成，文、诗、字片段已具，人亦长厚，将来亦无用书生。经邦天分太笨，再读几年无大长进，可学处世当家；经楞笔气蓬勃，外貌英发，此群从中千里驹也（小孩们亦须有外样，此语略参相法，兄谓如何），但心气粗浮，乃翁过爱，择师未定，若用功不断，不走错路，早迟或可继起。已与三、四弟详细议之。经方中下之资，文气息若而半通，远到无望，举止似尚谨厚，所云乱打下人，曾有其事，每切戒之。弟发挥过量，绝无奢望其子之心，但能孝友醇谨，即是克家。今审桂保英英露爽，体渐壮实，父母固不免姑息。生为阔少，其不为少爷所误者鲜矣。今年到鄂，拟令认字，顽皮太甚，只可虚与委蛇，听命而已。

子侄耐劳吃苦，断不能及我等。吾童时所处境地非伊等所能梦见，亦难怪其不勤。若《孟子》"降大任"一章，必须实有其事乃可磨成其人，岂口说默揣所致？但为父兄者不可不时时提撕。譬喻他日家运中落，伊等忆及一二前言，或多开悟，便有进益。自古贤豪无不受尽折磨，即凡人一生断无全是顺境、全是逆境者。天道家运往复循环，使其心知此理，大小必有所成。三、四弟于教子尚知尽心，惟不愿受尽言。兄于家信内但勤属其勿姑息，不必作过火语。正月初三日曾面试大、二、三毛一次。又属先生以后学生作文不令翻书，又谆诫诸侄潜心苦思，以求长进，似尚能领会。但家乡实无真在行教师耳。诸弟俱有今年回庐之议，四弟似不因循。有倡者，或有和者，我等羁官于外，亦只听其自为。手此，奉叩兄嫂新禧。刘姑娘、大小姐、诸侄均好！

正月十一日夜，弟鸿谨书。华阳舟次

此信系兄弟之间的家书，并无嘘寒问暖的客套话，开篇即直切主题，内容不免琐碎，但所言皆家国之事、坦诚之论。大致可梳理如下。

第一，安徽地方官员为李鸿章祝贺生日及李奉母亲出行的情况。信中"幼弟"，即六弟李昭庆；"吴竹翁"，即吴坤修，字子原，号竹庄，江西新建人，时以安徽布政使署理安徽巡抚；"殷谱翁"，即殷兆镛，字伯序，号谱经，江苏吴县人，时任安徽学政。李鸿章的生日是正月初五日，安徽地方官员在同治七年腊月便举行了"预祝"，场面十分宏大，司道要员都前来拜寿，地点应在省城安庆。李鸿章在外率部征战多年，本年因"平捻"之功，官拜协揆，仍督湖广，此次衣锦还乡，陪母度岁，生日祝贺场面如此盛大，也在情理之中。新年正月十一日，李鸿章便奉母亲乘船前往武昌就职，因仆役众多，竟动用大船数只，连自己都觉得“声势浩大”，有违本人“素不尚奢华”的夙愿。不过，旧日官场上的排场是无法避免的，二月初三日又是母亲的生辰，在抵达武昌后，李鸿章又在督署举办贺宴，“宴客数日”[①]，幼弟李昭庆前往武昌可能就是负责筹办老夫人寿诞的，活动结束后才返皖。

第二，谈聘请幕僚之困难。清代督抚的幕僚都是由本人出资聘请，李鸿章慨叹昔日身边信赖的幕僚经其保荐，都各奔前程了，为此，必须新聘幕府人员。为他推荐幕员的有涤师（曾国藩，号涤生）、何璟（字小宋）以及兄长李瀚章，聘定者包括嘉兴李文杏（字少石）；薛福辰（号抚平，也做辅屏，前湖南知县薛湘之子）；还有程伯旉、蒋嘉棫（字莼卿）、桐城徐宗亮（字晦甫，号椒岑）等。信中提及的赵梓芳，即赵继元，字子方，也作梓芳，安徽太湖县人，他是李鸿章继室夫人赵小莲的兄长，原本也在招揽之列。这些帮助幕主处理日常公务的人选十分重要，李鸿章担心“老幕闹空架而无真本事”，所以很是慎重。同时，他认为任官湖广的时间也不会很长，一年半载可能会有变化，所以只需“混过去”，再看变化。

第三，当时朝野关注的一些敏感和焦点问题。当时直隶总督曾国藩与新任两江总督马新贻（字穀山）奏请停办川盐，势必引起兵兴以来因川盐销楚受益的四川总督丁宝桢的反对，身为湖北布政使的何璟和李鸿章本人都怕开罪同僚，准备随时谨慎应对。尚斋乃两淮盐运使程桓生的字。信中还谈到湘系官员李榕（字申甫）遭到参劾，吴赞诚（字春帆）奉命前往查核的窘境；湖南巡抚刘崑（号韫斋）拒绝担负十六万两长江水师军饷，以及湖北巡抚郭伯荫（字远堂）、湖南布政使王文韶（字夔石）、陕甘总督左宗棠（左公）等人的动态。此时，捻军已经被镇压，清廷困于财政原因，将湘军淮军大量裁撤，计有五十多营，所剩精锐，布防于江苏、山东等地，但淮军将领刘铭传（字省三）

① 《致曾相》，同治八年二月十七日，《李鸿章全集》第30册，第7页。

却不愿意率部驻防山东，并屡屡辞官；潘鼎新（字琴轩）因养亲请假；周盛波（字海舲）被河南巡抚李鹤年（字子和）参劾，故李鸿章感慨“淮将强弩之末，多无远志，军事甫平，又添波折，益令武人寒心。故弟但愿得渐摆脱，免致末路之隳。若脱不了，断无辞避之理，虽千万人吾往耳”。又言“家居月余，静观默证，诸弟多为财累，我等实被官累。在台上不能筹及私计，如醉如梦，将何结局？能返初服，当唤醒多少痴迷，但恐无此日也”。这些既表达了困于官场生活而无以自拔的无奈，也反映了不甘沉寂、知难而上的决心。

第四，对子侄教育和前途的议论。李鸿章兄弟六人，子侄甚多。关心他们的读书和将来出路是保持家运久远的关键所在，对此，兄弟二人责无旁贷，毕竟他们职官在身，眼光都高于囿于家乡、只知“理财”的诸弟。在李鸿章眼中，四弟李蕴章之子经世诗文俱佳，可望有成；经邦“天分太笨”，只能在“处世当家”上着力；经楞“笔气蓬勃，外貌英发”，被视为李家子侄中的“千里驹”；而六弟李昭庆之子、过继到他名下的李经方“中下之资”，举止还算谨厚；他与赵夫人所生的李经述（乳名桂保），顽皮太甚，生为阔少，担心被“少爷所误”。最后他叹言，子侄不能勤苦，是因为所处环境变了：“吾童时所处境地非伊等所能梦见，亦难怪其不勤。”“若《孟子》‘降大任’一章，必须实有其事乃可磨成其人，岂口说默揣所致？但为父兄者不可不时时提撕。譬喻他日家运中落，伊等忆及一二前言，或多开悟，便有进益。自古贤豪无不受尽折磨，即凡人一生断无全是顺境、全是逆境者。天道家运往复循环，使其心知此理，大小必有所成。”这段话可视为李鸿章教育子弟勤俭持家、居安思危、维护家族名声的经典名段，于此可见儒家传统对李氏的浸润和影响。

二、光绪三年五月十一、十三日函

第二封信写于光绪三年（1877）五月十一日，计有 5 页，尚未发出，又在十三日补写两页，共 7 页，故可视为一封信。时李鸿章已在直隶总督任上，李瀚章则二次调任湖广总督，身在武昌。该函云：

哥哥大人左右：

端午日由招商局递一百七十一号，计已达览。

初八世侄偕同方儿由京回津，数年未见，不料因病吸烟，身体软弱至此。诸子侄惟伊最长，文艺、书法最佳，而体弱不足以举其气，即得馆选亦无出息，对之三叹。已成之瘾，已深之疾，又不便稍加责备，但劝其善自调养，逐渐减克，并谕以做人不易保家涉世之道而已。据方儿云，伊已禀商四弟，分发到部，藉驻京用功。四弟来信未提伊业曾商及（日内仍回京照料邦侄六月朝考事）。都中人情厚薄日甚，我家门庭太甚，此子留京当差，不患其沾染恶习，但患其懒惰应酬，徒得罪俗人。且面带烟色，为有识及忌者讪笑而已。仍拟相机劝阻，未知可中止否？教子弟，文学科名尚是末事，以端谨忠厚为本。诸弟学识浅俗，只知争取功名，而于正经做人根本上毫不吃紧，家运必将中落，可不惧哉？昨致四弟谓宜请书房先生，将前寄《古今文钞》内《嘉懿集初钞》每日为小学生讲论二三页，培养性情，变化气质，虽近迂阔，尤世家子弟所当究心者。贫贱素知艰苦，或不待教而成；富贵骄奢，必先陶成德性。今日儿辈与我等少时境界迥殊，愿共以此义谆切提撕为要。畲侄久不见，其造诣文字当有可观，而做人尤要谦谨。聪明人大半失之狂妄，不虚心苦心终鲜实获。方儿姿性中平，少为庸师所误，弟又无暇照料，又以六弟夫妇姑息，不便严督，将来学业未必成就，做人或有范围。述儿姿性较敏，但生长纨绔，不知世事艰难，虽弟等朝夕训戒，不稍放松，文艺或可深造，做人尚无把握也。每念及此，辄用兢兢。

德国公使巴兰德因修约一事与总署驳辨数月，顷已幡然出京，欲添奉天大东沟口岸，碍难径允。日内过津相晤，恐无转圜之术。英使索观沿江六处停泊章程，颇有挑驳。幼丹拟会衔出奏,恐其尚有变更也。筠仙三月间来书甚长,议论颇多中肯,惜皆不能见诸施行,容迟抄寄。

诸令肖菊在弟幕八年,醇谨笃实,应酬文字斐然,但于洋务隔膜。因其母老家贫,乃弟留馆,在京窘苦,函托翁玉帅准补通城,兹令交卸回省,另缄商玉甫可否饬赴新任,乞兄酌办,稍酬其劳。书局先撤,胡道乞归,去一小人。风力何峻,今日人事衰薄,黄茅白苇,弥望皆是,无从辨其妍媸耳(昨见邸钞,折内“菩”字误书,又双行抬写,交部议处,不知何以双行)。赵惠甫代刻《淮军平捻记》,殊为多事,顺呈一箱,计一百零五部,或存尊处,或仍交肖菊转送。又各国条约散而无纪,嘱薛叔耘、黄子寿分类编辑,附寄八十部,可分送各署及通商委员以便查核(余询肖菊自悉)。敬叩勋祺,弟鸿章上,五月十一日

前信业经封发,肖菊因候轮船,迟至数日始行。适德国巴使由京到津,日与辩论调停,今已就绪。缄商总署将会商洋货征抽之照覆酌改数语,巴欣然画诺,允回京再议修约。其意本因索添奉天大孤山一口,不遂所欲,乃哓哓于洋货入内地,不应抽厘,混搅一阵,究竟添口免厘皆办不到,将来会商不无饶舌,或须稍予便宜耳。筠仙两函照抄奉览,足广见闻。夔石函抄批结郭氏争继案,申饬易氏,咨调郭昌猷回籍服礼,洗刷志城,为人似亦情理兼尽,但与筠翁意见尚不甚合,奉到寄谕必即据案覆陈,好在枢廷不必行之筠翁,无从顶奏耳。此老举动错乱,所为龃龉,只可论事,不可办事,此类是也。昨阅咨抄奏解陵工饷折将菩陀峪工程、孝陵大碑楼并行写,疏忽而不在行,与卫镜澜奏折同,宜其交议。世侄十二日回京,津署一切顺平(闻须到部后俟邦侄朝考仍同南归。又及)。手此,再颂近祺,余不一一。

弟鸿又上

五月十五夜

这封信一开始就批评侄子李经世吸食鸦片，进而谈及子弟教育问题，是李氏家书中很少集中谈论修身保家之道的一封信，再次表明李鸿章对子弟教育的重视。

李经世是四弟李蕴章长子，李家的长孙，字伟卿，号丹崖，生于咸丰元年(1851)，最早由大伯父和二伯父亲自督促勤攻举业，诗文一直名列前茅。光绪二年(1876)，他以贡生刚刚参加江南乡试中式，所以信心满满，准备前往京师寓居，参加下一科会试。但是，因为身体不好，染上鸦片烟瘾，这令李鸿章十分生气。当时李家门庭太盛，树大招风，已经引人嫉恨，所以子侄的行为举止事关家族门面，李鸿章十分在意。由此，再次言及子弟教育的实质性问题："教子弟，文学科名尚是末事，以端谨忠厚为本。诸弟学识浅俗，只知争取功名，而于正经做人根本上毫不吃紧，家运必将中落，可不惧哉？"他对家乡的几位弟弟在子弟教育上忽视修身的偏失提出批评。又称"培养性情，变化气质，虽近迂阔，尤世家子弟所当究心者。贫贱素知艰苦，或不待教而成；富贵骄奢，必先陶成德性"。对李瀚章之子李经畬，似乎也有委婉的劝勉："畬侄久不见，其造诣文字当有可观，而做人尤要谦谨。聪明人大半失之狂妄，不虚心苦心终鲜实获。"李鸿章对兄长真诚坦白，即使对自己的幼子李经述"做人有无把握"都表示怀疑，此番推心置腹的评论和反省，约略可见儒家精神对他们的深刻影响。以往曾有合肥李氏在教育子弟方面不及湘乡曾家的说法，就李鸿章这番认知和见识看，他对子弟教育的重视似乎也不比理学立身的曾国藩逊色多少。

信中提及与德国公使巴兰德交涉情况，详细原委可见李鸿章致总署函稿[1]。信中"肖菊"为诸可权(字肖菊)，"翁玉帅""玉甫"即当

---

① 相关情况可参考以下文献：《附 与德国巴使问答节略》，光绪三年五月十二日；《复总署 论留巴使》，五月十三日；《复总署 述与巴使论税厘》，五月十四日，均见《李鸿章全集》第32册，第52—59页。

时湖北巡抚翁同爵(玉甫),他是翁同龢的兄长。诸可权是浙江钱塘人,长期跟随李鸿章办理文案,勤勉忠诚,故他两次致函翁氏为诸补缺"吹嘘"推荐,这是清代官场常见之事。"赵惠甫"即赵烈文(江苏阳湖人,有《能静居日记》传世),他将周世澄撰《淮军平捻记》刊行,自然是为了歌颂淮军的功勋,也是为了讨好李氏兄弟,但意在韬晦自保的李鸿章并不领情,视为"多事";倒是,他指示薛福成(字叔耘)、黄彭年(字子寿)编辑的"各国条约",在他看来更加重要和实用,故寄给兄长,分发各署和通商委员,用以交涉时查核。此书即人们常说的《通商各国条约类编》,总计18卷,首尾2卷,是畿辅通志局刻印的,虽未署编者[①],从此信可知书的编者为薛、黄二人。

这封信中还提及湘阴郭氏争继案,涉及郭嵩焘与左宗棠的矛盾[②],及李氏兄弟与王文韶从中调解的内情,兹做简述。这场纠纷因郭氏族人郭昌猷出继郭嵩焘堂兄遗孀而引起,本是宗族内部事务,而郭昌猷和妻子龙氏暗中请远在陕甘的左宗棠私函"干预"州县诉讼,令郭嵩焘大为不满,认为左无端插手郭氏家事。光绪二年(1876)八月,在他出使英国前,就指责"左季高以吾家事,辱及族人,其事至为悖妄",不仅致函湖南巡抚王文韶申明己见,还致函李鸿章从中调节,设法令左罢手[③]。次年三月,李鸿章致函郭,称上年底已得到王文韶来函,决定由郭氏家族内部解决纠纷,回任湖广总督的李瀚章也致函王"勿稍偏抑",意在调解[④]。不料,郭氏于二月初八日从英国发出奏折,于四月初二日到京,竟在奏折中抨击左宗棠干预郭氏家族事务,

① 参见姚佐绶、周新民、岳小玉编:《中国近代史文献必备书目》,中华书局1996年版,第25页。

② 有关左、郭恩怨,可参见贾熟村:《左宗棠与郭嵩焘兄弟的恩怨》,《湘南学院学报》2013年第6期。

③ 《郭嵩焘日记》第3卷,湖南人民出版社1982年版,第57页。

④ 《复郭筠仙钦使》,光绪三年三月二十六日,《李鸿章全集》第32册,第6页。

请求朝廷下旨待其差满回国后亲自处置此事，并言地方官（暗指王文韶）如有阻难，必百疏争之[①]。时左宗棠在西北指挥军事，郭则联络邦交于外万里之外，两宫太后与中枢对郭氏此举颇不满意，发布上谕称：去年郭嵩焘在上海时曾以此案咨会湖南巡抚，实“于律未符”，将其交部议处；同时，又命王文韶饬令该府县俟郭差满回籍，妥为理处[②]。显然也是两面安抚，力求宁人息事。李鸿章也有信安慰郭氏[③]，可私底下却致信郭崑焘，批评乃兄“大放厥词”[④]。李鸿章称赞王文韶办理郭、左纠纷妥当，“为人似亦情理兼尽”，而批评郭嵩焘“举动错乱，所为龃龉，只可论事，不可办事。”这句评语似乎不只是对郭处理家族事务而言。当时郭嵩焘对洋务见解透彻，远迈时人，但性格执拗，与同僚不易相处，“不可办事”或即指此而言。稍后郭嵩焘即因《使西纪程》遭到参劾并与刘锡鸿发生争执，以往论者多从洋务与守旧的角度评议此事，在李鸿章看来，郭氏自身性格也有原因，但对郭的批评只在写给兄长的家书中坦露一二，当顽固者后来群起攻击筠仙时，李鸿章还是挺身而出，为这位思想通达的同道打抱不平、寻求公道。

三、李鸿章致兄长家书的特殊意义

李氏兄弟年龄相差两岁，早岁掷笔投戎，患难与共，中年后为官，各居职守，离多聚少，思想与情谊多借书信得以沟通表达。目前《李

---

① 郭嵩焘：《奏为族人立继构讼请俟差满回籍料理并自请议处事》，光绪三年二月初八日，录副奏折，中国第一历史档案馆藏，档案号：03—5119—096。

② 中国第一历史档案馆编：《光绪宣统两朝上谕档》第3册，第92页。

③ 《复郭筠仙钦使》，光绪三年四月初二日，《李鸿章全集》第32册，第29页。

④ 《复郭京卿》，光绪三年四月十八日，《李鸿章全集》第32册，第37页。

鸿章全集》收入致“哥哥大人”的亲笔书信有 67 通[①]。这些亲笔书信，大多篇幅较长，通常每月有数封，交给驿站或文报局递寄，并编有序号；有时也通过民信局，或因便托人捎带，此类信则不编序号。每封信基本上将近期经手公务、与各地要员交流之情况，所闻朝野臣僚去留动态，或应对各事策略，兼及家务，事无巨细，无不坦诚直言，意随笔到，一一述及，不免拉杂琐碎，但反映了李鸿章本人所见所为、所思所想，毫无掩饰，写给其他朋僚的书信显然不可与此比拟。那些一般的公务信函和应酬通问自不必说，即使像丁日昌、张佩纶这样很受李信任的僚属，李鸿章写给他们的亲笔信函也不过就事论事，并非事事都能敞开心扉交流。可见，李鸿章写给兄长的亲笔书信，更能反映他各个时期的思想动态和真实想法，值得学界特别重视。

遗憾的是，现存李鸿章写给李瀚章的亲笔信函数量似乎不多。《李鸿章全集》书信部分总计收入近 4000 封书信，写给李瀚章及李经方的亲笔家书只有百封。据《全集》所收致李瀚章的编号书信，同治八年(1869)五月二十二日驿递第五号书[②]，到光绪六年(1880)九月二十三日已发到第二百五十八号[③]，十一年间大约 250 封信，平均每月两封；当然，如果加上不编号书信，兄弟二人数十年间的通信当数以千计。近年来一些私人收藏中频现李鸿章写给兄长书，值得学界关注。中国嘉德 2004 年春季拍卖会，即现身一册《李鸿章致李瀚章书札》，共计 43 页；西泠印社 2011 年春季拍卖会，也出现《李鸿章致李瀚章、李昭庆书》2 册，4 通，20 页；中国嘉德 2011 年秋季拍卖会预拍的《李鸿章致李瀚章书札册》1 本，系李瀚章孙李国光保存，内容都

---

① 包括上海图书馆所藏、陈秉仁整理的《李鸿章致李瀚章书札》(刊载于《历史文献》第 11 辑，上海古籍出版社 2007 年版)，内有 28 封信。

② 《致李瀚章》，同治八年六月八日，《李鸿章全集》第 30 册，第 22 页。

③ 《致李瀚章》，光绪六年十月十二日，《李鸿章全集》第 32 册，第 630 页。

是同治光绪年间镇压太平军捻军及中俄交涉伊犁事件等[①]。这些未刊书信对史学研究而言都是弥足珍贵的原始资料，期待收藏家们也能像笃斋先生一样，尽早将其公布出来，让人们在欣赏其艺术价值的同时，也能最大限度地了解其文献价值。

（原载《安徽史学》2020年第4期）

① 有关收藏界拍卖文献的上述资料信息系笔者查阅相关图录和网络信息综合整理的，未能获见原件，特此说明。

王国维致缪荃孙、劳乃宣未刊书札笺释

近日检阅文献，见到中国社会科学院近代史研究所图书馆藏有三封王国维的未刊信札，其中两封是写给缪荃孙(号艺风)的；另一封是写给劳乃宣(字玉初，号韧叟)的，并附有观堂亲笔抄录的部分诗作。三札所言不免琐碎，然有如前贤所言，“观堂先生为宇内大学问家，其片纸只字皆当珍视”①，故将信札内容略加笺释，以就教于学界同仁。

一

王国维致缪荃孙第一函，共两纸，写于辛亥年底。函曰：

> 艺风先生大人侍右：别后未及三月，不谓时执迁流遽至于此，回忆廿遁座上数夕谈宴，若前世事，聚散犹然，况他事耶？近想兴居康胜，当如遥颂。维于十月中旬与唐风楼同东渡，现寓京都市外田中村，此间问学士大夫颇多旧识，风土亦尚不恶，生活程度与北方略近，然长安居尚不易，况异国耶？诵芬室亦有来此之说，大约暂以售书为活。到此以后未见何物，唯于友人富冈君处见影宋本《旧唐书》二册，闻其余尽在京都东福寺，合之富冈君所得，并无缺卷。又闻可以借校，如能以闻人本校出，洵快事也。

---

① 见罗继祖为王宇、王振芬、朱金枝整理《王国维未刊书札》所写跋语，载《文献》1993年第3期。

甘遯现住南口，想常通信。唐风楼回北京辞职，于三日前返此，因得知先生沪寓住址，又闻邺架一切无恙，至慰至慰！惺老、乙老均在沪上，当不致寂寞。抵东以后作应酬诗四律，别纸录呈长者，酒后能赐和否？此亦消遣之一术也。专肃，敬请道安，不尽。

国维顿首　十二月初一日①

此函当为王国维辛亥年底东渡日本后写给缪荃孙的第一封信，写于农历十二月初一日，即1912年1月19日。信中大致叙述他随罗振玉初到日本时的景况和见闻。信中“甘遯”为藏书家吴昌绶（号甘遯）；唐风楼指罗振玉，其藏书斋名也；诵芬室为董康（字授经）室名；惺老是杨守敬（字惺吾）；乙老是沈曾植（号乙盦）；富冈则为日本学者富冈谦藏。此信透露了以下几个细节：其一，董康前往日本主要以售书谋生；其二，罗振玉携家眷抵日后，又专程回国辞职，并于农历十一月底再返东瀛②；其三，王国维此函另纸附有“应酬诗四律”，请艺风“赐和”。

缪荃孙接到此函后有复函，并寄和诗四律。因为王国维收到后，又于“醉司命日”即腊月二十四日（1912年2月11日）写了一封回

---

① 《缪荃孙等人诗文函札》，中国社会科学院近代史研究所图书馆藏，档案号：甲13，第2册，第66—67页。

② 罗振玉在《集蓼编》中叙此事云：“方予携家浮海时，汉阳已克复，武昌尚未下，都中同志尚冀时局可以挽回。宝公（熙）谓予曰：君竟洁身去耶？盍稍留，俟必无可为然后行。予乃诺以送眷东渡后，即孑身返都。既至东三日，即附商舶至大连，遵陆返春明，知已绝无可为，践宿诺而已。比至，众亦谓大事已去。留旬日，乃复东渡。”见黄爱梅编选：《雪堂自述》，江苏人民出版社1999年版，第40页。

信,这是他到日本后给缪的第二封信,现已收入《王国维全集·书信》中①。

二

观堂给缪荃孙的另一封信写于壬子年十月。函曰:

> 艺风先生大人侍者:久未奉候起居,惟道体康强为颂。近日作《蜀道难》一首,咏匋斋制府事,此公境遇可怜,其死后之惨亦作诗大好题目,谨以誊写报一分呈览,字画模糊,恐不宜老眼,然字句太多,无法录呈也。授经北方行未归,闻以重价购得《大典》十余册,又购他书,共数千元,而老谭之款尚无著,渠自谓赔了夫人又折兵者,语或然欤?专此,余俟续陈,敬请颐安,不一。
>
> 王国维　顿首　十月朔日②

《蜀道难》系王国维在日期间为咏颂端方(号匋斋)死难一周年而作,后与《颐和园词》《送日本狩野博士游欧洲》合称观堂"壬子三诗",此信写于壬子年无疑。不过,学界通常将该诗写作时间系于壬子年十一月(1912年12月)③,由此信观之,《蜀道难》完成时间或更早,至迟九月应已定稿,否则不会在十月初一日寄发缪荃孙。王国维寄给缪氏的诗作非抄件,而是"誊写报"(类似铅印或油印的册页)一份,所以才有"字画模糊,恐不宜老眼"之说。

---

① 王国维:《致缪荃孙》(1912年2月11日),见吴泽主编,刘寅生、袁英光编:《王国维全集·书信》,中华书局1984年版,第24—25页。该页注释称:"据《东京梦华录》,醉司命日为腊月二十四。"

② 《缪荃孙等人诗文函札》,档案号:甲13,第2册,46页。

③ 参见陈鸿祥:《王国维年谱》,齐鲁书社1991年版,第145页;孙敦恒:《王国维年谱新编》,中国文史出版社1991年版,第40页。

信中又提及董康的消息。“授经北方行”指董回北京之事；“老谭”为北京琉璃厂正文斋的书估谭笃生[①]；《大典》当系《永乐大典》。按，本年农历八月初五日(9月15日)王国维致缪氏函中称：“谭笃生忽患霍乱逝去，授公与之尚有交涉未了，拟于二十后(阳历九月)赴北京一行(一月有半可返)。”[②]联系两信，可知董康(授公)此次来日售书系与琉璃厂书估谭笃生联手经营。不料，谭忽然病死，董不得不回到北京处理善后事宜。董所谓“赔了夫人又折兵”系指与谭合作之事。董康可能欠谭氏款项未还，但买书动辄出手数千元，王国维似乎不相信他有“折兵”之事。此时缪、王关系尚融洽，故言谈之间偶有臧否友人的私语，不想数年后，缪荃孙便因充当袁世凯称帝的江苏省劝进代表而受到观堂鄙视，在王、罗信函中被称为“缪种”(谬种)了。

三

王国维致劳乃宣的未刊信札写于丁巳复辟后。该信云：

> 韧叟先生大人尊鉴：辛亥秋冬间，曾一瞻颜色，蓬莱清浅，忽忽六年。月初雪堂来沪，述及每有尊书，辄荷垂问。又子敬交来所赐《归来吟》一帙，并传尊言索近作诗。北望海云，曷胜翘企？国维去岁正月自日本归沪，为英人哈同君编纂《学术丛编》杂志，幸能不废旧业。比年研究古韵，觉此事自段、孔后至王石臞、江晋三两家殆已完成。因思继钱竹汀、陈兰圃之业，研究古代字母，自六朝反切、汉人声读以上溯三代，负此宏愿，未易遽偿，堪

① 伦明：《辛亥以来藏书纪事诗》，上海古籍出版社1990年版，第110—111页。

② 王国维：《致缪荃孙》(1912年9月15日)，见《王国维全集·书信》，第31页。

为长者告者，惟此而已。近诗自乙卯以后，惟得十余首，别纸写呈。专肃，敬请颐安，不备。

国维　再拜　十月廿七日[①]

信末署“十月廿七日”，又言“去岁正月自日本归”，则该信写于丁巳年十月二十七日（1917 年 12 月 11 日）。信中谈到的清代学者有段玉裁、孔广森、王念孙（石臞）、江有诰（字晋三）、钱大昕（号竹汀）、陈澧（号兰圃）诸人。

从其他文献看，王、劳似乎很久没有直接写信联系了，多半情况下是通过罗振玉等人代达问候的。劳乃宣在同年八月十七日（1917 年 10 月 2 日）给罗的信中称：“弟前托子经所刻《归来吟》诗册已竣工，兹函请子经由沪寄呈两册，一乞指正，一祈转呈王静安兄鉴定。”函末又附言：“王静安兄均此致声，不另。静翁有《壬癸集》刊本，想代乞一本，寄下为叩。”[②]《归来吟》是劳乃宣丙辰二月编就的诗集[③]；《壬癸集》则是王国维在日本时刊印的诗集，收录了壬子（1912）、癸丑

---

① 见《劳乃宣存札》，中国社会科学院近代史研究所图书馆藏，档案号：甲 57—3，第 2 册，第 14 页。

② 韩行方、房学惠整理：《劳乃宣致罗振玉信札十六通》，《文献》1999 年第 4 期。

③ 《归来吟》系由劳乃宣所编诗集，共两卷。上卷题署《归棹埙篪》，收入劳氏甲午至癸卯间所作《归舟预咏》《归程试咏》等诗，记其南归始末，间有其兄劳乃宽（字偶庵）唱和之作；下卷题署《归林余响》，收入劳乃宣《归田赘咏》《东归别咏》等诗，多为辛亥后在涞水、青岛、曲阜时所作。《归来吟》诸诗流露出作者浓厚的遗老情结，后均收入《桐乡劳先生遗稿》（1927 年刻本）之《劫余草》《釜麓草》《劳山草》《近圣草》各诗集中。《归来吟》稿本现存中国社会科学院近代史研究所图书馆，档案号：甲 57—10，自序署“岁在柔兆执徐如月”，知该集为丙辰年（1916）二月编成。柯愈春《清人诗文集总目提要》称该诗集为“劳乃宽著”，有误，只是其中附有偶庵唱和诗作而已。参见该书（北京古籍出版社 2001 年版）中册，第 1769 页。

(1913)两年在日时的诗作[①]。“子经”乃罗振玉之弟罗振常(字子经,又作“子敬”),时在上海办书店刻售书籍以为生计,故劳乃宣托其刻印《归来吟》。

罗振玉向王国维转达了劳氏的问候。九月初五日(10月20日)王在给罗的复函中说:“玉老屡屡见问,拟作书谢谢,并问字母事,作成再由公处转寄。”[②]这封未刊信札正是王所作致谢之书。现存信封上寄信人落款为“上海大通路吴兴里二百九十二号王緘”,则信该由王直接寄给劳氏[③],并未经罗转交。

王国维在信中对获赠《归来吟》表示感谢。六年未见,他向劳乃宣谈及为哈同编辑《学术杂志》之近状,自己近来从事音韵学研究的心得,以及准备研究古代字母的设想。王氏研究音韵学的收获,可见于是年所写《江氏音学跋》等论文中[④],在与罗振玉的往还书札中也屡有提及[⑤]。他对歙县江有诰(晋三)在音韵学方面的成就尤为推崇。在是年底写给柯劭忞的信函中,观堂也叹此学“至王石臞、江晋三已极完密”,认为“戴、孔二君所谓阳声皆有平无上去入,此说段君《六书音韵》已微发之,因欲将古韵与《说文》偏旁及《唐韵》平仄证明

---

① 劳乃宣致罗振玉的一封信中称,“承惠王静翁《壬癸集》两册”,则罗振玉果然向劳氏寄去两册诗集。参见韩行方、房学惠整理:《劳乃宣致罗振玉信札十六通》,《文献》1999年第4期,第269页。按,该信末署“十月初六日”,整理者将此信定于1915年11月12日,有误。信中提到“近作《东归复咏》十余章”,应系丁巳复辟失败后劳乃宣再返青岛时赋诗述怀,写信时间是丁巳年十月初六日,即1917年11月20日。

② 王国维:《致罗振玉》(1917年10月20日),见《王国维全集·书信》,第223页。

③ 该信封见《劳乃宣存札》,档案号:甲57—3,第2册,第15页。

④ 参见《观堂集林》卷8,上海书店《民国丛书》第4辑,第92册。

⑤ 参见王庆祥、萧文立校注,罗继祖审订:《罗振玉王国维往来书信》,人民出版社2000年版,第272—303页。

此事,然仓促不易成书"[1]。当然,除罗、柯外,王国维愿意将自己在音韵学方面的见解告知劳乃宣,可能与劳氏最早倡导汉语拼音字母(简字)有关。

因劳氏索读诗作,王国维遂另纸亲笔抄录了数页,随信附上。这些诗分"东渡以后诗七章"(共四纸)与乙卯后"俚诗八章"(共五纸)两部分。前者包括《初抵京都酬铃木学士见赠之作并简狩野、内藤、富冈诸君子》(后收入《观堂集林》卷二十四,题作《定居京都奉答铃木豹轩枉赠之作并简君山、湖南、君㧑诸君子》)、《咏史》(《观堂集林》题作《读史二绝句》)、《送狩野博士游欧洲》(《观堂集林》题作《送日本狩野博士游欧洲》)。乙卯后诗作包括《游仙三首·乙卯冬》(《观堂集林》题作《游仙·乙卯》)、《伏日杂诗和逊斋方伯·丙辰七月》(收入《观堂集林》,题作《和逊斋老人伏日杂诗四章》)、《和逊斋方伯·丙辰》(《观堂集林》题作《再酬逊斋老人》)、《游仙·丁巳夏日》(《观堂集林》题作《游仙·丁巳》)、《丁巳秋杪日本内藤博士漫游赤县自齐鲁来访余海上出赠唐写古文尚书景本欢然道故,复将泝江西行,遵陆北上赋诗志谢并送其行》(《观堂集林》题作《海上送日本内藤博士》)。上述诗作抄件除题目稍异,诗文字句也偶与《观堂集林》所收者有别[2]。

有材料说明,接到王国维的这封信后,劳乃宣很快作了回复。刘烜教授《王国维评传》中曾引录了劳氏一封信,信中称:"又蒙见示近正研究古代字母,自六朝反切,汉人读声以上溯三代,此真不朽盛业。吾国自谓新学以来,学生知平仄者已寥寥,越后识字之人,必日见其寡,可以预料我公宏愿有成,当可为救时之药石,特予

---

① 王国维:《致柯劭忞》(1917 年末),见《王国维全集·书信》,第 232 页。该信无具体时间,整理者定为 1917 年底,应无疑问。今可知,王国维给柯劭忞的此信与本文所述致劳乃宣信,写信时间相隔不会太远。

② 《劳乃宣存札》,档案号:甲 57,第 4、6 册。

望之。"根据内容判断，该信应是劳氏对观堂这封丁巳十月廿七日来函的回复①。

（原载《文史哲》2010 年第 4 期）

① 刘烜：《王国维评传》，百花洲出版社 1997 年版，第 189 页。书中将该札系于王国维 1922 年担任北京大学通讯导师时期，似误。按，劳乃宣于 1921 年 6 月去世，此信写于 1917 年底。

叶德辉致易培基十六封未刊书信释读

1925 年夏秋之际，叶德辉（字焕彬，号郎园）曾应友人之约，再次抵达北京。这是郎园最后一次故都之行。关于叶氏此次北上情形，目前所见材料不多。湖南师范大学图书馆藏有几封他写给杨树达的信札，可知此行曾与杨树达、邵瑞彭、徐森玉等友人交往，“谈文道古，极平生之乐”①。不过，从中国社会科学院近代史研究所藏郎园致易培基（字寅村，又作吟村，号鹿山）的 16 封未刊书信看，叶氏抵京与易寅村的交往似乎更多。这些书信写于 1923—1926 年之间，其中大部分为 1925 年北上津京前后所写②。信中除了谈学问见闻，也有臧否人物、评判政局等内容，历史信息十分丰富，字里行间也流露出叶德辉鲜明的个性。这批信札对于研究叶、易两位文化名人的生平、思想以及 20 世纪二三十年代学人的生存状态颇具价值。兹将这 16 封稍作释读，以供学界同仁参考。

一

寅村仁兄姻大人阁下：五月以后坡子街日日有事，极不得闲。顷归沐浴，适奉手书。三字石经确系真石，闻尚有他石，何不一并索来？请函致太炎续寄全拓以便汇考也。此颂

---

① 参见张晶萍：《叶德辉生平及学术思想研究》，湖南师范大学出版社 2008 年版，第 407 页。

② 见《易培基存札》，中国社会科学院近代史研究所档案馆藏，档案号：甲 690。

台安

德辉

石经二纸并缴。

坡子街是清末民初湖南省城长沙德润门(小西门)外湘江东岸的一条街道,是当时的水陆运输要道,不少商号老店集中于此,叶氏家族在此也有不少买卖,叶德辉自民国初年即任长沙商会会长,故对坡子街的商业活动有督理之责①。这封信未署日期,应写于1923年夏秋之际。因为这年旧历五月十七日,章太炎曾致函易培基,提及有三体石经(叶札作"三字石经")数碑现世,于右任曾以拓本六大幅赠太炎,而太炎复以《君奭》《僖公经》各一纸寄给易氏②。这里的"石经二纸"即是章太炎寄给易氏的拓片,而寅村又将其送呈叶氏鉴赏,可见他们三人学问旨趣之相近。此前章太炎研究古泉,就曾与易、叶有过讨论③。

二

寅村仁兄姻大人阁下:旬日未晤,甚念。日内有便入城,乞来舍一谈。谭三爷有信来否?托书楹柱帖寄去,未得复函,尊处有函往,乞一询及。马殷纪功碑鄙意谓宜存之学官墙壁,此乃湖

---

① 1912年10月民国元勋黄兴回湘,长沙市民万人空巷,前往迎候。湖南各界为纪念黄兴开国勋绩,曾将德润门改称黄兴门,坡子街改为黄兴街。后又恢复原名。为此,叶德辉曾撰写《光复坡子街地名记》对黄兴进行讥讽,结果险些招致杀身之祸。参见程千帆、杨翊强:《叶德辉〈光复坡子街地名记〉补注》,《中国文化》第13期,1996年6月。

② 《与易培基》,见马勇编:《章太炎书信集》,河北人民出版社2003年版,第730页。

③ 参见周宁辑注:《章太炎致易寅村书札四通》,《民国档案》2010年第3期。

南一种史迹，碑文、碑字均不佳，不足以为私藏宝贵之物，不如公之省有也。此颂

撰安

弟 德辉 顿首

这封信未署日期。从叙述语境看，与上封信时间相前后，应在1923年夏秋间。按：1920年11月，湖南政局发生变化，谭延闿被原下属湖南陆军第一师师长赵恒惕排挤出走；易培基虽与赵是早年湖北方言学堂同学，因与谭关系密切，也受到猜忌。不过，他仍留在长沙，与谭暗通消息。1923年7月，谭延闿被广州孙中山大元帅府任命为湖南省长兼湘军总司令，率湘军自韶关入湘，讨伐赵恒惕。易氏遂离开长沙，秘密前往衡阳襄助。易氏抵达衡阳的确切时间不详，从8月20日赵恒惕以"叛宪附乱"罪名通缉易培基的情况看[①]，这时他已经离开长沙。这封信应是易氏离开长沙前收到的。信中询问谭三爷（即谭延闿）的消息，并托易氏转交为谭所写的楹柱联帖，可见他与谭、易关系更近。果然，1924年春叶德辉便公开抨击赵恒惕倡导的湖南制宪自治，几乎遭到省议会的拘捕，其政治倾向可见一斑[②]。

信中提到的马殷纪功碑是民国年间发现于长沙的一件历史文物。马殷是五代十国时期在今湖南地区的割据势力。湖南图书馆藏有《楚王马殷纪功碑帖》，似是该碑拓本。据言："碑帖存湖南图书馆，乃长沙藏书家吴若君捐赠。吴先生在碑帖空白处写了一段说明文字：'此碑民国十年拆除长沙浏阳门城墙时出土，当被在长沙业律师之黄某购得，旋即运出湖南，不知去向。此拓乃文字出土时所拓，碑中为后人所别用凿一方孔，致文中断五行。马殷以梁将际世乱，而割

① 《申报》1923年8月21日，第4版，长沙电。

② 参见张晶萍：《叶德辉生平及学术思想研究》，第398—404页。

据长沙一方为楚王数世，现尚留遗迹不少。此碑史志无载，亦未见前人著录，是当属初出，为研究楚史珍贵资料。惟碑末天成二年辛亥，天成二年为南唐（应为后唐）明宗年号，二年应为丁亥（公元九二七年），想系刻时所误也。'"[①]据此，马殷纪功碑是1921年被发现的。不过，"旋运出湖南"恐不确。从这封信看，易培基曾有自己收藏这件文物的打算，但被郎园劝阻了，并建议将此碑保存在"学宫"。原碑失踪应是后来的事。

三

辛秋仁兄大人阁下：别后岁更，时深驰系，每欲一通音候，苦人事纷扰，终日奔驰。幸时晤民苏，得悉近状。西湖各胜足副高踪，偶读新作，不啻面语也。悫斋《集古录》已点交府中尊记手收，取有回条。闻夫人、女公子均有吴越之游，踽蹴湘垣，眉目殊不清醒，得此行一开眼界，又得室家团圞，诚可喜可羡之事也。此颂

旅安

弟叶德辉顿首

甲子（1924年）正月初十日

这封信的上款是"辛秋仁兄"，易氏似未有此字号，为何如此称呼易氏，还有待考证。不过，此信写给寅村当无疑。该信写于1924年2月14日（甲子正月初十日）。按：1923年7月易氏抵达衡阳，参加讨伐赵恒惕的军事活动，到了11月，因广东军阀陈炯明部叛乱，孙中山急电令谭延闿率湘军回师增援，易培基乃随谭返粤，任湘军总司令部秘书长，因与谭部副官长岳森不和，遂改任孙中山大元帅府顾问。

---

① 参见 http://blog. sina. com. cn/nantangshi，登录时间2012年11月9日。

时广州政府与浙江卢永祥、奉天张作霖讨论建立三角同盟，共同声讨直系军阀曹锟，谭延闿遂推荐易培基为孙中山的代表，前往杭州与卢永祥谈判。这年夏秋之际，又被国立广东大学校长邹鲁聘为教授，派驻北京，负责为广东大学延揽教员和购买书籍①。叶德辉写此信时，易氏刚到杭州不久。“民苏”，即雷恺（字民苏），号邻鸥，长沙人，清季优贡生，画家。“愙斋”，即清季金石学家吴大澂。

四

吟村仁兄姻大人阁下：别经一年，音问极少。惟民苏日来过访，时时得悉起居万安，甚慰甚慰。承赐欧书泉君墓志，真可宝贵。吾国讳言掘地发古，致此等墨宝沉埋土中，不见天日者不知凡几。偶尔一出无不令人开眼开颜。如此碑尤为欧书中麟凤，何可再见也。湘局四面楚歌，年关异常萧索，奈何？余未多述。即颂

撰祺

弟德辉顿首

旧历十二月初四

此信称与易氏“别经一年”，应是1924所写，具体时间应是1924年12月29日（旧历甲子年十二月初四日）。此时易培基已在北京。“欧书泉君墓志”系指唐代王德贞撰、书法家欧阳询之子欧阳通所书《泉元德墓志》，该墓志盖篆题“大唐故特进泉君墓志”，1922年出土

---

① 参见杨淑兰：《易培基传略》，见《湖南文史资料》第28辑，1987年版，第73—74页；邹鲁：《回顾录》，岳麓书社2000年版，第119页。

于洛阳①。“湘局四面楚歌，年关异常萧索”，明显表达了对赵恒惕统治湖南政策的不满。

五

寅村仁兄姻大人阁下：南中久不敢通问，彼此心知。弟自阁下去后，即与此君未见一面（曾与阁下言，彼负阁下，则何人不可负？人之无良，早知之矣）。通常燕会辙以读礼却之。顷回苏展拜先茔，因族谱事须与交长商榷，到津已旬日，忘记阁下居址，昨嘱遇夫转达一切，谅已详闻。北京彼方耳目太多，一闻弟与阁下行踪，必引起是非议论（亦甚恶之，不愿闻见也）。阁下欲弟下榻尊府，断不能也。且到京一访晳子、子奇、阁下、遇夫等三五人，即翩然回苏过夏（未进京前先约交长，定日一谈即别，不因此久住也）。先慈宅穸已定，葬期择在秋间，故不急回湘也。在沪数晤大午、孟其，极多话说，惟当与阁下面谈，能否一来津同客数日，可以罄怀相告也。柯凤老、江老太爷是否长见？北来踪迹与何人最亲？厂甸及隆福寺有旧书否？弟此次重游江浙、南京、北固、金焦等处，三十年前恍如旧梦。南旋拟登泰山、谒孔林，藉此延宕耳。此颂

撰安

弟德辉顿首

六月十四日

---

① 近人朱文钧（号翼厂）曾有题记称：“此石近年出土，完整如新，与《道因》同一结构，而险峻之处似乎少逊。欧阳父子擅有唐一代盛名；碑志多出其手，所谓‘碑版照四裔’者，足以当之。而传世之作不过数种，小欧尤为罕见，甚矣！不朽之难也。翼厂手识。乙丑中元日作。”参见朱文钧：《欧斋石墨题跋》，见政协浙江省萧山市委员会文史工作委员会：《萧山文史资料专辑五 朱翼厂先生史料专辑》，萧山政协文史资料委员会 1993 年版，第 116—117 页。

按:叶母马氏逝世于1924年4月3日(二月三十日),该信写于叶德辉守孝期间,应写于1925年8月3日(六月十四日)。从信中可知,叶氏由长沙沿江而下,经南京、镇江到苏州,祭扫祖墓,又往沪上会见友人后,才北上抵达天津。关于叶德辉在津的情况,7月29日(六月初九日)邵瑞彭在津曾致函杨树达(字遇夫),称"奂老即日入都,拟住西安饭店南部,请兄二三日内到该处询问"。7月31日(六月十一日)又致函杨氏:"郎翁现居津法界中国旅馆。因同来子弟数人求学待款,款到即入京。决居西安南部,大约四五日内必到。最好发一电话到津询问来期,往站迎迓。"①这两封短信反映了郎园师友对其入京的关切,可惜杨树达回忆录对这次迎接活动毫无记载②。

据此信,叶氏此行的初衷是为修叶氏族谱事与交长(交通总长叶恭绰)有所商榷,并在京会晤杨度(皙子)、薛大可(子奇)、杨树达及易培基等友人,同来的还有不少弟子,他本人好像没有要长期停留的打算。信中"此君""彼方"均指湖南当政者赵恒惕。赵、易因政见歧异分道扬镳后,叶德辉与易联络时也显得小心翼翼,即使到北京也要防范赵的"耳目",甚至谢绝在易宅下榻,以免引起麻烦。"柯凤老"即柯劭忞(字凤荪),"江老太爷"指江瀚,他们二人在京与易氏往还较密,也是叶的挚友③。"大午",似是谭延闿之子,待考。"孟其",指曹震,长沙人,民国初年曾任湖南督军署秘书,后任长沙师范教员,不久赴

---

① 杨逢彬整理:《积微居友朋书札》,河南教育出版社1986年版,第10—11页。按,邵瑞彭,字次珊,浙江淳安人,颇有诗名。民初国会众议院议员。1923年曹锟贿选总统,邵以领到的贿选支票影印多张对外宣布,并呈文控告曹锟,一时名声大振。

② 参见杨树达:《积微居回忆录》,上海古籍出版社1986年版,第26—27页。

③ 关于江瀚与易培基的交往,参见笔者《江瀚致易培基未刊信札释读》一文,刊发于《上海档案史料与研究》总第13辑,上海三联书店2013年版。又见本书第215—232页。

上海任法政大学、大厦大学教授。其人博学多才，以诗文闻名，颇得王先谦、叶德辉、李肖聃赏识①。

六

寅村仁兄姻大人阁下：顷奉环谕，欣喜无似。台从既难莅津，弟旬日内尚不能北上，然有多少话不能说也。马总《通历》前三卷确系伪书，自来藏书家皆再三考定，弟亦屡为兄言之，兄尚忆及否？近闻宋板《水经注》已出见，有人付珂罗版，此间言之者众，真耶？讹耶？此复，并颂

台安

弟　叶德辉　顿首

这封信写于天津，在前一封信之后，时间应是 1925 年 8 月 3 日前②。郎园欲邀请易氏来津晤谈未成，慨叹"有多少话不能说也"，可见彼此私交之笃。信中谈到了《通历》和宋版《水经注》的问题。《通历》十卷为唐人马总所撰，见诸《新唐书・艺文志》和《宋史・艺文志》；宋人孙光宪又撰《续通历》十卷，后被删为五卷。1915 年叶德辉以上海徐紫珊渭仁据黄尧圃丕烈士礼居旧藏本过录、大兴徐星伯松校正的本子为祖本，将该书以活字排印问世，并考其源流，指出前三卷佚；而北京图书馆所藏抄本一部，前三卷未缺，题李焘名，乃后人伪

---

① 参见长沙市志编纂委员会编：《长沙市志》第 16 卷《人物传》，湖南人民出版社 2002 年版，第 160 页。

② 中国社会科学院近代史研究所藏有一枚叶德辉致易培基的实寄封，上款是"北京后门南锣鼓巷井儿胡同 前教育总长易大人培基台启"，落款是"天津法租界中国旅馆楼上廿一号叶棫"，邮戳显示的时间是"(民国)十四年八月三日"，应是该信的信封。

撰者[①]。大概是易培基又有所询,叶氏又特此说明。

所谓宋版《水经注》出现,指传说傅增湘(字沅叔)所藏宋刊残本将要刊行之事。清季郦学虽堪称显学,但研究者包括杨守敬在内,都未见到过宋版《水经注》。傅氏《藏园群书题记》卷四有《宋刊残本水经注书后》,称丙辰(1916)春见数卷于袁抱岑(袁克文)处,其后辗转收归于己;嗣后又得数卷于淮南旧家,遂合而装之,总计十二卷,间有缺损[②]。此时傅氏并未有将其影印出版的考虑,但已允准学者据以从事研究了。据1924年1月31日王国维致蒋汝藻书,他已经获允以"沅叔所藏《水经注》及孙浅夫校本"校大典本《水经注》[③]。当时学界盛传宋版《水经注》现世并将影印出版,大约反映了学界的心声。叶氏在天津也听到了这个消息。

七

寅村仁兄姻大人阁下:早起通电后,电话随又不通。明日在北海照像,日午时(十点钟至三点钟)阳光太盛,照不成形,须过下午三点钟以后方妥。此次与哲子、遇夫及日本人屡于日午时勉强照之,洗出皆成黑脸,见之可笑。弟意明日下午一时往邀柯、江两老者同游北海,迨至日平西时照像,时间恰相宜,兄必以为然也。特此函达。即颂

纂安

弟 德辉 顿首

---

① 参见杜迈之、张承宗:《叶德辉评传》,岳麓书社1986年版,第103—109页。

② 傅增湘:《藏园群书题记》,上海古籍出版社1989年版,第237—238页。按,该题记作于己卯(1939)九月二十一日。

③ 见《王国维全集·书信集》,中华书局1984年版,第388页。

这封信是叶德辉抵达北京后写给易氏的，具体时间不详。据《申报》报道，叶氏抵京的确切时间是 1925 年 8 月 10 日(旧历六月二十一日)[①]。信中谈的是与江瀚、柯劭忞、易培基在北海合影之事。同游者江瀚曾赋诗《寅村总长招同凤孙、奂彬游北海，憩濠濮间，久之乃从五龙亭泛舟，饮于漪澜堂上。时奂彬将南还，有移家北来之言，故末句及之》:“秋风琼岛喜招寻，画栋连云晓日阴。濠濮余情契庄惠，沧桑遗迹予辽金。楼头裙屐分中外，水面菰蒲冒浅深。明发车轮暂南去，卜邻何恨故人心。”[②]据诗末句，叶氏似有移家北上的想法，或系受到故人的鼓动和旧京文化的吸引，但后来并未实现。

八

寅村仁兄姻大人阁下：今日本欲谒谈，上午约日本人谈话，下午有应酬，绕道不便，故中止。昨到琉璃厂，有旧来往处来薰阁，向其寻乾嘉人诗集，见其插架甚多，曾问其识阁下否，据云未至尊处。今晨持书来，托为介绍，其书有元板，有重刻板，为学堂购书，似可备选。今特令其持书谒见，余容面谈。此颂

撰安

弟 德辉 顿首

七月初九日

该信写于 1925 年 8 月 27 日(七月初九日)。值得注意的是，到达北京后，叶德辉即开始逛琉璃厂，搜集乾嘉时期诸家诗集，为撰写《乾嘉诗坛点将录诗征》做准备。据叶氏之侄叶启勋称，郎园很欣赏

---

① 当时《申报》驻京记者发回的消息说:“曾编《双梅景闇丛书》之叶德辉，经学界函招，今午到京，欢迎者不少。”见《申报》1925 年 8 月 10 日，第 5 版，“北京电”。

② 该诗稿原件藏中国社会科学院近代史研究所图书馆。

舒位《乾嘉诗坛点将录》一书，有意继其后汇辑一部《乾嘉诗坛点将录诗征》，记述乾嘉诗人生平事迹、诗源流派异同等，先后获得一百多家[①]。看来叶德辉此次在京就搜罗了不少。信中又提及将一些书估介绍给易氏，因易氏当时正负责为广东大学购买书籍。

九

寅村仁兄姻大人阁下：电话不通，无从通问。节期、归期两迫，极为焦闷。石曾是否相见？渠八字财极旺，而用亦多。以往之运三十三岁至三十七八岁寅运中如见大财，则明年又有大财，但仍不能聚耳。阁下明年流年大劫财，当于国家财政事有关涉，若小劫则劫之于己，非阁下之四柱也。弟拟初十、十一上下返湘。诸事均不就绪，奈何？与阁下瓜葛，亦六亲同运耶？一笑。三爷商量之信去否？（不可使我失人）此颂

撰安

制 德辉 顿首

廿四日

信末只署日期，因提到"节期"（中秋节）临近，可以推断是七月廿四日（即1925年9月11日）所写。叶氏平时藏书中有不少是关于星历、占卜、形法之类的文献，据其弟子杨树达说，叶氏熟读此类人间秘籍，久而久之，"为人推算星命年运休咎，百不爽一"[②]。这里即是为李石曾推命的一例。三爷，仍指谭延闿。

---

① 叶启勋：《郎园读书志跋》，杨洪升点校：《郎园读书志》，上海古籍出版社2010年版，第758页。

② 杨树穀、杨树达：《郎园学行记》，王逸明主编：《叶德辉集》第4册附录，学苑出版社2007年版，第327页。

十

寅村仁兄姻大人阁下：昨晚归，尊驾送至西安饭店访邵次公，晤湖南军界中来此代表者，在对门老店畅谈一夜，今日始归寓，稍卧一刻，所闻颇有新闻，迟当详告。尊校《初学记》《汉隶字源》二书，弟拟为一跋缀后（请找薄旧纸本书一样大者送来），以与前辈续貂，严、翁二先生当不我弃也。吾兄笃学好古，鄙人亦望而却步。将来名山一席舍兄而谁？此二书如将原本购藏，岂不更快乎？鄙意劝兄暂勿购他物，专在书籍一门也。此颂

纂安

弟 德辉 顿首

八月初一日

该信写于1925年9月18日（八月初一日）。邵次公，即邵瑞彭（字次珊）。叶氏在京晤湖南军界代表，并随时与易交换消息，说明他并非埋头泥古的学究，对时局仍极关心。信中还讨论了收藏、校勘《初学记》《汉隶字源》二书的学术问题。"严、翁"二先生分指严可均（号铁桥）与翁方纲，查翁氏确有《汉隶字原》的题跋[①]。而叶氏所撰《易氏过录严校宋初学记跋》，已收入王逸明主编的新版《叶德辉集》中[②]。

十一

寅村仁兄姻大人阁下：在京月余，时时晤教。眼福、腹笥二者饱餍。在湖南聚处三四年尚无此乐，亦快事也。临行挪借三

---

① 沈津辑：《翁方纲题跋手札辑录》，广西师大出版社2002年版，第13—14页。

② 王逸明主编：《叶德辉集》第4册，第431页。

百元，因交部薪资领得一千五百元，故急急奉还，交遇夫转交。其前借二百五十元，本应一律清付，因将来时沿途各处挪用及在京所欠书债了清后，只余二百四十元，先其所急，不得不专累吾兄。然一身虱蚤，扑灭尽矣（天不绝无路之人，目前且过，今冬又非打捞不可，奈何？可笑一至如此）。兄事据各人命理可看十有八九成功，但宜预为之防临时，方不至为人窃得。明年丙寅，是丁火日元大劫财，本身安得有如许大财可劫，则为劫国家之财无疑。国家之财则非身与国家财政不可，若非此则有鼓盆之事，然嫂夫人身体强壮，内助贤能，可断决无此事，是在吾兄好自为之矣。马二先生虽未见面，闻其一言一行自是佳人，兄善为辅之，何患不成大局耶？弟十六日附车南旋，途中不得通问矣。此颂

俪福

弟 德辉 顿首

八月十三日

该信写于1925年9月30日（八月十三日）。叶氏已抵天津，并决定在八月十六日乘火车南返。信中谈及在京月余会友、观书的巨大收获及归还借款300元之事。所谓“交部薪资领得一千五百元”，似指交通部长叶恭绰聘叶德辉为关税会议筹备会咨议而支付的薪金[①]。信中还提到为易氏推命，劝易“好自为之”。“马二先生”指冯玉祥，自1924年10月驱逐溥仪出宫事件后，冯与易氏联络密切，彼此呼应，成为政治盟友。

十二

寅村仁兄姻大人阁下：十二日出京，临行假用之三百元已交遇夫，属其奉还，知已早邀察入矣。此次在京间日一晤谈，读画

① 关于聘叶德辉为咨议事，见《申报》1925年9月10日，第5版。

论文，愉快之至。阁下天姿爽朗，美德甚多，待朋友以热忱，读书好古，手不释卷，处事有担当，在长沙人中尤为山川间气，他日文章事业必有一匡成就。特乱离时代，起灭无常，事业不成则儒林、文苑必占一席矣。清宫赏出之宋本书，既有目可稽，宜如何设法取归，以存国宝。其他书画未散之件，亦关于文化之事甚重，试观唐宋古画乃知吴昌硕、陈衡恪、齐木匠之流鬼画桃符，真败坏文化之种子，诛之不甚诛矣！弟昨抵岳州，因湖水久涸，须换小舟，遂改附火车，明日上午可抵家矣。抵家之后即下乡，大约一月来城，此时逖听好音，当是吾辈扬眉吐气时也。李石曾兄晤时并致意，张溥兄亦致意。敬颂

撰安

制　德辉　顿首

旧历八月二十四日

该信写于 1925 年 10 月 11 日（八月二十四日）。结合上一封信，可知郎园八月十二日由京抵津，十六日离津南下，此时已至岳州。信中再次抒发在京交游的愉悦，称赞易培基待友热忱、读书好古、处事有担当，即使乱世事业难成，将来儒林、文苑亦“必占一席”，期许甚高。叶氏还建议主持清室善后委员会事宜的易培基设法收回清宫散出的宋版书及书画“以存国宝”，并对吴昌硕、陈衡恪、齐白石的艺术创作颇有诋毁，言辞刻薄之处，足见其性情偏激的一面。

十三

寅村仁兄姻大人阁下：岳州改舟换车，客次曾寄一书，谅已早邀台鉴矣。八月廿五日抵长沙。先慈葬事已经家中办妥，只候九月初二日下窆矣。今日还城，适从书楼桌上得见清宫检查物件册，共六期，并台谕一，乃先弟到湘者。谕中殷殷以未及临行一面为歉，情谊诚挚，思之惘然。然后会匪遥，握手想在即也。

此次来京极宴游之乐，所获乾嘉人诗文集多意中欲得之书，诗坛点将录诗征之成可以十得八九矣。弟藏书出售以《书目答问》为限，以其学有统系，不至泛滥无所汇归，如有机缘请吾兄竭力赞助，其中亦间有明印宋本，如《通鉴纪事本末》之类。明本尤多，估以十万元，未杀过也。且江亢虎两次介绍美国人，均以为价极廉让，然终以不愿售于外人之故，故未成交。若不得已，则只好仍售之外人矣。此颂

撰安

制 德辉 顿首

八月三十日

此信写于 1925 年 10 月 17 日（八月三十日），即叶氏回到长沙的五天后。“故宫检查物册”即《故宫物品点查报告》，是善后委员会在清点故宫物品时编的明细册，至清查结束，总计发表报告 28 册①。郎园此时收到了前六期的《报告》。信中又提及在京搜购乾嘉诗人诗文集的收获与喜悦。另一个重要话题是希望将部分藏书售予广东大学，当时易培基在京负责为该大学图书馆购书。叶氏认为自己所售藏书以《书目答问》为限，学有统系，质量较高，且以明刊本为主，“估以十万元”，请易氏“竭力赞助”，否则有可能售给美国人。此事大约没有结果，倒是约略可见叶氏精明的商业头脑。

十四

寅村仁兄姻大人阁下：客途奉上二书，知已收到。抵家后先慈葬事，家中已安妥。初二日下乡送下窆后即无事。监工一切皆舍妹及诸子侄轮流。弟因途中感冒风寒，已在服药，尚未痊

---

① 有关清查清宫物品的研究，可参见黄卉：《北京大学与清宫物品点查》，《辽宁大学学报》2012 年第 4 期。

愈。饮食顿减，手足无力，亦因北京地气太寒，先有所入也。相片收到（已带病容），民初交来《颜勤履碑》，拜赐拜赐。江浙风云势必蔓延大局，好在近时战事一战即了，不至延长岁日也。此颂

撰安

制 德辉 顿首

重阳后一日

该信写于 1925 年 10 月 27 日（九月初十日）。"相片"，当指前述他与易培基、柯劭忞、江瀚同游北海的合影。"民初"，即前文中之"民苏"，仍指雷恺。"颜勤履碑"似为"颜勤礼碑"之误。此碑全称《秘书省著作郎夔州都督府长史上护军颜君神道碑》，颜勤礼乃唐代书法家颜真卿曾祖父，该碑即由颜真卿撰写，1922 年出土于西安。这里易培基请雷恺将该碑拓本交郎园。"江浙风云"，似指这年 10 月 16 日爆发的浙奉战争，孙传芳夺得上海，奉系杨宇霆败北，撤离沪上。

十五

寅村仁兄姻大人阁下：八月出京途中曾有函通问，及归长沙寓舍，接奉手书并清宫古物册六本，旋即往乡奉安先慈灵寝。迨来城则南北战事已起，音问阻隔矣。昨不久民初接得京函，知交通已恢复原状，但恐不可恃耳。此次各方纵横排阖，令人不可捉摸。马二先生舆论皆不归其于民党，亦只联络利用，无诚意，吾兄于彼方宜审慎回翔，须得来去分明之路。弟年来饱经忧患，不得不以本身所亲历者告之阁下。阁下血性男子，读书种子，弟爱之重之，甚愿阁下不可太猛耳。沈君荫棠，弟之至戚，亦与秉三同年姻亲，因其北上，托带此书，较之邮寄可以无所不谈也。在京两次与阁下同车，途遇秉三招呼，弟以短视未留意于彼，毫无不满。秉三为人不遗故旧，较汪九情性笃厚。此二人自通籍后，

当时无一日不在舍间嬉游，后以戊戌政变，从此参商。弟与秉三干笨工，汪九依违其间，超然事外，是时弟已薄其为人，从此日疏一日矣。此两人阁下皆相熟而最无弟当日之亲。今事隔三十年，回首前尘，真一场春梦。秉三极可共事，但今日尚未其时，或有谓其油滑者，然因往日硬干上当，安得不油滑？弟劝吾兄亦不可(不?)稍学油滑。六七月在京见阁下所为事纯乎湖南人办法，国民党性质殊可不如此也。手此

敬颂撰安

制 弟德辉 顿首

这封信未署时间，应写于1925年重阳节之后，接续上封信。信中劝诫易培基在时局变化莫测之际，权衡各方，慎重处理与冯玉祥的关系，"得来去分明之路"，表达了对易氏处境的关切。正如信里所说，此信是由亲戚沈荫棠转交而非邮寄的，不必担心泄密，所以说了很多私房话。"汪九"，即汪诒书(1867—1940)，善化人，字颂年。大排行行九。光绪十八年进士，授编修。戊戌时期曾与熊希龄(字秉三)、陈三立等参与湖南新政[①]，叶、汪本为同年故交，后来结怨极深[②]。相反，郎园虽在戊戌时对熊氏多有抨击，进入民国后，态度已大为改观，似乎不再纠缠于旧怨。叶氏称易培基是个"血性男子、读书种子"，在京办事"太猛"，"纯乎湖南人办法"，实在不合时宜，希望像熊希龄那样"稍学油滑"，为自己留好政治退路。对于民初官场的黑暗与宦情的险恶，他自认为比寅村体会得更多更深，所以真诚地为易氏出谋划策，力尽朋友之义。

---

① 参见萧仲祁:《汪先生家传》，见卞孝萱、唐文权编:《民国人物碑传集》，团结出版社1995年版，第917—920页。

② 《郎园六十自叙》，印晓峰点校:《叶德辉文集》，华东师范大学出版社2010年版，第276页。

十六

寅村仁兄姻大人阁下:报载段阁日久纷扰,段不去,阁下必不就职,此一定之理也。段至今日声名人格扫地无余,而犹存恋栈之心,可谓厚颜之极。段之灵魂惟一又铮,又铮死矣,恐彼亦不久于人世。二马先生下野,闻别有内容,此公信用全无,欲图再起,恐尼之者众,不能如段、吴可以三眠三起也。良禽择木,惟泮林可以栖枝。兄不得交、财,得此却可避嚣,就职后亦尚可以发舒经济。

在吾兄盘盘大材,固非以咬文嚼字为生活者。奉局变后杨皙子已退隐苏州,薛子奇以报馆为生,想如常出版。弟连去二信,并无回音,或者不高兴耶?黄心研闻在京,极穷,吾兄有可以援手者(校长、秘书皆优为之),乞推爱一提挈之。前有谢某求一函达吾兄,乃应酬之笔,彼本意在柯凤老文化协会求事,凤老已允之,烦兄一催耳。子传之兄硕人尤望注意,知事则断不可作耳。此颂

撰安

制 德辉 顿首

一月十九日

李石曾、毛以亨两兄晤时致意。张溥泉兄在京?

该信所署时间应是公历,即1926年1月19日。按:1925年12月26日,段祺瑞在各方压力下,为缓和矛盾,宣布修正《临时政府组织条例》,仍设国务院,置内阁总理,拟任许世英为总理,然时局仍动荡不安。12月29日段之心腹智囊徐树铮在天津被杀;1926年1月1日,冯玉祥通电下野。1月7日许世英内阁成立,易培基再次任教育总长,但他与于右任、马君武等南方"要人"坚持以段下台为就职条件,拒不就任。3月4日,许世英辞职,贾耀德组阁,易培基出局。故

叶德辉期盼易氏能执掌教育、“发舒经济”的愿望很快就落空。不仅如此，“三一八惨案”发生后，段祺瑞乃以“假借共产学说”“啸聚群众”“闯袭国务院”等罪名通缉李石曾、易培基、徐谦等人，易氏遂逃匿于东交民巷使馆区，后潜往长沙。

薛子奇，名大可，民初曾任《亚细亚日报》主笔，袁世凯复辟党人之一，亦湘人。黄心研，名敦怿，清末廪生，早岁入山东巡抚袁树勋幕府，后留学日本，习政法。20 年代与方表(字叔章)、薛大可、杨增荦(字昀谷)等人在京办《群报》《赤报》。柯凤老，即柯绍忞(字凤荪)。毛以亨，字公惺，浙江江山人，毕业于北京大学，曾奉国民党北方执行部负责人李大钊之命与冯玉祥联络。这封信中，叶氏关注的人物，既有旧式学者，也有参与时政的报人、学生，大致反映出其交游广泛的特点。

叶德辉的学者身份和学术盛名众所周知；易培基虽因 1933 年“故宫盗宝案”蒙冤而为人熟知，但其学术造诣则较少受到关注。其实，易氏早年在武昌求学时，就因“精校刊之学，著书纠正王氏公羊笺之误”，得到了前辈学者杨守敬的称誉，且有“大著搥碎湘绮楼”之语[①]。民国初年易氏长期在湖南第一师范执教，潜心学问，崇尚汉学，与章太炎、叶德辉素相往还，著有《三国志补注》[②]。以情理推之，如果易氏没有学问功底，很难想象会得到郎园的格外青睐。除了共同的学术志趣，1913 年叶德辉因揭发湖南督军汤芗铭暴政而身陷囹圄，易培基等友人在京积极活动挽救，才转危为安[③]，这也是二人私

① 陈衍：《石遗室诗话》卷 18；另见吴天任：《杨惺吾先生年谱》，台北艺文印书馆 1974 年版，第 77 页。

② 傅清石：《易培基的生平及晚年遭遇》(上)，台北《传记文学》第 34 卷第 1 期，1979 年 1 月。

③ 杨树穀、杨树达：《郎园学行记》，《叶德辉文集》第 4 册附录，第 347 页。

交笃厚的因素之一。叶德辉的诗集中有多首赠答、怀念寅村的诗作[①]。他们二人的性情也有相像的地方："易氏性疏约，不虚应人事。"[②]如叶德辉所说，办事"纯乎湖南人性格"，一身书生本色，决不临风折腰，结果得罪了当道，最终遭人构陷，含冤而死；至于郎园的惨烈结局，大约也是其狂狷、孤傲的性格所决定的，上述书札中多少可见叶氏精神世界的影子。

（原载《社会科学研究》2013年第3期）

---

① 叶德辉《于京集》有《吴景洲民部招同姜咏洪令长、易吟村孝廉、易惠泉议郎、杨芗诒、蔡斗南两主事宴集陶然亭，归途访张文达祠小憩，作歌一首》，即此次在京所作。见印晓峰点校：《叶德辉诗集》，第439页。另，丙辰年的诗集《还吴集》有《寄怀湘中诸子二十五首》"易吟村"云："举世羶争附，君如背着芒。眼常分黑白，手不去丹黄。治学专东汉，寻诗限晚唐。交情更患难，何止论文章。"又有《除夕怀人绝句四十七首》云："文似昌黎不送穷，债台高筑与天通。年来生事萧条甚，胜有书田作富翁。"也指易氏。见《叶德辉诗集》，第466、489页。

② 傅清石：《易培基的生平及晚年遭遇》（上），台北《传记文学》第34卷第1期。

江瀚致易培基十九封未刊信札释读

江瀚与易培基都是与民国时期故宫博物院极有关系之人。易氏曾任院长，后因“故宫盗宝案”蒙冤而死，学界对其关注较多[①]。至于江瀚，虽做过故宫保管委员会委员、故宫博物院维持会会长，相关文献对其与故宫的关系也有零星记载，但就其个人在民初社会的影响而言，仍缺乏比较系统的研究。不过，从 1925 年 10 月故宫博物院成立，到 1928 年国民政府正式接收故宫期间，北方政局动荡，各派系为争夺对故宫的控制权，明争暗斗，形势异常危急，江瀚及其子江庸（字翊云）与汪大燮、熊希龄等名流多次出面斡旋，苦心孤诣，对维护故宫安危曾做出过积极的贡献，这一点有口皆碑，大致可见江瀚的精神品格[②]。

中国社会科学院近代史研究所图书馆藏有江瀚致易培基的 19 封未刊信札（另附诗笺一纸）[③]，这批信札大部分写于 1925 年，对故宫博物院成立前后的时局、清室与善后委员会的关系等均有不少反映，字里行间也流露出江、易之间笃厚的私谊，是研究民初社会文化及民国故宫历史的珍贵史料，故略作介绍，以供学界同仁参考。

---

① 参见吴瀛：《故宫梦尘录》，紫禁城出版社 2005 年版。

② 李煜瀛：《故宫博物院纪略》，《故宫月刊》第 2 期，1929 年，见杨新主编：《故宫博物院七十年论文选》，紫禁城出版社 1995 年版；章宏伟：《民国时期故宫博物院史三论》，故宫博物院故宫学研究所编：《“民国时期故宫博物院史学术研讨会”论文集》，紫禁城出版社 2012 年版。

③ 见《易培基存札》，中国社会科学院近代史研究所档案馆藏，档案号：甲690。

一

江瀚，字叔海，号石翁，室名慎所立斋，福建长汀人。咸丰三年（1853 年）出生于四川。虽然他是清末闻名遐迩的学者，但早年的科场生涯并不如意。自 20 岁后，屡次参加乡试，均名落孙山，只得充任幕宾以为生计，先后入四川布政使易佩绅、四川按察使黄云鹄、川东道张华奎、四川布政使龚照瑗幕府。既司笔政，又不辍研读，故学问益精，声誉也随之鹊起。后任重庆东川书院山长、致用书院主讲。甲午战后，新学兴起，湖南学政江标闻江瀚盛名，特邀赴湘，拟任湘水校经堂讲习，但因湖南新旧之争已显端倪，江瀚终未接任。直到庚子后清廷开办新政，江瀚才开始受到当局重用。先经江苏巡抚端方派往日本考察学务，归国后任苏州高等学堂监督兼总教习、两级师范学堂监督。光绪三十二年（1906）八月，经学部奏调到部当差，署理京师大学堂师范馆监督兼教务提调；旋派考察直隶、山东、河南三省学务。光绪三十四年（1908）二月，补授学部参事官，仍以道员在任候补①；九月，经湖广总督陈夔龙奏荐，受到慈禧太后、光绪皇帝的召见②。短短数年中，江瀚的境遇大为改观。宣统二年（1910）三月，成为钦选的资政院硕学通儒议员；后简授河南开归陈许郑道，一度署理河南布政使。辛亥武昌起义爆发后，弃职离豫，清廷官员的生涯就此结束。

1912 年 6 月，江瀚被民国北京政府任命为京师图书馆馆长。1914 年，袁世凯废国务院，设政事堂，江瀚又被任命为政事堂礼制馆总编纂。次年，改任参政院参政。1916 年，任总统府顾问，直到张勋

① 秦国经主编：《清代官员履历档案全编》第 8 册，华东师范大学出版社 1997 年版，第 510 页。

② 江瀚对两宫召见情形有记载，参见《江叔海日记》（不分卷），李永明主编：《北京师范大学图书馆藏稿抄本丛刊》第 21 册，国家图书馆出版社 2012 年版。

复辟。1922 年 9 月，应山西省长阎锡山之聘，执教山西大学。1926 年 12 月，被推举为故宫博物院维持会会长。1928 年 2 月就任京师大学校文科学长，旋代理校长职务。1935 年 12 月病逝于北京。

江瀚一生长期从事教育，勤于著述，撰有《慎所立斋文集》4 卷、《诗集》10 卷、《石翁山房札记》9 卷、《孔学发微》3 卷、《补考》1 卷、《诗经四家异文考补》《中州从政录》《吴门消夏记》等；主编有《京师图书馆善本简明书目》《故宫方志目》《故宫普通书目》等[①]。

从年辈上说，易培基显然是江瀚的后辈，经历也与江瀚迥然不同。易氏字寅村、寅邨，别号鹿山。湖南长沙人，生于光绪六年(1880)，卒于民国二十六年(1937)。早年入湖北方言学堂，研习日文。民国建立，任教湖南省立第一师范。1918 年参与绅界学界驱逐张敬尧运动，受到新任湖南督军谭延闿的器重，被聘为湖南教育委员会委员长、第一师范学校校长。1921 年又被聘为省长公署秘书长兼湖南图书馆馆长。次年，谭延闿被部下赵恒惕逼迫离湘，易培基处境尴尬。1923 年秋，孙中山广东革命政府支持谭延闿率湘军驻兵衡阳，易氏乃追随谭氏讨赵，任湘军总司令秘书长，年底抵达广州，任大元帅府顾问。不久，奉命前往浙江，联络卢永祥实施"联奉倒直"计划。1924 年国立广东大学建立，被校长邹鲁聘为教授，赴京为该校遴选教员、采办书籍等，得以长驻北京；并受命与苏联公使加拉罕商谈退还庚子赔款的分配问题。这年 10 月，冯玉祥发动北京政变，囚禁贿选总统曹锟，驱逐废帝溥仪出紫禁城，成立黄郛摄政内阁，因李石曾支持，易培基暂署教育总长；清室善后委员会成立后，又任委员，

① 有关江瀚的生平和著述情况，另见黄恺元等修，邓光瀛、丘复等纂：《民国长汀县志》卷 24《儒林传》"江瀚"条，1941 年版；范启龙：《江瀚、江庸传略(初稿)》，见中国人民政治协商会议福建省长汀县委员会文史资料编辑室编印：《长汀文史资料》第 13 辑，1987 年版，第 55—56 页；柯愈春：《清人诗文集总目提要》中册，"江长汀著书"条，北京古籍出版社 2001 年版，第 1884 页。

很快成为北京政坛为各界瞩目的活跃人物。

江瀚何时与易培基订交，现已难考。易氏虽为晚辈，却是一位嗜古好学的俊才。他早年在武昌求学时，就因“精校刊之学，著书纠正王氏公羊笺之误”，得到著名学者杨守敬的赞赏，杨诗“大著搥碎湘绮楼”之句传诵一时①。易培基的学生也称，易“出自官宦世家，嗜好古玩，颇有收藏”；在湖南第一师范教国文时间最久，治汉学，与章太炎、叶德辉素相往还②。寓居北京时，十分推许柯劭忞，对江瀚也颇具好感③。如此看来，江瀚与易培基的交谊是以切磋学问为基础和纽带的，他们与故宫的关系似也因此而来。

二

中国社科院近代史所藏江瀚致易培基19封信札，粘贴顺序颠倒，每封信札所署时间皆无年份，或连月份皆无，且阴历、阳历混用。兹据笔者考订的写信时间先后为序，将这些信札逐一介绍如下。

第一札：

寅邨贤兄有道：昨奉惠书，具悉近状，回环庄诵，欣慰良深。丁此时艰，乱靡有定，群生患苦，休养何时。道德沦亡，文学颓废，此心伊郁，如何可言。足下闭户自精校雠旧籍，匪特保存省粹，实足维系斯文。南望湘江，时殷向往。大校陈志，其补正之处，希便中举示一二，至恳至恳。葵园是否仍在平江？奂公回

---

① 陈衍：《石遗室诗话》卷18，商务印书馆1928年版；吴天任：《杨惺吾先生年谱》，台北艺文印书馆1974年版，第77页。

② 白瑜：《湖南第一师范与校长易培基》，台北《传记文学》第28卷第5期，1976年5月。

③ 傅清石：《易培基的生平及晚年遭遇》(上)，台北《传记文学》第34卷第1期，1979年1月。

里，不致再有龃龉否？均极念念。此颂学祉，不尽所怀。弟瀚拜状。十月廿四日。

此札提到王先谦（葵园）、叶德辉（奂公）的活动。据王先谦自定年谱，谱主癸丑年(1913)移寓平江县城，次年甲寅(1914)四月携子妾返回省城长沙[①]，则此札中的"十月廿四日"，似为癸丑年。札中所说叶德辉（奂公）"龃龉"之事，应指1913年夏叶氏因写《光复坡子街地名记》讽刺黄兴，被都督谭延闿下属唐蟒派兵拘禁一事，后经他人斡旋，叶德辉获释，逃亡汉口，后转往上海[②]。据叶自称，"居半年，延闿败，汤芗铭为都督，余始归"[③]。汤芗铭继谭延闿任湘督，时间是10月24日，旧历当在九月。由此可断定，江瀚写札时间为旧历，即癸丑十月二十四日(1913年11月21日)。此时易培基在长沙，江瀚在北京。从这封信看，至迟辛亥前后，江瀚与叶德辉、易培基二人已有私交。

第二札：

□□[④]学兄侍史：前在并门曾上一笺，谅已入览。山西大学文科诸生新有国学研究社之设，夙仰台端博学通才，咸愿奉为导师，不审惠然肯来否？晋祠难老泉畔，弟筑有别庄，可为高贤下榻之处。翘首湘云，无任企祷。或时惠近著，遥承雅教，亦诸生之幸，弟所同盼也。专此，敬颂撰祺，鹄候还示不一。弟瀚拜手。

① 王先谦撰：《清王葵园先生先谦自定年谱》，王云五主编：《新编中国名人年谱集成》第6辑，台湾商务印书馆1978年版，第543、586页。

② 程千帆、杨翊强：《叶德辉〈光复坡子街地名记〉补注》，《中国文化》第13期，1996年6月。

③ 印晓峰点校：《叶德辉文集》，华东师范大学出版社2010年版，第275页。

④ 原文此处缺损。

十二月廿六日。

再，弟拟二月初旬赴晋，并以附闻。又及。

第三札：

寅邨学兄左右：昨奉复书，欣慰无似。当此军人世界，乱靡有定，可胜太息。从者避地武林，何时能作北游，尚希先期函示。缘弟来往燕晋，不恒居处故也。大著务望赐读一二，以舒渴臆，并慰三晋人士之思，切盼切盼。苏浙似暂可无事，中央败坏极矣，恐不能长此汶汶也。弟拟下月赴晋，如蒙惠翰，仍寄北京东安门外八面槽大街七十号为妥。此颂纂福，不尽愿言。弟江瀚再拜。正月廿五日。

第二札署“十二月廿六日”，称“弟拟二月初旬赴晋”；第三札书署“正月廿五日”，称“弟拟下月赴晋”，可见两札是一前一后写的，时间仍为阴历。1922 年 9 月，江瀚应山西省长阎锡山之聘，赴山西大学任教[①]，此后数年间，乘火车频繁往返京晋之间（“并门”，即太原别称）。查江瀚所撰《慎所立斋诗集》卷十，江瀚任教山西后，门生为其筑别墅于晋祠旁，江瀚曾赋诗题咏[②]。该诗系于 1922 年所作，然依常理推测，别墅落成当在 1923 年（癸亥）夏秋间。考虑到与第三札的关联，第二札似写于癸亥年十二月廿六日（1924 年 1 月 31 日），江瀚盛情邀请易氏来晋讲学并下榻别墅。此时易培基已离开湖南，流寓广东。1923 年 7 月，孙中山大元帅府任命谭延闿为湖南省长兼湘军

① 山西大学纪事编纂委员会编：《山西大学百年纪事（1902—2002）》，中华书局 2002 年版，第 84 页。

② 江瀚：《及门诸子在晋为县令者共十余人谋于太原悬瓮山下为筑室数楹感而作此》，《慎所立斋诗集》卷 10，1924 年版，第 580 页。

总司令，谭氏率湘军自韶关北上，入湘讨伐赵恒惕，易培基遂离开长沙，前往湘军驻地衡阳襄助。11月，因广东军阀陈炯明部叛乱，孙中山急电令谭率师回师增援，易培基乃随谭返粤，先任湘军总司令部秘书长，因与谭部副官长岳森不和，遂改任孙中山大元帅府顾问[①]。江瀚邀请易培基来太原执教，可能与易氏在穗不甚得意有关。不过，易培基并未接受江瀚赴晋讲学的建议。当时广州南方革命政府正与浙江卢永祥、奉天张作霖联合反对直系军阀，经谭延闿推荐，易培基很快作为孙中山的代表被派往杭州，并在西湖俞楼设立了办事处。所以，当江瀚在甲子年正月廿五日（1924年2月29日）写第三札时，易氏已抵达杭州，札中称“从者避地武林”即指此事（杭州古称“武林”）。据载，易培基在杭州完成了他生平惟一的著作《三国志补注》，并与胡汉民、邹鲁、汪兆铭等时有诗文唱和[②]。看起来生活还算安逸。

第四札：

寅邨学兄总长大鉴：昨发一缄。逡今又思得二事，深有望于执事主持者，请为陈之：一、图书馆宜谋建筑也。下走于民国初元孑民先生任教育聘充该馆馆长，二年春忽有四川盐运使之授，因并辞职，避居天津，未终其事，至今耿耿。虽在馆仅七八月，然于接续之交保存善本诸书似不无微劳，并录缪艺风有京师图书馆善本书目，是其确证。下走交代时，凡缪氏书目所有者，不唯未缺一册，且有增益，可复按也。该馆现尚设大方家胡同，规模既隘，地亦偏僻，设有火患，不堪设想。顽如曹锟尝倡议建设，派

---

① 杨淑兰：《易培基传略》，《湖南文史资料》第28辑，湖南人民出版社1987年版，第74页。

② 傅清石：《易培基的生平及晚年遭遇》（上），台北《传记文学》第34卷第1期。

其私人王毓芝办理。闻已集有款项，不知若何？兹事为贵部职权所在，似宜迅速经营，以光文化。一、国史馆宜加整理也。该馆自湘绮逝后，初移大学，嗣归国务院，今名国史编辑处(在靳云鹏时)。国史重大，当事诸公往往轻视，可为叹息。鄙意国史一事断不可使素不满意民国及赞成帝制与复辟之人执笔其中，而以受贿选举总统之议员兼领，尤非所宜。十三年来，事变多矣，使此辈修史，宁有公道存耶？且已设有功民国诸贤，并应采访事实为之补传，及今不办，恐久愈失真。以上二端，务希执事早为着手，时不可失，立盼进行，不胜大愿(事易举而效易著，无过于此)。再，前闻卜宅，已定何所，尚祈便中示及为幸。交通畅利，犹需时日，殊闷损人也。草草布臆，惟为国为道千万自重不宣。弟江瀚拜启。十一月十五日。

第五札：

寅村学兄先生执事：复书诵悉。规画之件辰下能否进行？中山莅京与北人意见有无龃龉？均极以为念。弟准冬至节前启行，抵京后当即敬诣高斋快聆大教也。草草此布，祗颂台祺。弟瀚再拜。十二月九日。

这两封信札应写于1924年11月15日和12月9日，均为阳历时间，这时易培基已在北京。1924年2月，国立广东大学成立，易培基被校长邹鲁聘为教授，常驻北京，负责为广东大学延揽教员、购买书籍①。易氏抵达北京的具体时间不详，似在这年夏秋之际。10月，冯玉祥发动政变，囚禁曹锟，并将逊帝溥仪驱逐出紫禁城。11月7

① 邹鲁：《回顾录》，岳麓书社2000年版，第119页；杨淑兰：《易培基传略》，《湖南文史资料》第28辑，第73页。

日，易培基在李石曾推荐下，署黄郛摄政内阁教育总长，但任职时间仅仅两星期。不久，清室善后委员会成立，李石曾任委员长，易氏为委员之一。第四札应是江瀚在太原闻知易氏任职消息后为其提供的行政建议，时间是 11 月 15 日。从上下文判断，“图书馆宜谋建筑”与“国史馆宜加整理”似是对“规画”的进一步补充（可能此前还有一封为易“规画”的长信）。第五札除了询问自己建议的可行性外，还对 11 月 30 日抱病抵京的孙中山的活动十分关心。江瀚称冬至节前启程回京，则抵京应在 12 月 22 日前后。此时，易培基已经辞去教育总长一职，专心从事清室善后委员会的工作。

江瀚回京后与易培基可以经常晤面。当时，清室善后委员会与清室不时发生矛盾。由于江瀚与陈宝琛（号弢庵）等遗老的特殊关系，他做了一些沟通工作，以下几封信札透露了一些情况。

第六札：

> 寅邨道兄总长大鉴：昨承面语，清室抵押金器合同将届期满一节，今日晤及弢庵，为传尊意，不胜感激，深望左右鼎力，先将此件发还，以便设法销利。又，清室内务档案各册因发生轇轕事件，亟须清理，尤为情迫，务恳费心转商诸公一并先行发还，铭戢无似。用敢据情奉达，伏候允行。又，下星期参观券五张亦希便中赐下，弟处家属甚多，实不敷用，迟日尚当浼公再为渎请也。手此，祇颂时祺不既。弟江瀚拜启。二月十三日。

此札时间应是 1925 年 2 月 13 日。“清室抵押金器合同将届期满”，系指 1924 年 5 月 3 日溥仪岳父荣源经手，以清宫金钟、金册等为抵押，向北京盐业银行借款 80 万元，将于 1925 年 5 月到期[①]。陈宝琛希望合同到期后，清室能获准取回抵押金器并变现，并请江瀚从

① 溥仪：《我的前半生》（全本），群众出版社 2007 年版，第 111 页。

中说情。江瀚希望清室善后委员会体谅清室的苦衷，积极为其疏通关系。以下三件短札也反映了这方面的细节：

第七札：

示悉。清宫押据承允转商退还，代为感泐。冷金笺一幅、折扇一握，遵即送交弢老，迟日当约公同往一谈也。此复，即颂台祺。弟瀚拜。

寅邨先生

第八札：

手示敬悉。昨见报纸登载呈请干木恢复清室条件，附有贱名，深为诧异。去年同乡郭春榆曾炘曾谈及兹事，并以所拟呈稿出示，弟并未签名；且云据陈弢庵言，清室绝无恢复帝制之想（凤孙之言，确实可信）。何必出此，徒滋口实。业经函询前途，促为更正。兹蒙垂问，弥切悚惶。弟向日对公所言，惟有发还私产之议，为内务档案之请，亦弢庵托为转达，并极赞成出洋，何尝片语及优待条件耶？还宫之说，更属荒唐。尚望代明心迹，以释诸公之疑，至感至感。草草奉复，祗颂台祺不尽。弟江瀚再拜。二月十六日夜。

寅村先生执事

第九札：

寅村仁兄有道：昨匆匆一聚，未罄所怀。顷弢庵送来所书楹帖并自撰联，即希察入。折扇当续缴也。此颂时祺，诸惟爱照。弟瀚再拜。二月廿三日。

第八札中的“干木”以春秋时魏人李克封于段，为干木大夫，借指段祺瑞；“弢庵”指陈宝琛；“凤孙”为柯劭忞字。第八、九札分别写于1925年2月16、23日。从这三封短札中可以看出江瀚充当易培基与陈宝琛之联系人的内情。易氏还请陈太傅为其书写楹联、折扇，以联络感情。同时，由于江瀚与遗老关系亲近，他的名字出现在吁请恢复清室优待条件的上书中，江瀚一面要求报纸更正，一面又向易培基作出解释。

第十札：

寅村先生道兄大鉴：又久不晤，至以为念。顷集杜句敬挽中山先生云“更觉良工心独苦，长使英雄泪满襟”，拟属人书就致送，不审可用否？再，弟在山西大学教授毛诗，兼采三家，尚未讲讫，数日内即当赴晋，容更走领教言。手此，祇颂近祺不一。弟瀚再拜。十三日。

第十一札：

午间往吊中山先生后本拟趋谈，以事不果，至为怅怅。明晚附快车行矣。如有见教，即寄山西大学文科可也。手此，祇颂寅邨学兄道祉。弟瀚再拜。廿二日。

第十二札：

寅村学兄有道：上月出京曾致一笺，定已入照。中山先生奉安碧云寺后，台躬当稍暇豫矣。报纸言日本文化局拟将清室古物由彼代为保存，可谓荒谬之至，或有是妄想耳。公所经营文化、图书二馆宜努力进行，故宫闻已开放，清查竣否？极用廑念。弟所担任山西大学功课，《诗》已讲毕，顷又教授《尚书大义》，大约端午节前准可回京也。时事无可言,姑以此自晦耳。草草此上,敬颂兴居多庆,不尽愿言。弟瀚手启。四月十七夜。

孙中山于1925年3月12日逝世于北京,4月2日奉安于香山碧云寺。当时易培基系“孙中山先生北京治丧处”秘书股的中文主稿之一。第十、十一、十二札应分别写于3月13日、22日、4月17日。江瀚在3月23日赴山西大学讲学前撰写挽联,并亲赴吊唁,可见他对孙中山的敬仰,这也是他与那些遗老的不同之处。札中也谈及对故宫事务的关注。

第十三札:

寅邨道兄先生执事:手书诵悉,当即面商校长王君。据称苏向乾并未来京,本日已函嘱其到会接洽,印领亦交伊手。王君且拟自行入都也。此间将停课考试,弟将月之十四五日便可来京矣。政象不佳,统一无日,蒿目当世,忧愤交并。不尽之怀,会容晤罄。专此沥复,祗颂起居。弟瀚拜启。六月一日。

此札当写于1925年6月1日,似为介绍山西大学学生苏向乾前往清室善后委员会任事而作。“王君”应指山西大学校长王录勋(字猷辰,水利学家,山西临汾人)。

第十四札:

寅邨先生大鉴:久不晤教为念。昨得善后委员会函(并点检报告一册),自八月一日起旧徽章作废,一律改用新章。弟因小恙,不克于日内亲领,拟恳费神代为领取。恃爱琐渎,无任悚惶。专此敬颂道祺,惟珍重不宣。弟江瀚再拜。七月廿九日。

又,马夷初先生见惠《老子核诂》一节,考据精详,极用钦佩,晤时希代申谢为荷。附启。

此札写于1925年7月29日。“点查报告”即《故宫物品点查报告》,是清室善后委员会在清点故宫物品时所编的明细册。清点工作始于1924年12月24日,从乾清宫、坤宁宫开始,其他各殿陆续展开。随着清点工作的完成,每隔一段时间发表一册报告,至1930年3月24日止,总计发表报告28册①。“旧徽章”“新章”当指清室善后委员会颁发的进入故宫时佩戴的徽章。

第十五札:

寅邨仁兄总长大鉴:溽暑伏念起居万福。善后委员会发表近年复辟阴谋,金梁满奴犹可说也,江亢虎何为者?其实亦诈欺取财之伎俩耳,殊堪痛恨。日内拟入故宫一观诸人秽迹也。善后委员会新换徽章尚未收到,是否须将旧者缴还再行领取?希便中示遵为荷。此上,惟亮察不宣。弟江瀚再拜。八月十三日。

第十六札:

寅村先生大鉴:手书诵悉,并收到本会出入证一方。养心殿内亟欲往观,何时可去,尚乞示遵。奂彬来京寄居何所?当走访也。手此,敬颂道祺不具。弟瀚再拜。八月十五日。

这两封信札分别写于1925年8月13、15日。“复辟阴谋”指清室善后委员会于1925年7月31日在养心殿发现了前一年金梁、康有为密谋复辟的秘密文件,包括金梁的条陈、康有为请庄士敦代奏游

① 有关清查清宫物品的研究,参见黄卉:《北京大学与清宫物品点查》,《辽宁大学学报》2012年第4期。

说经过函、江亢虎致金梁请觐函等[①]。当时，清室方面始终拒绝与清室善后委员会合作，易培基等遂将这批文件公之于众。此外，札中还问到叶德辉(字奂彬)的行踪。据《申报》报道，叶德辉是8月10日抵达北京的[②]，而叶氏出京是在9月29日(旧历八月十二日)[③]。其间，江瀚与叶德辉、柯劭忞、易培基曾同游北海，并有诗作：

寅村总长招同凤孙、奂彬游北海，憩濠濮间久之，乃从五龙亭泛舟，饮于漪澜堂上。时奂彬将南还，有移家北来之言，故末句及之。

秋风琼岛喜招寻，画栋连云晓日阴。濠濮余情契庄惠，沧桑遗迹予辽金。

楼头裙屐分中外，水面菰蒲冒浅深。明发车轮暂南去，卜邻何恨故人心。

石翁山人初草

这首诗可见证当年江瀚与叶德辉、柯劭忞、易培基的密切关系。

第十七札：

寅邨学兄大鉴：顷于六日安抵并门，顽健如常，堪以告慰。双十节博物馆开幕，是皆公及石曾兄苦心经营，乃得成斯盛举。惜弟远出，不获瞻观，令人怅悒无似。其中如钟鼎、书画类颇多

---

① 吴景洲：《故宫五年记》(民国史料笔记丛刊)，上海书店出版社2000年版，第53页。

② 当时《申报》驻京记者发回的消息说："曾编《双梅景闇丛书》之叶德辉，经学界函招，今午到京，欢迎者不少。"《申报》1925年8月10日，第5版，"北京电"。

③ 叶德辉致易培基书札，见《易培基存札》，中国社会科学院近代史研究所档案馆藏，档案号：甲690。

关于吾国文化，务当有详实记载以广流传。前经谈及，公固有意于兹，弟冬至前后准可回京，如蒙不弃，深愿效劳也。倘已编有目录，祈先垂示为盼。弟所撰《诗经讲义》凡八册，虽据注疏本，然兼采三家，博搜众说，毫无门户意见之私，颇有胜前人处。惟写手误谬，现正校改，容更寄请指教。奂彬回里，能否北来？极念之。手此，敬候起居，不尽缕缕。弟江瀚再拜。十月十七号。

故宫博物院于1925年10月10日正式成立并开馆，当时在北京举行了隆重的仪式。第十七札写于10月17日，江瀚表达了不能参加开馆仪式的遗憾和希望参加故宫古物整理研究的意愿。信札中再次关心叶德辉的行迹，足以说明他们三人之间深厚的私谊[①]。

第十八札：

寅村仁兄总长大鉴：前荷惠谈，至用快慰。本拟日内往访，焕章乃已超然远行，高风亮节，仰企无涯。而时局未安，杞忧方切。昨闻就职，极惬私衷。扶危定倾，唯公是赖，盖不仅振兴教育而已。姑舍其大言其细者，审定教科书亦一要事。商务印书馆所编国文、历史、地理，颇多可议，且闻翻译英文亦多舛误，似此谬种流传，伊谁之过？曩曾与公言及，想必有一番整顿也。又，国史一事，自贿选议员梅光远后现属何人？下走深注意兹事，近如段芝贵、傅良佐辈皆宣付立传，不知下等者能直书其罪

① 江瀚编集、高福生释笺的《片玉碎金——近代名人手书诗札释笺》（中华书局2009年版）收入叶德辉赠江瀚诗一首，诗序云：“江叔海观察备兵河南，重修白文公墓，建亭其上，署曰白亭。长沙王葵园阁学为作记，余亦作歌缀其后……”时在甲寅闰五月，即1914年盛夏。据释笺者称：“考叶氏与江瀚之关系，载籍者甚少；偶有交往，或因王先谦为介，抑以二人同为学问中人耶？”（第178页）今据江瀚与易培基未刊信札，叶、江、易三人关系均为密切。有关易培基与叶德辉之交谊，笔者将有另文考订。

状否？（段虽有平张勋之功，其它实多可罪）古云作史者须兼才、学、识三长，下走虽不敢语此，然于所谓史德不虚美、不隐恶，窃有志焉。望公留意，亦非必欲自为也（此意从未告人）。手此代面，敬颂勋祉，百惟珍重不宣。弟江瀚拜启。一月八日。

再，敝门人甘大文在贵部秘书处办事，尚祈推情留用，不胜感激。弟又启。

第十九札：

寅村学兄总长大鉴：即日伏承勋履馨宣。遥有所请者，亢君榕门，虽毕业师范，恐贵部难于位置，亢君善画，务乞推情之于艺专，是所深感。惟亮察不宣。弟江瀚再拜。一月廿四日。

这两封信札应分别写于1926年1月8日、24日。这年元旦，冯玉祥为促成国民军与吴佩孚联合抗奉，通电下野。1月7日许世英内阁成立，易培基继章士钊之后再任教育总长①。江瀚这两封信札，除了自荐，又荐他人，说明他对易培基执掌教育充满信心。不过，这年3月的“三一八惨案”发生后，段祺瑞以“假借共产学说”“啸聚群众”“闯袭国务院”等罪名通缉李石曾、易培基、徐谦等，易氏遂逃匿于东交民巷使馆区，后前往长沙。江瀚的寄托也就全部落空了。

三

上述未刊信札所包含的点滴信息，对于研究江瀚和易培基之生平、故宫博物院院史以及民初政局与社会都有一定的价值。此外，笔者还有两点需要说明：

---

① 刘寿林等编：《民国职官年表》，中华书局1995年版，第41页。

第一，研究江瀚在民初的活动，还需注意江庸的影响。清末民初的学界，父子双双齐名者，除了吴庆坻、吴士鉴乔梓，便是江瀚、江庸父子。相比之下，江氏父子与政界更是多有牵连。江庸（1878—1960）清末留学日本，民国成立后，于1912年9月任京师高等审判厅厅长。1913年熊希龄组阁，梁启超任司法总长，江庸任司法次长。此后，内阁几次更迭，江庸均连任。1917年张勋复辟后，冯国璋代理总统，王士珍组阁，江庸出任司法总长，旋辞职。1920年7月，任修订法律馆总裁。1924年，任北京政府国立法政大学校长。1925年9月，任中日东方文化事业总委员会中方委员，参与利用日方退还“庚款”，聘请学者续修《四库全书提要》事务。1926年10月，任故宫博物院维持会委员；12月，任常务委员。1927年10月10日，任故宫管理委员会委员、古物馆馆长①。可以说，江瀚参与故宫博物院事务，与易培基的援引和支持是分不开的，江瀚与旧学深厚的遗老之间的特殊关系，都是他能够参与故宫活动的优势条件；而江庸在北京政坛的影响力，也是不可忽视的因素。

第二，新近出版的江瀚友人诗笺中，有缺少易培基墨迹的问题。前引江瀚编集、高福生笺释的《片玉碎金——近代名人手书诗札笺释》，萃集了宝熙、陈衍、陈三立、易佩绅、柯劭忞、王先谦、叶德辉、梁启超、范当世、吴汝纶、赵熙、王树枏、瞿鸿禨、郑孝胥、张謇、黄云鹄、程颂万、易顺鼎、汪诒书、沈瑜庆等友人的亲笔墨迹，其中却无易培基的文字。按照江瀚在前言中的说法，数十年来友朋诗札“一亡佚过半”，付印的只是从所剩文献中选取者。不过，易培基1937年病逝沪上，《片玉碎金》编辑于1934年，以江、易交往的密切程度，书箧中当不致连一份易氏墨迹都找不到。笔者推测，可能是由于1933年“故

① 有关江庸的生平经历，参见江靖：《江庸传》，上海市文史研究馆编：《上海市文史研究馆馆员传略》第2册，第1—8页，1991年印行，内部资料；范启龙：《江瀚、江庸传略（初稿）》，《长汀文史资料》第13辑，第55—56页。

宫盗宝案”的影响，江瀚才会刻意不收易氏墨迹。揆情度理，或可备一说。

（原载《上海档案史料与研究》第14辑，上海三联书店2013年版）

附录一

王贵忱先生与张荫桓研究

年近九旬的王贵忱先生不仅是一位久负盛名的收藏家、文献学家，也是著名学者，他对广东地方历史和人物的研究，同样有口皆碑。先生承继乾嘉诸老严谨求实的学风，本着“无征不信”的精神，重视原始资料的搜集，以文献学为基础，从事史学研究。王先生对所藏珍本文献无不仔细考订，在学界的贡献独树一帜；对近代人物张荫桓的研究，就因收藏张氏日记、遗稿等珍贵文献而独步一时，堪称学林佳话。在这个领域，王贵忱先生可谓继民国学者叶恭绰之后的第一人。新近出版的《张荫桓诗文珍本集刊》（曹淳亮、林锐选编，上海古籍出版社 2013 年版）所收文献即是叶恭绰、王贵忱两位先生的旧藏。这部原始资料的汇集出版，不仅反映了两代学人搜集整理张氏文献的艰辛历程，也显示出影印文献的独特魅力，对研究一位长期被遮蔽和遗忘的近代名人大有助益。

叶恭绰关注张荫桓

张荫桓（1837—1900），号樵野，广东南海人，清季官至户部左侍郎，总理衙门大臣。他曾在安徽做过道员，收藏芜湖所产铁画梅、兰、竹、菊四联屏，运至佛山宅第，故以“铁画楼”名其斋。与康有为、梁启超这样鼎鼎大名的近代广东名流比，现在的人们很少知道他的事迹。一般的近代史著作和通史中，也很少提到张荫桓，提到时也是一个屈辱求和的洋务派官员形象，不算太正面的角色。事实上，历史上的张荫桓并非如此。他虽然出身捐班，非正途出身，却才华出众，在洋务活动中大显身手，屡次出使海外，折冲樽俎，活跃于外交领域，是西方人眼中最知外事的开明官员之一。甲午战争后，张荫桓为光绪皇帝所赏识，经常受到单独召见，咨询疑难；又被帝师翁同龢所倚重，周旋于复杂的派系纠葛中，隐操清廷外交与财政大权。民国学者黄濬地称他为“甲午至戊戌间幕后之大人物”，可算知人之论。

值得注意的是，当年光绪皇帝之所以赏识康有为，完全是张荫桓在幕后秘密策划的结果，他甚至在召见时私下向皇帝举荐康氏。对于这个秘密，康、梁一直守口如瓶，为了掩盖真情，后来又刻意宣扬“翁同龢荐康”之说以混淆视听。政变后张荫桓被革职遣发新疆，庚子年在戍所又被处死，这些都与他援引康有为、支持皇帝变法的幕后活动有直接关联，可惜，世人受到康、梁的影响太大，很少知道张樵野曾经发挥的关键作用。

民国以来，已有学者开始关注张荫桓，研究这位幕后人物的生平。何炳棣在1943年撰写的《张荫桓事实》一文，算是第一篇系统研究张荫桓的学术文章，但因战乱年代客观条件的限制，掌握资料还十分有限。番禺叶恭绰先生（字玉虎、也作誉虎，号遐庵）不避艰辛，以乡晚辈的身份对张氏遗文的搜集尤为努力。

张荫桓死后，子孙不振，遗文散失殆尽，即使樵野生前刊行的《铁画楼诗文集》也存世甚少。叶恭绰从20世纪二三十年代起，就努力搜集散失的张荫桓文献和其他相关资料。得知张氏门人吴永（字渔川，《庚子西狩丛谈》的作者）保存了三大册翁同龢写给张的书札，经书法家潘伯鹰介绍，叶氏借阅了这批书信，并在给潘的信中写道：

> 翁文恭致张樵野各札皆光绪廿二、三、四年时事。廿四年夏文恭被逐，旋兴戊戌大狱，继以庚子，国脉遂棹。愚颇欲将各札逐一考证其本事，而加以评骘，惜精力与资料，两皆不给，只可中止，然甚望有人为之也。吴渔翁钦服樵野，绝非阿好，盖其人实

非同时诸人所及，乃夭枉非命，遗文荡然，可叹之至。

信中对张氏遗文丧失流露出极大遗憾。很多年后这批信经钱穆先生介绍，由吴永后人转让给台北"故宫博物院"，取名《松禅老人尺牍墨迹》，经高阳整理，于1977年影印出版，现在已是研究张荫桓和晚清政局的重要资料。叶恭绰还在与同乡桂坫（字南屏）的通信中，打探张氏后裔及《三洲日记》书版的下落。20世纪50年代，叶老终于通过阮季湖获得一套完整的《铁画楼诗文钞》。读罢赋诗《读张樵野铁画楼集》云："一编铁画耐沉吟，论定纷纭直到今。荐祢竟成文举罪，昵元谁识乐天心（翁、孙皆与樵野深契）。瓦全未必荒能破，珠毁堪伤陆亦沉。太息广陵弦久绝，山王（谓若农辈）宁道是知音。"诗中翁、孙指翁同龢、孙毓汶；"山、王"指晋山涛和王戎，南朝宋颜延之作《五君咏》，述竹林七贤，以山涛、王戎是显贵而不予列入，事见《宋书·颜延之传》。这里代指那些正途出身的朝中显贵人物。"荐祢"则借东汉孔融向汉献帝举荐祢衡之典说密荐康有为之事。

叶恭绰还写诗序称：

> 康长素之出，实由樵野荐之于翁叔平，翁荐之于光绪，故戊戌变政，樵野实其原动，西太后欲杀之久矣。庚子乱命，与害珍妃同一笔法，事类袁绍之杀田丰。盖自耻失败而永图灭口，且杜翻案耳。樵野之起，不由科第，而才华显露，众多侧目；至其亲家李芍农（即李文田）亦与不谐，故受祸虽烈，而称之者稀，尚不克比于许景澄、徐用仪，亦可伤矣。阮季湖前觅得樵野遗集寄京，偶题此什，以抒所感，亦论近世史者所宜知也。

这里叶氏提出了"樵野实其原动"的观点，突出了张荫桓在戊戌变法中的关键作用，与近代以来流行的说法有异。他又在《铁画楼诗抄》扉页题写跋文，对张氏与政局的关系多有阐发和评价：

南海张樵野(荫桓),于清光绪间以外省末吏荐至公卿,以才显于世,枢府倚为左右手。其时翁同龢与孙毓汶意见不同,有若“牛李”,樵野游其间,皆能水乳。卒以荐康有为成戊戌大狱,那拉氏追恨杀之戍所。其时风气锢蔽,以其不由科目进,众皆轻之。李若农(文田)乃其亲家,且时极嘲诋。至非罪被害,哀之者稀,不获与“三忠”(袁昶、许景澄、徐用仪)同称其道,亦可伤矣。乃其文艺超凡,迥非当时科第中人所及,亦复知者无几。余曩者偶窥鳞爪,极致钦迟,求其刊本,仅得《铁画楼诗续集》,而全豹渺不可得。前数年,偶与阮季湖谈及,以其同籍南海佛山,属其物色。经岁余得之坊市,即此六册也。审各卷中,有校正小签,当系初印本。依封面所署,乃刻于北京。询之厂肆,渺无知者,盖已为绝版之物矣。余十年来所见张与翁、孙手札有数十册,盖几于每日数通,昔人所谓每事必咨,不过如是。而樵野遇事犀烛剑剖,判断如流,诚超过其时流辈倍蓰,不止其荐康南海一事。在当日为历史行动,而卒以此杀身,且罕知者。专制之朝,了无正义公道可言。此其一征。余恒拟仿《过秦论》为《过清论》,卒未暇,此类亦可资举证也。一九五二年六月廿三日盛暑,叶恭绰识。

跋文虽短,对张荫桓与晚清政局的关系评价极为中肯,非一般史家所能及。叶恭绰先生收藏的这套《铁画楼诗文钞》现归上海图书馆所藏,此次收入《张荫桓诗文集珍本集刊》(以下简称《集刊》)的《铁画楼诗钞》前四卷即是叶氏藏本。当然,这篇跋文,书法刚劲有力,也是遐庵先生书法的上乘之作,值得读者认真欣赏。

可居室藏张荫桓文献

番禺叶氏为广东世家,叶恭绰研究张荫桓多少与留心乡邦文献和推重乡贤的情结相关。比较起来,祖籍铁岭的王贵忱先生寓居岭南60余年，广泛搜集广东地方文献，更多的是为了弘扬岭南文化的朴素情怀。然而，贵老与叶玉虎先生有着一个共同的愿望：一定要让世人真正了解张荫桓这个历史人物，知道他所发挥过的特殊影响。所以，张氏文献成为王贵忱先生可居室的特色收藏。20年前王先生曾撰写《张荫桓其人其事》（载《学术研究》1993年第3期）对其所收张氏文献有过详细介绍。

张荫桓一生没有考过功名，这在科举时代很被瞧不起，所以，他发奋读书，结交名流，谙诗文，精鉴赏，与当时大家比并不逊色多少。樊增祥、王懿荣、李慈铭、潘祖荫、袁昶、黄遵宪、翁同龢、李文田等出身科举正途者，均与樵野常有诗文唱和，军机大臣孙毓汶每得到前贤墨迹画件，必邀张荫桓、王懿荣、张度、徐用仪等人分别鉴赏，各出评语，辨别真伪等第。也许自觉身世不显，张荫桓很注意保存整理自己的诗文。光绪二十三年（1897）冬，在京都刊印《铁画楼骈文》二卷、《铁画楼诗钞》五卷（含《庚癸集》《风马集》《来复集》《三洲集》《不易集》）。1900年张荫桓在新疆被杀后，他在流放途中和戍所写的诗，被门人编辑为《铁画楼诗续钞》，又称《荷戈集》，共二卷，有光绪二十八年观复斋校刊本。张荫桓的《三洲日记》八卷，刊于光绪二十二年丙申（1896）夏五月，后又有光绪三十二年（1906）上海石印本。这些已刊文献，可居室早有收藏。就连多处记载张樵野事迹的吴永撰《庚子西狩丛谈》初印本，先生也几经周折，高价购藏，可见对张氏事迹之重视。

刊本之外，王贵忱先生还收藏不少的樵野遗文稿本、校本。其一，张氏奏稿十九篇。多为誊清本，个别地方有作者本人的校改，主要是光绪二十二年与日本驻华公使林董谈判《中日通商行船条约》的相关奏折，多为与日方商议之细节，故史料价值较大。其二，《张樵野戊戌日记》稿本。原为国画家卢子枢旧藏，后归王贵老。此日记系张氏自印绿格竹纸稿纸，半页八行，版心有“铁画楼”三字，总一百三十一页，原分装三册。始记于光绪二十四年戊戌（1898）正月初一日，止于是年七月初六日，也即日记作者被捕前32天，共记213天的行事和见闻，内容涉及戊戌旅大胶州湾租借交涉、英德洋债、新政变法、德国亲王访华等历史事件。20世纪80年代，贵老与王大文先生将其标点整理，分四次连载于《广州师院学报》1987年第3、4期和1988年第1、2期。1999年11月，澳门尚志书舍影印出版《张荫桓戊戌日记手稿》，王贵忱先生重新修订了部分注释。但是，该版本印量少，内地极少见到。其三，《铁画楼诗钞》卷五，初刻校样本和写样校订稿本，二者略有异同。此卷一名《不易集》，因张氏诗集每卷各独立标题书名。后者较初稿增刊九页，存目录二页，正文十一页。此增刊本收诗下限至戊戌年正月，可能因是年政变发生而未能印行，故鲜有知此书者。这些珍贵的稿本，现在均已收入《集刊》中。

珍本集刊的价值与意义

20年前，王贵忱先生就矢志于张荫桓文集的编纂和出版，在上海古籍出版社姜俊俊先生支持下，汇编《张荫桓遗文六种》，后因某些原因长期搁浅。此次出版的《集刊》正是在《六种》基础上的增补。《集刊》收入叶恭绰藏《铁画楼诗钞》之《庚癸集》《风马集》《来复集》《三洲集》四卷；王贵忱藏《诗钞》卷五《不易集》(含写样本和初样本两种)、《奏稿》十九篇、《戊戌日记》三册、《三洲日记》八卷、《铁画楼骈文》二卷、《铁画楼诗续钞 荷戈集》二卷。其中《铁画楼骈文》后多附两篇骈文《策曹司文》《岭学报序》，系散页形式，为国内其他图书馆所藏本所无，可能是张氏本人新加入的。

《集刊》所收张荫桓编辑《骈体正宗稿》，也是王贵老的旧藏。该书是张荫桓选编的一部骈文选编，收他自己的骈文四篇，即《与王五桥书》《危楼灯影图序》《郎官湖春泛记》《重刊通雅堂诗集序》；其余56篇为誊录清稿，为近人袁翼、梁梅、谢质卿、俞樾、沈兆霖、金应麟、张泰青、汪家禧、龚自珍、汤成彦、俞兴瑞、章廷彦、周寿昌、张星鉴等人的骈文代表作，其中《李氏谱略论》《策问》《太子太保体仁阁大学士周文勤公神道碑》《与陈迈夫书》《与谭仲修书》《与顾何之孝廉书》《与王少鹤通政书》《与沈晓湖孝廉书》8篇未署名，经考订，应为李慈铭的作品；这本书大体可见张氏对当时骈文艺术的认知标准，多少也有与诸家争胜的隐衷，可惜未能正式成书。书前另有张选初二编目录手迹数页，可循其编纂思路，似乎计划选编的规模更大。

此外，《集刊》收录《家书》十通和《张樵野先生诗稿》二十四首，原为鹤山易孝根旧藏，现藏广东佛山市博物馆。《诗稿》中有张氏手迹二首，其余为誊清稿。誊清的诗稿已收入《铁画楼诗钞》卷三《来复集》，惟个别文字有异。此外，王贵老所藏《翁同龢致张荫桓札》含短札18封，翁氏《题樵野运甓斋话别图》诗稿5页，也作为附录收入。这些都是研究张荫桓的珍稀史料。

前些年，在王贵忱先生的大力推动下，任青、马忠文整理的《张荫桓日记》和孔繁文、任青整理的《张荫桓集》相继出版。此次出版《集刊》以影印文献的形式，再次对学界提供了珍贵的史料，读者可以看到张荫桓涂改日记的本来面目，以及叶恭绰对《铁画楼诗钞》的批注，这些是整理本无法做到的。

有史料记载，戊戌政变发生后，张荫桓感到危险来临，曾在家中烧毁书信等“罪证”，大概今存《戊戌日记》即是幸存之物。日记中有多处涂改痕迹的，从中多少还能看出当时张氏惊恐的心态。对日记中涂去的文字，王贵忱先生曾对着强光辨识出一些，内容十分重要。如戊戌年六月二十九日张氏记“晨起……润台□□□来，□□□□□□□□，筠丈适至。□□□□□□□□□□□□□□。”（《集刊》第1册，第516页）王先生发现，将张荫桓删去的文字恢复后的内容是“润台（凌福彭）、长素（康有为）先后来。长素健谈不辍。筠丈（许应骙）适至，规避不及，颇难……”因为戊戌五月康有为曾主使杨深秀、宋伯鲁严参许应骙守旧，许则揭露康有为联络言官，夤缘津要（暗指张荫桓），互相攻击，故见面颇为尴尬。张氏删改这段文字就是为了掩盖他与康的特殊关系。戊戌日记中还有多

处被涂改的内容,如:

> 正月初三日俄、英两使先后至……两使既去,约康长素来见。合肥、常熟、仲山见之,余与荣相续出,晤长素高论□□□□。(第1册,第269页)
>
> 五月二十五日至总署,知有旨康有为、张元济二十八日预备召见。□□□□□□□□□□□□□□□□(第1册,第432页)
>
> 五月二十七日午初起,饭罢,润台、仲山先后来,乃知常熟有开缺回籍之谕,骇甚……归而日晡。傅相有明日诣谢太后之事,冒雨回园,索留行厨,余□□□□□□□□□遂留待一宿。傅相、长素、菊生共晚饭毕,□□□□□□□□□□□劝以早睡,即返卧房。(第1册,第434页)
>
> 六月二十四日本日奉旨,公度(黄遵宪)使倭,以三品京堂候补,可喜也。□□□□□□□□□□□□□□□□□□□□□□。(第1册,第513页)

这些涂掉的地方内容不易看清,但可以肯定都与康有为及变法活动相关。如果这些被抹去的内容经过其他科技手段可以复原出来,届时或许可以破解更多的历史秘密。

叶恭绰在《铁画楼诗钞》上的批注,量虽不大,也是今天整理本诗文集无法看到的。例如,《虢季子盘歌》"此中满掷千头颅"句,叶恭绰批"此考该盘者所宜知也"(第4册,第155页)。又如《大行皇帝挽诗三十二韵》"龙髯攀靡及,鹃血黯犹啼。竟阙高禖祝,频资冒絮提。偃旗悲海岛,衷缟及渠黎"一段,叶恭绰批"此微词也"。"频资冒絮提"用的是薄太后与其子汉文帝的典故,在此处应当是指慈禧挟持其子同治皇帝以治天下之事(第4册,第146页)。

毫无疑问,《张荫桓诗文珍本集刊》的出版,凝聚了几代学人的精力和心血,王贵老的一大夙愿得以实现,嘉惠学界,有益乡梓,对于研究近代史和广东地方文化均有不可低估的意义，也是文博收藏界值得推重的资料文献。

［本文是为《张荫桓诗文集珍本集刊》（上海古籍出版社 2013 年版）所写的出版感言，原载《南方都市报》2014 年 6 月 22 日，文字略有删改］

附录二

阅读日记是培养“历史感”的最好途径

今天这个讲座是张剑老师、徐雁平老师和安徽大学各位老师共同策划的系列讲座之一，此前张老师、徐老师都作了精彩的演讲，大家都听了。与两位先生从文学研究的背景发论不同，今天我想从史学研究的角度，来谈谈日记的史料意义，有些纯属一得之见，恳请大家批评。以下分为几个部分来讲。

近年日记的刊行、整理与研究

大约自20世纪90年代以来，日记和书信这类私人文献越来越受欢迎，出版界也很乐于推动它们的出版。学术界中，不光是研究史学的、文学的人，包括研究戏剧、自然科学史的学者，都开始利用日记做研究。大家都有很多心得，我想侧重于清代以后主要是晚清和民初人物的日记，来谈谈对日记史料的认识。首先谈谈近人日记的刊行与整理情况。

近年刊行的晚清人物日记既有整理标点本，也有影印本。这里介绍的第一种日记丛书，是中华书局出版的《中国近代人物日记丛书》，多年来已经出版40余种，是中华书局的一个品牌书。它的包装比较简朴，非常便览，从中间随便翻开一页就可以读下去，很适合作为消闲读物。还有一套是学苑出版社的《历代日记丛钞》，它以国家图书馆的稿本、抄本和刊本为基础影印出版，一共有200多册，规模比较大，且未刊日记为数不少。第三种就是国家图书馆出版社近年推出的《稿钞本日记丛刊》系列，由南江涛老师主持，目前已经见刊的有上海图书馆和清华大学图书馆的《稿钞本日记丛刊》，最近我们近代史所的《稿钞本日记丛刊》，一共 31 种 80 册，也推出面世。因为这个系列绝大部分都是未刊日记，版本珍贵，备受学界关注。第四种是凤凰出版社近年推出的《中国近现代稀见史料丛刊》，这套书是由张剑、徐雁平、彭国忠三位老师长期主持的，现在已经出版到第 7 辑。这套书里有 80%以上是日记和书信。第五种是大象出版社的《名人日记系列》。它的特点是基本以现代文学人物的日记为主，偏重于艺术以及现代史。成系列出版日记的情况大体如上，其他零散出版的日记则比较多，这里不再一一介绍。

从对日记本身的研究来说，陈左高先生是非常重要的前辈学者，他的著作有《中国日记史略》和后来编的《历代日记丛谈》。此外，虞坤林先生编过一本《二十世纪日记知见录》，他曾经多次到我们近代史所档案馆来，长时间查阅日记，所以这本书也提到不少近代史所的收藏。

利用日记从事专题学术研究的学者里，孔祥吉先生有丰硕的成果，他著有一本《清人日记研究》。另外桑兵老师用辛亥前后各种人物的日记，写了《走向共和：日记所见政权更替时期亲历者的心路历程》。还有就是张剑老师最近出版的《华裘之蚤：晚清高官的日常烦恼》，其实就是日记里面反映出的高官的日常生活史。

我大体梳理这些日记书目的意思，在于说明近年日记的刊行、整理和研究，都有非常好的势头。另外借今天这个机会，向大家简单介绍一下近代史所新近出版的这套日记丛刊。从 20 世纪 50 年代近代史所建立，前辈学者便开始注重文献搜集，迄今所藏稿钞本文献达 19 万件之多，仅稿钞本日记就有 110 种左右，这次出版的日记丛刊里只选取了 31 种。一个考虑是，如果某一个作者的日记、书信、年谱、奏稿，全部都在近代史所收藏，那么他的日记就不单拿出来放在这个丛刊里。比如近代名流许同莘，他的日记、书信、文集都在近代史所，故日记就不收入该丛刊。还有一部分小人物的日记，数量小，延续时间只有一两个月，且有残损，此次也没有收入，留待将来进一步整理后再进行刊印。收入丛刊的 31 种日记，作者既有清代的官员、学者，还包括一些文人、幕僚。相信这套书能为学界提供很多有价值的史料。

认识日记的原始性与私密性

接下来谈谈日记史料的基本属性。这是侧重于史学研究方面来说的，我想特别讲两点。

日记的一个基本特点就是原始性。日记是一种私人文献，每个人都可以写，形式上是“排日记事”，一般是当天写，也有过两三天后再补写的。逐日、逐月、逐年记录，长期积累下来，在光阴流转的过程中就形成一种编年体文献。它把作者当时的言行、见闻、思想乃至情绪，随时定格、固化在纸面上——就好比镶嵌在一个个地层中。从时间上说，日记跟事实的发生离得最近，作者经常刚刚经历过特定的情境与事件，历时不久，感受还都新鲜、强烈。这里可以做个比较：回忆录和日记是性质相近的所谓“第一手资料”，都是经历者所写，但是它们之间其实有很大区别。与回忆录（比如年谱，即是其中一种形式）相比，日记是原始、新鲜的；而回忆录却是事隔多年之后写的，作者的情境与心态已经彻底变化了。所以回忆录对以前经历过的事情，总要经过有意或无意的筛选，会有侧重、夸大，也会有隐晦。显然，回忆录和日记不可同日而语。

举一个例子。恽毓鼎的日记前些年才出版；但是恽氏写过《崇陵传信录》，在辛亥革命后不久就出版了，那是一部回忆录。两相比较，会发现恽氏在回忆录说的很多话，和后来披露出的日记中相关内容差异很大。这时，我们就要更侧重于对日记的考察和利用，而把回忆录作为一种参考。这是考虑到日记的原始性特点。当然，一旦有了将来公之于世、流传下去的想法，日记的写作也会多几分思量，难免有掩饰、隐晦的痕迹；但尽管如此，曲笔之处也会被即时保留在日记原稿中，无法再抹去痕迹（详后）。这就是日记的原始性。

日记的第二个属性就是私密性。一般情况下，日记、书信都是密不示人的私密文献，往往是作者身后才被他的后裔、门生公布出来，或者由于种种变乱，遗落到了坊间，被外人收藏，然后才刊行出来。日记之所以常能够激起人们好奇心，与它这种秘不示人的私密性有直接关系。大家一般认为，内幕、私密的文献和真相有着天然联系，于是总是幻想在日记、书信这样的私密文献中找到一些惊人重大发现——其实，很多时候日记并不包含我们期待的这类敏感内容。所以很多人喜欢看日记，一定意义上流露出的是一种“窥私”心理，不过，这种心理有可能是推动人们去追求真相的原动力。

这是日记的两个基本属性，我以为其他特征大概都是从这两个基本属性延伸出来的。

不妨给日记分分类

严格来说，日记很难分类，但是，为了阅读利用，似乎又有分类的必要。因为当你利用日记的时候，不免要对各类日记的特性先要有一般性的了解。所以，我想还是要作一个大致但不绝对的分类。下面大概谈谈三种分类的方式。

首先可以根据日记作者的定位和身份来分类。

第一类就是官员日记。近代史中留下的官员日记非常多，有名的如李星沅、翁同龢、王文韶、曾国藩、曾纪泽、李兴锐、郭嵩焘等，都有日记传世。

第二类是学人日记，其中大量的内容都和学术相关，是学术史研究必不可少的文献。有名的如《黄侃日记》《皮锡瑞日记》，李慈铭《越缦堂日记》、叶昌炽《缘督庐日记》等。李慈铭和叶昌炽都是清末的小京官，但是我们一般更关注他们在藏书、学术、读书方面的影响，所以他们的日记主要可视作学人日记。

第三类就是银行家和商人日记，比如《董浩云日记》和《卞白眉日记》。卞白眉是出身天津卞氏家族的银行家，董浩云是香港前特首董建华的父亲，也是一位商人。这类日记大概经济史研究者关注更多。

第四类是艺术家日记，像《程砚秋日记》和荀慧生的《小留香馆日记》。京剧有“四大名旦”的说法，而其中至少两位名旦留有日记。

李慈铭《越缦堂日记》文史研究者应该很熟悉了。清末四大日记里，数量最大的就是《越缦堂日记》，保存也比较整全。它最初分三次影印出版，彼此间隔数十年，后来在国家清史编委会的支持下，广陵书社影印出版了足本的《越缦堂日记》。李慈铭的日记有很多学术和抨击朝政的内容，当年写出来就拿给人传阅，形成了很多传抄本，现在各个图书馆也有收藏。不过稿本只能有一套。目前李慈铭日记稿本非常珍贵，为私人收藏家所藏，今天分享给大家的《越缦堂日记》稿本全彩照片，应该是首次公开面世。李慈铭加盖自己的图章、自己涂抹日记的痕迹，都能看得很清楚。

其次是可以根据日记的功用和目的来分类。每个人逐日记录身边琐碎的事情，这类日记可以叫作“生活日记”，只不过官员、商人和学者记录的生活侧重点不同；而这里我想专门介绍一下围绕着某一个目的或功用而记录的“专题日记”。它与历史研究关系更为紧密。

第一种专题日记是京官的出差日记，也可以叫“钦差”日记，这类日记的核心是记述某个差使的过程。比如乡试主考官任命后，他要从北京出发到相应省份去，就可能开始记日记。主考官为何会留下日记？我个人理解，他们一般是翰林院的翰林，或其他正途出身的京官生活都很清苦，经过考试被任命为主考官，对个人仕途、生计而言都是一次难得的机会。得试差出京城，绝对是“春风得意马蹄疾”，是件让人高兴的风光事，大家也就愿意记录一下沿途的见闻，包括地方官如何接待他，及沿途交往情况。另外或许也因为办理的属于公差，一路上记录，可备将来遇到问题时查阅。总的来说，乡试主考官、办理陵差、查办事件、出使藩属等官员都会留下这类专题日记。比如孙毓汶的《蜀游日记》《使闽日记》，都是围绕他做主考官经历写的。严修的《蟫香馆使黔日记》,是他在贵州三年间做学政的日记。吴大澂的《奉使珲春日记》,是有关筹办东北边务的。祁世长的《泰东陵神牌还位日记》就是典型的陵差日记,体量很小,不过数十日或几个月,但他还是很郑重地记录下来。

第二种专题日记是驻外公使的进呈日记和官员、商民的游历日记。钟叔河先生主编的《走向世界丛书》以及《续编》,主要包括郭嵩焘、曾纪泽、刘锡鸿、薛福成等外交家的日记。这背后有一定的制度原因:清政府因1875年马嘉里教案首次向海外派驻公使后,就形成一个规矩,公使须将出使日记进呈御览。此外还有李圭等早期游历西洋的中下层官员和商人的游记。这些日记是我们研究中西文化交流史最重要的资料。要注意的是,到了后来,所谓的出使日记实际上由公使的随员编纂。比如近年出版的《薛福成日记》,它的上册是薛福成在浙江做地方官时期的日记,下册则是他后来出使英国、法国的出使日记,对比之下,明显能感觉出,后者是成于众人之手的,里面搜辑、堆砌了不少西方经济、文化、宗教、民俗方面的资料,为的是供皇帝参考,与成于个人之手的早期个人生活日记形成鲜明对比。

第三种专题日记是清末赴日本考察学务商务的日记。庚子后留学日本成为风尚,不少清末最后两科进士都到日本进修(比如早稻田大学),留下不少考察学习日记。此外,很多官员、学者在清末新政期间也都到日本参观游历,并写下了观感见闻。这些都是研究清末新政的重要资料。比如缪荃孙《日本考察学务游记》、严修《东游考察日记》、董康的《东游日记》(也叫《书舶庸谈》)。实际上考察是其中一方面,同时还有游历的成分。

最后,根据文献整理刊行的形态,还可以做一种分类,即把已刊日记划分为稿本影印本、整理本、选编本和摘编本四类。

第一类是稿本的影印本。它保留了原稿最全面的信息,所以有人觉得原稿影印而非整理出版,仍有它的意义。但是影印本有时也存在问题。比如《汪荣宝日记》,原稿藏在北京大学图书馆,《北京大学图书馆馆藏善本丛书》曾把它影印出版过，前几年中华书局和凤凰出版社又分别将它整理出版。中华版整理者韩策、崔学森先生在整理时发现，《北京大学图书馆馆藏善本丛书》里收录的影印本缺失了很多天头上的文字，所以整理时又得找来原稿进行了增补。

第二类是简体或者繁体的整理本。这是目前大部分日记的流通刊行形式，好处是便于阅读、保存和利用。影印本日记一般体量很大，除了学术机构的图书馆，一般个人没有存放空间，价格也非常昂贵，所以最方便利用的还是整理本。整理本当然总难免有讹误之处，这是由整理者知识面的局限、对历史情境的隔膜等原因导致的，是可以理解的，很多时候并不是有了认真的态度就可以避免一切误差。我认为，讹误当然要指出来，但也要抱有一种建设性的态度。有些朋友非常热衷于挑别人在整理古籍中犯的错误，自己却不能也不屑于整理文献。大家不妨宽容一些，不妨积极提倡去做古籍整理，然后努力地减少其中的失误，总体说来，整理本文献对学界的助益更大。

第三类是选编本，围绕某个专题选录日记，方便具体研究。比如通行的《中国近代史资料丛刊》，就只是从日记中摘取和太平天国、鸦片战争这些大事件相关的很少一部分内容，缺点是“只见树木，不见森林”。

第四类是摘编本，即根据日记原稿，按照一定的类别（交涉类、经济类、吏治类），把日记里相关的内容分类摘编，日期全部去掉，看起来就像资料汇编。严格意义上说这应该是一种二次文献。比如《越缦堂读书记》，它就是辑抄了李慈铭日记里有关读书的所有内容。又如《桐城吴先生日记》（吴汝纶日记）也是摘编本。新出版的《袁昶日记》部分内容也属于摘编本。虽有不近人意之处，在没有原稿的情况下，我们也只能利用它了。

以上给日记大概做了分类。我觉得不必纠结于绝对准确的划分，只要大体了解即可。这样研读一本日记时，就知道大概要从哪些侧面去把握需要的信息。

日记细节中的晚清史

接下来我想多讲一些日记史料的价值和局限。日记作为史料有它很独特的一面：它对历史细节的记载，比其他类型的材料要准确、可信。这里以《郑孝胥日记》为例。我们知道林旭、杨锐、刘光第、谭嗣同这四位底层官员被提拔为军机章京（所谓“军机四卿”），参与新政，是戊戌变法中很重要的事件。四人在后来政变时都被处死。其中的林旭，被杀时不过 24 岁，是一个能诗且颇有才气的年轻人。有关戊戌年他的活动，《郑孝胥日记》其实有非常详细的记载。因为郑氏在戊戌年也到北京预备召见，所以和林旭等闽籍同乡有密切往来，日记里记录了不少细节。比如七月二十一日林旭被任命为军机章京之后，《郑孝胥日记》记录，林旭在言谈间流露出非常得意的神态（“意实招摇”）。几天后郑孝胥作为长辈便劝他，在军机处谋事一定要慎重（“慎口勿泄枢廷事”）。到戊戌政变后开始抓捕康党、慈禧宣布训政时，林旭心态又有变化。八月初八日晚上他同郑孝胥讲，我是不能被当作新党来对待的（“自言不得以康党相待”），流露出恐慌的心理。这其实很符合常理：一个二十四岁的年轻人，根本没有政治经验，在遭遇这等政治风波以后，他内心的状态自然不会平静。过于强调林旭为维新事业甘愿牺牲自己的情怀时，就很容易忽视这种人之常情。还有 1908 年光绪帝和慈禧相继病死，军机大臣鹿传霖、许宝蘅的日记里记录了宫内的准备、各方反应，说得很详细，这也是比较可信的史料。

还有一个例子是李鸿章和张荫桓在旅大交涉中接受俄国人贿赂的问题。这个问题在以前有种种说法，而只要把俄国外交档案同当事人的日记文献做比对，便会发现疑问。俄国《红档》杂志是在十月革命后披露沙俄时期档案的一个杂志，里面记录：1898 年 1 月，华俄道胜银行经理璞科第与俄国公使巴甫洛夫向维特报告说，他们先后秘密约见了总理衙门大臣李鸿章、张荫桓，向他们游说，表示只要促成中国向俄借款，将各许以50万两和20万两的酬谢；户部尚书翁同龢则拒绝与他们会面。另外一边的当事人日记中，1898年1月15日，《翁同龢日记》记："八百罗福（按：即巴甫洛夫）函称有密事面商，或来就或赴彼，拟明日函辞以疾。"可见翁同龢确实像俄国人记录的一样，拒绝会面。而1月26日晚，《张荫桓日记》记："至俄馆一谈。"两边的记录可以对应上。只不过，到底是否受贿，还要结合别的文献来分析。可以看到，日记对一些事件的时间及空间细节记载往往十分准确。

再以上海图书馆出版的廖寿恒《抑抑斋日记》（《上海图书馆藏稿钞本日记丛刊》第43册，国家图书馆、上海科学技术文献出版社2017年版）举一例。廖是唯一留下日记记录戊戌政变的军机大臣。留存的日记虽然是从八月初六日、即政变后一天开始，但它也提供了很多内幕的细节。比如，步军统领衙门去搜捕"军机四卿"等人的上谕，茅海建先生在中国第一历史档案馆保存的军机处档案里找不到。为什么？廖寿恒的日记就揭露，这道上谕根本未下交给军机章京草拟，而是由廖寿恒直接在太后和皇帝召见他时，立刻写好，再拿出去交给步军统领崇礼，由他直接派人去搜捕康党。这样根本不会有录副或底稿留在军机处，我们只能在后来崇礼奏折中看到他引用所奉的谕旨。就这件事情而言，不能单从军机处的例行文书行政方式来推论，因为它是反常的、例外的。从这些地方都能体会到日记所记细节的史料价值。

日记中的耳食、挖改与涂饰

但是谈到日记的价值时，我们也要把作者的亲身经历与耳食之谈区别开来。梳理晚清政治史研究的相关史料，我们会发现，围绕某些重大事件的发生，那些置身其中的亲历者、参与者丝毫不留下文字，倒是那些身处局外的底层官员（如御史、翰林、小京官）对核心决策内幕的关注和了解更多，他们不仅传播一些内情，还将他们知晓的细节，记在日记里。久而久之，这些日记、书信中的记载便成为我们研究清末重大历史事件的“鲜活”材料。其实这些消息和记载大都是耳食之谈。后世研究者若不审辨，视为可信史料而征引，很容易以讹传讹。比如慈禧太后在八国联军攻打北京前，四次举行御前会议，召见六部九卿。这四次会议到底谈了什么？真正参与者留下文字记录的人很少，近代的日记、甚至是笔记中的耳食之谈却很多。一些日记、书信中记述的传闻，不少又被民初的私人笔记传承下来。可见，研究者必须要对日记的具体内容进行判断和考订，不宜轻信。

另外也要注意，日记也仅是一种形态的史料，记述或多或少都有倾向性，本身有难以克服的局限。史学研究还是要结合多种类型的文献进行综合研究。一般有发现未刊的日记，我们拿它来写篇文章，最大的目的是介绍新见的史料，并说明在原有基础上，新史料可以补充或修正哪些既有观点——而不是说想要单单凭借这一种新资料做出颠覆性的新结论。现在做民国史研究的同行，对斯坦福大学收藏的蒋介石日记都很重视。其实，蒋的日记固然重要，但是并非日记一公布，以往很多问题的研究都会因此产生颠覆性的变化；事实上，新史料的发现，只可能在既有的研究基础上，或者补充、修正某些细节，或者是带来一些新思路和启发，仅此而已。总之，历史学研究一定是综合性的研究，各种史料都有各自的局限，综合在一起才能把局限削弱到最小限度，过于相信某种日记，也容易“偏听偏信”。

兹举例说明。翁同龢和张荫桓两人，从甲午战争到戊戌变法都是关键的人物，甚至有种说法认为张荫桓是幕后操手，翁同龢是头面人物。两人既是户部的堂官（一尚书一侍郎），又都是总理衙门大臣，同时还都得到光绪帝的信任，相似处很多。而两人戊戌年正月到五月的日记恰好都留存，很适合比照着来读。如果光看《翁同龢日记》，会看到总理衙门大臣在交涉中的艰难处境，尤其反映在借款、租借胶州湾的谈判、旅大交涉这些事务上。以前研究这些外交难题，我们经常征引《翁同龢日记》。从这里面我们看到翁同龢在与德国、俄国交涉时非常主动的一面。但是一比照张荫桓同时期的日记，看到的完全是另一种图景。张的日记提到，翁同龢在很多事情上并不积极，而且在交涉英德续借款过程中，张荫桓和李鸿章发生激烈矛盾，翁同龢便极力抽身、退缩。总之，两相对比会发现，两人日记都不能完全相信，而且现在有必要需要重新反思以往依赖《翁同龢日记》所勾画出的甲午到戊戌的历史场景。

涂改也是日记中值得注意的一类现象。戊戌政变后，翁同龢和张荫桓先前与康有为的关系，都成为他们亟待抹去的"污点"，无独有偶，二人对日记都做过相应的处理。戊戌政变后，翁同龢删改过日记。这时他要编自己的年谱，便把历年日记全部拿出来看。因为此时他已被定罪推荐康有为，所以，他就把光绪二十一年闰五月初九日的日记做了删改。我们所知翁同龢和康有为唯一一次私人见面，就在这一天。日记里，翁把"康有为(祖诒)"改成了"李莼客先生"，即李慈铭。他用的是科举考试中考生常用的挖补办法。翁万戈先生多年前曾拍给我一张清晰的照片，只有放大很多倍，这一片挖补的迹象才看得出，但毕竟还是留下了痕迹。30年代时有位遗老叫金梁，他在读翁的日记时发现：李慈铭怎么会在光绪二十一年闰五月出现呢？他在前一年冬天已经去世了。这就露馅了。再对照前后文以及康有为的年谱，就可以坐实这天见的确是康有为。

翁同龢改日记，还有一个例子。原来戊戌年正月总理衙门大臣传见康有为时，康讲了很多改革观点，《翁同龢日记》记他"高谈时局，以变法为主，立制度局"云云，最后缀着两字："狂甚"。汤志钧先生说，这两个字一看就是新添的，所以挤在一起。他只要加这两字，便能表明自己的政治立场了。

张荫桓也删改了自己的日记。他把与康有为交往的很多东西，至少有六七处，全部涂抹掉了。后来收藏者王贵忱先生把稿本拿到太阳底下，对着太阳光比度，涂掉的字其实大体还能辨认。

阅读日记是培养“历史感”的最好途径

最后我想谈一点个人感想。一般人们做研究时，通常把日记看作可以从中挖掘史料信息的资料库而已。其实，不应只是如此。我个人以为，阅读日记是培养“历史感”的最好途径。我想以《许宝蘅日记》为例来说明这一点。

“历史感”这个东西说起来好像很玄，其实也不玄。学外语要有语感，古董商得有眼力。眼力从哪来？要经过训练。我们在史料面前能有多少眼力，理解能有多深，和一个人的历史感有直接关系。孔祥吉老师的《清人日记研究》里面就说：

> 要认识一个历史人物，最简洁的办法，莫过于细读其日记。因为日记是记载作者见闻以及感悟的文字。日记仿佛是一扇心灵的窗户，一旦这扇窗户被打开，一切便呈现在你的眼前了。许多历史人物的内心活动，并不见诸奏章尺牍，或文书档案，而只有在日记中才能看到他们内心深处的东西。

我很同意这一观点。我个人以为，读日记就仿佛是在作者引导下回到他的生活场景。他像一个导游，带着你把他自己的生活全都体验一遍。这个过程是非常美妙的。时下热衷于谈“穿越”，其实看日记就是带给你一种“穿越”的体验。有些穿越到清朝的电视剧拍得不好，我想编剧大概是日记看得太少。只有清人日记里的生活看多了之后，才知道原来清朝人是这样或那样生活的。有了好的历史感，才能更好地解读史料。解读史料不应该只是停留在字面上做推理，关键是在能否体会所说的这些事情。

我想还是从《许宝蘅日记》来具体阐述。许宝蘅生于1875年，去世于1961年。他的日记从1892年写到1960年，因为中间1931年至1944年暂缺，前后绵延了五十多年。许宝蘅是杭州人，1903年考上举人，后来做了军机章京，在民国初年又得到袁世凯的信任，在总统府任秘书，然后在北洋做官。北伐军到北京的时候，他是国务院的秘书长，把北洋政府所有的印信转交给了国民军。此后他便赋闲了，只是在故宫博物院做过图书馆副馆长、校过书，另外被辽宁省主席翟文选请去做过辽宁省的秘书长，再后来就跟着溥仪去伪满，在伪满作宫内府大臣。在1945年日本投降前，他又从长春回到北京。新中国成立之后，他被聘为中央文史馆馆员，1961年去世。这是他大概的经历。

我在读《许宝蘅日记》时最大的感觉，就是跟着他直接从晚清进入了民国，经历了北洋、1945年抗战之后的乱局，再迈入新中国，借着许宝蘅的心灵感知，走入了四个时代。我协助许恪儒先生整理这部大部头的日记很多年，期间大概就形成了对北洋、对北京生活的感觉。比如说，北京的小京官怎么生活？他们经常有应酬，天天不在家，总是今日去这个饭馆，明天又去那家饭庄，饭后再去看某某部的戏，或在朋友家"手谈""竹叙"。再比如北京的婚丧嫁娶有很多习俗，婚礼、聘礼、丧礼怎么办，有哪些讲究，日记里有不少记载。又比如乡谊关系和同乡会馆的作用。一个京官的交游、联姻，同乡往往是很重要的因素；而同乡之间以及与科举制度有关的团拜活动，也都是在会馆举行。了解这些以后，再研读到涉及这些风俗的史料，比如20、30年代的日记，你就能感同身受、倍感亲切，因为你已经熟悉了当年北京司局级官员的生活。

另外《许宝蘅日记》还记录了50年代以后"遗老"们的流风遗韵和日常生活，现在大家还关注不够。进入新中国，许宝蘅的生活其实还是从前的样子。所有的天安门游行，他也都去参加；同时他还延续清代士大夫的文人雅事，经常要去崇效寺或者樱桃沟赏花，也参加50年代的稊园诗社活动。而且你会发现在1959年至1960年期间，大家生活极其困难的时候，他们几位八十多岁的老先生，他拿一个馒头，你带几样小菜，大家约一个地方去吃饭，饭后就来作诗唱和。在物质极其匮乏的情况下，他们仍然保存着旧时代文人所具有的气质。看到这里，霎时间会觉得内心很激动。另外，许宝蘅是一个读书人，他自己很有是非观念。他在伪满时代只参与宫内府事务，负责溥仪的生活，却从不参与郑孝胥等人主导的政治活动。而且在50年代末溥仪特赦到北京后，以前在伪满时期共事的朋友，会给他传递各种关于溥仪的消息。但是他还是坚持不去见溥仪。1949年刚解放的时候，许宝蘅的生活极其困难，要民政局给他发救济补助，大概一个月25块钱。后来他被聘中央文史馆馆员，工资涨到60块，他主动退回当月民政局已经下发的救济补助。从日记中点滴的记载，都能看到老派学人的规矩和内心想法。

总结一下，我认为日记就是一种帮助我们了解以往社会生活各个层面的最好读物。它包含很多细节，读的时候你会觉得很亲切。所以能强化我们的历史感。解读、阅读、利用史料，特别是那些人人见过、熟视无睹的史料，为什么有些朋友就能独辟蹊径，发现其中的妙用？我认为这是由于他的历史感更强，因为他对那个时代太熟悉了，因此能捕捉到被一般人忽略的东西。当然，阅读书信也有同样的效果，这里就不展开讲了。

现在一些年轻的朋友很依赖于检索、用数据库，我觉得有其方便之处，不过这也不是万能的。古人的字号有很多谐音字，而且同一个人在日记里往往有很多种称呼，甚至两个人还可能用同一个字号。检索系统不能辨识得这么准确。而且靠检索资料来做研究，不“读”史料，就缺少对史料背后时代的感受，容易单纯从字面上来做逻辑游戏，逻辑上捋顺了就自以为言之成理，但是结果往往是生造出一些似是而非、没有历史感的论断。所以我觉得日记还是要多读——可以精读，也可以泛读。固然总有一些典故、固定说法、地方风俗不能明白（这些恰恰可以通过万能的检索手段解决），但只要跟着日记作者的思路看下去，一定会有收获，而且积累多了，就会转化成一种“软实力”，再去读材料就有不一样的感觉。很多问题，就是在浏览日记这类原始文献的过程中浮现的。问题意识绝不可能靠检索得来。

（本文系根据2020年11月12日为安徽大学史学新讲堂第十三讲所做讲座整理，讲座题目为“魅力与局限：日记史料意义的再阐释”，整理者邹子澄。此次发表内容略有补充和订正）

后　记

本书是继《晚清人物与史事》(北京师范大学出版社 2015 年版)之后,笔者近年学术文章的最新结集。谭徐锋先生曾建议取名"私密文献与近代政治",继续交由北师大出版社印行,惜因故未果。兹蒙张剑教授推荐,改今名,列入凤凰出版社之规划,由樊昕先生编辑推出。每念同道高情,时时铭感肺腑!

本书结集过程中,我的同事李稳稳、刘灿博士,学生于泽洲、李芬、田见龙,以及北京大学历史系的张易和同学,先后协助核对引文,拾遗补阙,消灭纰漏,使每篇文章更趋完备;个别文章中的字句,这次结集时,也有所修订;昔日杂志社的同事倪琳学姐,在繁忙工作之余,拨冗审校原稿,提出了很多宝贵意见,在此,一并致谢!

2013 年 12 月至 2019 年 12 月,本人有幸担任中国近代史档案馆副馆长、馆长之职。直到 2020 年初,档案馆正式归并到中国历史研究院图书档案馆,才得以卸肩,重返研究岗位。回首过去 6 年,甘苦参半,感慨良多。这本书引用不少馆藏珍贵档案,也可用来纪念这段难忘的时光。感谢诸位所领导对档案馆工作的关心;感谢首任馆长金以林研究员以及茹静、崔健、许金婷三位年轻同事的支持。成为同事也是一种缘分,我们共同见证了一个专业档案馆的创始和发展。王府井大街,东厂胡同 1 号,五楼,一间不大的阅览室,永远阳光明媚,像春天一般,洋溢着敬业、坦诚、平等、友善的精神……

马忠文

2020 年 12 月